历史深处的记忆

永州馆藏文物随笔

洋中鱼 著

经济日报出版社

图书在版编目（CIP）数据

历史深处的记忆：永州馆藏文物随笔 / 洋中鱼著.
-- 北京：经济日报出版社，2021.10
ISBN 978-7-5196-0955-9

Ⅰ.①历… Ⅱ.①洋… Ⅲ.①博物馆–历史文物–介
绍–永州 Ⅳ.①K872.643

中国版本图书馆 CIP 数据核字(2021)第 200863 号

历史深处的记忆：永州馆藏文物随笔

作　　者	洋中鱼
责任编辑	王　含
责任校对	蒋　佳
出版发行	经济日报出版社
地　　址	北京市西城区白纸坊东街 2 号 (邮政编码:100054)
电　　话	010–63567684 （总编室）
	010–63584556　63567691 （财经编辑部）
	010–63567687 （企业与企业家史编辑部）
	010–63567683 （经济与管理学术编辑部）
	010–63538621　63567692 （发行部）
网　　址	www.edpbook.com.cn
E – mail	edpbook@126.com
经　　销	全国新华书店
印　　刷	成都兴怡包装装潢有限公司
开　　本	880mm×1230mm　1/32
印　　张	9.75
字　　数	250 千字
版　　次	2022 年 1 月第一版
印　　次	2022 年 2 月第二次印刷
书　　号	ISBN 978-7-5196-0955-9
定　　价	68.00 元

目　录

战国十二竹叶四山纹铜镜

在古永州城的中心，有一个地方名叫鹞子岭。此岭是东山的北脉，你别看它海拔只有100多米，却是永州历史文化的核心引擎所在。老永州城的标志性建筑——镇永楼就曾矗立在这座岭上。镇永楼，每层檐角上翘，似回卷状，故老百姓又叫它卷角楼。康熙九年《永州府志》卷三"宫室"首篇是镇永楼："按，镇永楼在府东北城上。旧名鹞子岭，孤远偏僻，人迹罕至。嘉靖乙巳（1545年），知府彭时济始创建、修拓，肖真武像以镇之，更今名，令羽士居守……"也就是说，在三四百年前的明清时期，鹞子岭一带是比较冷清的。鹞子，又名雀鹰，是一种小型猛禽，此岭因鹞子多而得名。可以想象，一只目光锐利的鹞子，孤立在一棵高大的乌桕树上，在月色下守卫着永州古城，是一番怎样的景象。

其实，要说真正的历史，鹞子岭上的镇永楼只能算年轻的小字辈，因为就在鹞子岭的东北麓，有一块大约一平方公里的区域（即今天的永州监狱、市木材公司及南津渡办事处麻元村一带），是永州市战国墓和大型西汉墓集中之处。这里自20世纪70年代初

（1971年）湖南省第三监狱（永州监狱前身）由邵阳迁至这里开始，到20世纪末为止，那些辛勤的文物工作者在这一带所发掘的战国墓数量惊人，达20余座。这些墓的墓坑长有1~4米、4.5米，宽有1~2米，深度有2~4米。虽然墓葬规模显得较小，有的棺椁尸首无存，但出土了青铜器、铁器、陶器等随葬品。时间随着人们惊讶的表情定格在1992年的某天，在施工的过程中发掘出了这块战国十二竹叶四山纹铜镜。

站在永州博物馆的展柜前，我仔细端详这块灰绿色的古铜镜，仿佛看见一位慈祥的老人，隔着岁月的玻璃在向我微笑。那笑容像春风，令我的心湖碧波荡漾。如果不是把它作为文物，放在永州的历史长廊中予以展示，常人很难想象，这块外径15.8厘米、内径15.6厘米、厚0.4厘米、重330克的古铜镜，在永州历史上竟有如此的分量。据文物专家鉴定，它属实用器，表面非常光洁，如同战国时期宫殿里贵妃们的脂粉，带给人们无限想象。镜圆形，三弦钮，方钮座。纹饰由地纹和主纹组合而成。地纹为竹叶纹，让人感受到2000多年前湖湘大地的勃勃生机和青青翠竹的丝丝绿意。看见竹叶纹，我忽然想起零陵的雅号——竹城，城中心有上世纪九十年代初建立的竹城标志，不由得思考：是当时领导干部的先知，还是冥冥中的巧合？你看这块古铜镜，地纹之上于凹面方格的四周向外伸出4组连贯花瓣，更有趣的是，在各组花瓣之顶端又连接一棒槌状的长叶纹，四组花瓣与长叶纹将镜背分为4区，每区内有一倾斜的"山"字，在各"山"字之左有一片花瓣。全镜的花瓣均以窄蒂纹相连接。

沧桑、精致、古朴、完美，这是我对战国十二竹叶四山纹铜镜的直接印象。

这种铜镜，显然不是古人梳妆之用品，否则，在我眼前就会出现一个衣袂飘飘的妙龄女子，款款走到镜前，宛如一朵落花，褪去了仙凡的颜色，染上俗世的素衣，却不被俗世所干扰。这朵落花，嫣然一笑，化为穿越千年的春风。

作为永州人，我们应当感谢舜帝姚重华，是他让永州跟黄河流域的古地名一起，早早进入了中国的历史和人们的视野。要知道，在距今四五千年前的尧舜时代，聪明的先辈已开始冶铸青铜器。黄河、长江中下游地区的龙山时代遗址里，发掘出了当时的青铜器制品。舜帝晚年南巡，最后归葬于永州之野的九嶷山。或许，就是他将青铜技术带到了湖湘地区。尽管那时候的青铜技术还处在萌芽阶段，但毕竟是一缕让人惊喜的文明之光。

经过1000多年的薪火相传，到了距今2700年至3300年前的夏、商、西周、春秋及战国早期，华夏大地迎来了青铜器的鼎盛期，俗称中国青铜器时代，延续时间约1600余年。

战国时期是中国的农业、手工业、思想、科技、军事和政治发展的黄金时期，各诸侯国展开了许多举世闻名的变法和改革，因此，文化艺术出现了空前的繁荣，并出现了好多关于使用铜镜的记载，如《韩非子·观行篇》说"古之人目短于自见，故以镜观面"。

从眼前的这块战国十二竹叶四山纹铜镜外形可以看出，战国晚期青铜工艺技术较初期有了很大的进步，突出表现在刻镂画像工艺上，这种工艺是后来延伸到在比较薄的壶、杯、鉴、奁上制上细如发丝的刻镂画像图画，题材以水陆攻战、狩猎、宴乐礼仪等为主。这些图画是在铸成器形后，用钢刀刻镂加工制成的。而在厚度仅为0.4厘米的铜片上刻出精细的竹叶纹以及4个"山"字，足见其加工过程中的用心。伫立在展柜前，静观其外表，我眼前似乎出现了工匠们挥刀小心翼翼雕刻的身影，甚至可以看得见他们额上豆大的汗水。

中国是青铜古国，纹铜镜的种类自然有很多。而战国时期的纹铜镜，除了羽状纹、蟠螭纹、鱼鳞纹、菱形纹、四叶纹、龙凤纹、连弧纹、兽纹、云雷纹、饕餮纹、狩猎纹和几何纹等之外，最常见的就是山字纹。

看见这个山字纹，我不禁有点迷惘：山，是地面的高耸部分，在大自然尤其是中国的南方随处可见。可是，把"山"刻在古铜镜上，究竟蕴藏着什么玄机呢？

有人认为，"刻四山形以像四岳，此代形以字。"有人认为，山在中国古代往往与不动、安静等观念结合在一起，因此在铜镜上使用大的山字表示山图形，如同福、寿、喜等字一样，含有强烈的吉祥寓意。

战国十二竹叶四山纹铜镜正视图

诚然，这些猜测都有各自的一些道理，但不能令我完全信服。因为在我的脑海里，显现的都是一些高大雄伟、谷深路险的大山，都是一些生态资源丰富又栖息着凶禽猛兽的大山。这一切景象都源自我所阅读过的《西游记》《封神榜》《神仙传》《搜神记》等神话小说，还有《山海经》《淮南子》等古籍。在前人的眼里，山是神秘莫测的，是神灵的寄居之所。《山海经》把我国山地划分为26个区，记载了450座山以及各山的神灵。由于有些山峰高耸入云，古人就把它想象连接天地的梯子或道路而加以崇拜。《淮南子·地形训》："昆仑之丘，或上倍之，是谓凉风之山，登之而不死。或上倍之，是谓悬圃，登之乃灵，能使风雨。或上倍之，乃维上天，登之乃神，是谓太帝之居。"又由于山谷中能生云而云可以致雨，所以古人就以为山能兴云作雨。《礼记·祭法》："山林川谷丘陵，能出云，为风雨。"甲骨卜辞中有许多祭祀山岳的内容，殷人已经把山神当成了求雨、止雨、祈年的对象。这种对山神致雨功能的信仰一直流传到春秋、战国时代。《史记·赵世家》中还有"晋大旱，卜之，曰霍泰山为祟"的记载。所以说，我更倾向于"战国时期出现的这类山字纹，表达的是老百姓一种很简单的图腾崇拜"这个观点。这应该是战国晚期人们铭"山"于铜镜的主要原因之一。

山神崇拜本是人类早期的一种自然崇拜。山上面有没有住着神仙？这不仅是普通百姓的念想，也是帝王将相的念想。出于敬畏，因而产生了官方对名山的祭祀。《礼记·王制》："天子祭天下名山大川，五岳视三公，四渎视诸侯。诸侯祭名山大川之在其地者。"历代帝王在许多名山封禅祭天地，向天地报功，表明自己是顺应天命而进行统治的。《史记·封禅书》："管仲曰：古者封泰山，禅梁父者七十二家。"公元前219年，秦始皇率领文武大臣及儒生博士70人，到泰山去举行封禅大典。之后，又到附近的梁父山行了禅礼。但随着秦汉大统的出现，大致在西汉时期官方就把五岳作为山岳祭祀的代表，以后历代沿袭，奉为祀典，并屡屡加封。奇怪的是，越是加封，越就淡化。汉代以后，山神信仰自然崇拜的性质愈加淡薄，人们不再把山神当成兴云作雨的主体，故而汉代以后山字纹镜也随即消逝。

周敦颐的《太极图说》里有这样一句话："太极动而生阳，动极而静，静而生阴，静极复动。"这让我在永州博物馆欣赏战国十二竹叶四山纹铜镜时，也产生了同样的感受。俯瞰展柜中的这块古铜镜，我忽然发现，圆圆的铜镜像一口圆圆的池塘，而那中间的回字形方块像投入池塘中的石头，竹叶纹就是石头入水后荡起的涟漪，至于那4个"山"字，则是受惊的4只青蛙。因为在中国铜镜众多地原始纹样中，有一种纹叫古蛙纹，其形态从早期的半坡、庙底沟彩陶蛙纹饰，到后期的齐家文化蛙纹，最终演变成先秦青铜器、编织物上的"勾连云雷纹"。而这块铜镜上的4个"山"形纹饰，非常明显地就是勾连云雷纹的一个单元部分，仿佛是她临水的一个倒影，带给人们一种"静极复动"的惊喜。

透过战国十二竹叶四山纹铜镜，我们可以清晰地看到潇湘大地上一种最古老、最淳朴的精神图腾。而它，是中华民族精神图腾的重要组成部分。

战国双环耳弦纹铁鼎

战国双环耳弦纹铁鼎正视图

永州市的道县，古称道州，历史上曾与衡州（今衡阳）、郴州、永州并称"湘南四州"。那是一个文化底蕴十分深厚的地方，不仅孕育了理学鼻祖周敦颐、清代书法第一人何绍基，更主要的是，在境内的福岩洞曾发掘了47枚人类牙齿化石，其年代在8万年至12万年以前；在另一个岩洞——玉蟾岩里面，出土距今1.2万年至1.4万年的稻谷和陶片化石，这是目前世界上最早发现的人工栽培稻谷和人工生产的陶片。加上神秘莫测的鬼崽岭，一洞三月的月岩，因此，道县的历史文化和自然景观让人刮目相看。

然而，鲜有人知道，这个地方还曾发现一件"来历不明"的国宝——战国双环耳弦纹铁鼎。说它"来历不明"，是因为偶然得之，却不知出自于何处。

那是1986年的一天，文物部门工作人员在道县仙子脚镇黄田岗村，不经意间发现了一只被老百姓称为"带脚锅"的铁器，虽然锈迹斑斑，仿佛一个自沙场归来的铁甲战士，虽然脸上积满灰尘，但湮没不了本身所散发出的英俊之气。于是，文物工作人员依照法律法规予以征收。后来，经过专家鉴定，此鼎属战国器物，铁质，褐色。口径32厘米，连耳高16.5厘米，重2568克，属礼器。该鼎三方足，双环状立耳，多口，折腰，腹饰三道弦纹，浅腹小平底，是我国铸铁工艺发明阶段典型器物。

在道县文物局，我仔细端详这件珍贵的铁器，仿佛打量一位久违的朋友。看看它的身材，以及"长相"，再去查找有关文献，居然有一种穿越时空之感，引起了无限遐想。

按照目前史学界的认定，人类的文明虽然只有五千年，但人类的历史却在200万年以上。我们中国的历史，基本上认定是从170万年前的云南元谋人开始的。回顾人类历史的漫长进程，如同仰望遥不可及的浩瀚星空。我仿佛看见一群毛茸茸的男人和女人，住在山洞里，开始是爬行，他们在地上寻觅各种食物，或攀上树枝采摘果实，遇上坚果，就捡起原始的小石头来捣烂、砸碎，聊以果腹。仿佛影视里的镜头，这些毛茸茸的男人和女人在日常生活中悟出了石头敲打的诸多用途，也慢慢发展成把石头打磨成各种器具，可以用来斗打野兽、砍伐植物、制作工具、训练动物，甚至尝试种植水稻，而这些毛茸茸的男人和女人平时的爬行也渐渐改成了站立。只是这个过程，时间居然长达100多万年。可以想象，在这百余万年里，人们在用加工了的新石器与野兽搏斗，或者在采伐植物的过程中，曾经遭受过多少威胁，付出过多少艰辛，同时也获得过多少喜悦和幸福感。虽然那些喜悦感和幸福感在今天高科技时代看来是很微不足道的，甚至是很原始可笑的，但毕竟是一种社会进步。

大约到了三千五六百年前的商周时期，聪明的人们把铜矿石收集在一起，放在一个耐热的陶质容器里，点火加热。当温度到了足够高的时候，他们发现这些矿石就变成了液体，于是把液体灌进不同的泥土模具中，浇水冷却之后，就铸造出来各种各样的铜器，这就缔造了中国历史上一个伟大的时代——青铜时代。

青铜时代催生了青铜文化，并且在中华大地遍地开花。透过时间的罅隙，我仿佛看见了我们的祖先对所铸造的器具进行了升级，他们先把矿石放在陶瓷容器里，把火烧到一定高温后，倒出大量的金属溶液做成青铜器，之后，再把容器底层那些熔不掉的矿石顽固分子收集在一起，抱着不达到目的誓不罢休的决心，继续加温，使之最终熔解。再将这些液体倒进模具里，进行修饰、冷却处理和最终定型。就这样，经过无数次的实验，他们终于又制造出了崭新的铁器。据考证，甘肃省临潭县磨沟寺注文化墓葬出土的两块铁条，距今3510~3310年之间，是中国目前发现的最古老冶炼铁器，这确实让今人感到有些震撼。

由于铁的熔点比铜的熔点更高，所以，制作出来的铁器比铜器就更硬，使用范围就更广，而且大量运用到生产生活之中。我们祖先初期制作的铁器，多为削、刀等一些小工具。后来，就出现了锄、铲、锤等多种农具以及刮刀、环、钩等杂用器。同时，由于利益争夺和战争的爆发，也产生了剑、钺、戟、矛、匕首等兵器。《管子·海王篇》称：工匠必有斧、锛、凿、锯、锤，就是当时手工艺的真实写照。《论语·卫灵公》之所以称"工欲善其事，必先利其器"，是因为铁工具远比铜工具锋利，更适合用来在石头和玉玺上铭刻文字。

铁是铜的儿子，有着比父亲更硬的骨头。在铁器庞大的家族中，有一种非常显眼也十分常见的食用器具——鼎。

众所周知，鼎是中华文化的重要标志，有着丰富的文化内涵。可能在大多数人的印象中，鼎是方形的，而且肇源于商代。其实，这是一种错误的认知。按照民间传说，早在黄帝时代，由于发明了冶金术，人们就学会了冶铜铸器。《史

战国双环耳弦纹铁鼎底部图

记·封禅书》说"黄帝采首山铜，铸鼎荆山下"。而根据中国现有的考古资料，考古学家们推测为夏文化的二里头文化第三期（距今三千五六百年）就发现了青铜鼎，这被认为是青铜礼器的源头。只是到了商代，随着青铜鼎的大量出现，留给后人的印象更深刻一些，后人由此称商代为青铜时代而已。但人们往往忽视的是，到了战国时代特别是战国中期以后，随着铁器的普及，铁鼎也就随之而生。

其实，鼎最初只是一种食物器皿，而且主要用于煮肉盛肉，这从"牛鼎烹鸡""钟鸣鼎食""鱼游沸鼎""尝鼎一脔""大烹五鼎"等成语的含义和出处中可以得知。通过这些成语，我们可以想象出以前的祖先在饮食方面是多么地豪爽，大快朵颐，从来不曾像今天的人们一样面对丰盛的宴席首先要考虑到减肥和预防各种疾病。也许，当年我们原本以果蔬果腹的祖先们，在与野兽搏斗付出巨大代价才取得胜利之后，出于愤怒或仇恨偶尔食用了对方的骨肉，没想到味道是那样地鲜美，因而决定今后多吃肉食，并制造出了鼎这种食用工具。所以，人类学家认为，以鼎食肉是中华民族进步的重要一环，人类身体发育因此大为增快，大脑也日益发达。

透过文献的缝隙，我们可以得知，早期的鼎是圆形的，而且配有三只脚。因为圆鼎适合围坐，因此在烧火、取食方面远远比方鼎要方便。后来，人们出于对祖先的敬奉，把鼎摆到了太庙，使之成为一种祭祀礼器。到了商代，人们信奉"天圆地方"世界观，于是用青铜把鼎铸成了方形，加上民间传说，黄帝铸造完成的三只宝鼎忽然失传，直到夏朝的开国国君，那个以治水而名垂千古的禹"(禹) 收九牧之，金铸九鼎，皆尝亨鬺上帝鬼神"。从此，九鼎也就成为王权的象征，传国的宝器。翻阅中国历史，我们会发现，从商朝至周朝，都是把定都或建立王朝称为"定鼎"，国灭则鼎迁。所以，商灭夏后，派人将九鼎从夏朝的都城斟鄩抬到了商都亳京；周武王灭商，九鼎又被将士们抬到了周都镐京。

随着时代的变迁和人们审美观的变化，鼎也就经历了一个"成长"过程：开始很小的鼎，逐渐变得高大庄严起来，除了成为铸造讲究、秩序严格的祭祀神器，也由王权的象征演变成一种力量或权力的象征。

在中国历史上，曾有两则因鼎而生的故事：一是公元前607年，楚庄王熊旅借伐陆浑之机，把楚国大军开到东周首都洛阳南郊，举行阅兵，威胁刚刚即位的周定王，与定王的使者王孙满舌战，闹出了一个"问鼎中原"的典故；二是《史记·秦本纪》曰："武王有力好戏，力士任鄙、乌获、孟说皆至大官。王与孟说举鼎，绝膑。八月，武王死。"说的是秦武王四年（前307年），秦国攻占韩国重镇宜阳。秦武王大喜，与任鄙、孟贲一班勇士到宜阳巡视，在太庙中与孟贲举鼎游戏，折断腿骨。同年八月，秦武王因此去世。可以说，秦武王自找苦吃，被鼎所灭。

春秋战国时期，永州属楚国南境，与后来出现的南越国毗邻。由于中华文明的最早发源地在黄河流域，所以，永州历来是一个经济相对落后的南蛮之地。尽管道县的玉蟾岩发掘出了距今1.2万年至1.4万年的稻谷和陶片化石，表明永州这一带很早就有劳动者的背影，但这些背影可能并不是当时最先进技术掌握者的背影。比如，这件战国双环耳弦纹铁鼎，虽然在道县境内征得，按照前面所述，古人铸造的容器是从陶瓷升级到青铜，玉蟾岩发明陶瓷者的后代有可能进行了改良，发展到了青铜甚至铁质容器，但我们还是没有充分证据能证明这件战国双环耳弦纹铁鼎就铸造于永州。

基于上述原因，所以，站在这只铁鼎面前，我只能怀着对乡土眷恋的一种私心，臆想出先民在当年永州之野铸造它的情景：在一个青铜炉前，一群先民不断往炉子底下添柴，使火保持旺盛状态，而炉膛里的矿石开始传出炒豆子般的声响，后来就渐渐失声，并逐渐传来沸水的声音。这群先民分工合作，有的取来早就精心准备好的模具，有的备好冷水和其他材料，更多的则是帮忙将金属液体小心翼翼地倒入模具之中，浇铸出一件美轮美奂的双环耳弦纹铁鼎。这种造型和结构，可谓用心良苦：三只方足，犹如雄性动物强有力的腿脚，使之保持平稳不倒；双环状立耳，便于装填、倾倒食物和搬移；侈口，便于更多人聚餐；折腰，腹饰三道弦纹，犹如雌性动物的曼妙柔美；浅腹小平底，更利于聚热煮食。

战国双环耳弦纹铁鼎俯瞰图

毋庸置疑，这件铁鼎的铸成，曾经给他们所在的群体带来了无限的欣喜与生活享受。在后来的岁月中，这群先民及其子孙把众多的美味记忆留在了鼎底。以致时至2000多年后的今天，站在鼎前观赏，我眼里依然能显现出当年先人们围着此鼎煮肉的画面，鼻子能闻到当年鼎里飘出的肉香。

战国九大眼九小眼琉璃珠

记得10多岁的时候，我曾在晚上无数次仰望浩瀚星空，也曾于白日无数次仰望蓝天白云。我之所以仰望，主要是怀着好奇的心寻找天空中那个传说的破洞或补上之后的疤痕。因为在中国的上古传说中，某日四根擎天大柱突然倾倒，九州大地裂毁，天空裂开了一个洞，大地无法承载万物，大火蔓延不熄，洪水泛滥不止，凶猛的野兽纷纷吞食善良的百姓。在这种情况下，那个美丽的女神——女娲，为了拯救天下生灵，她不仅从汾河里捞起了许多五色石头，把坚硬的五色石用烈火烧熔，然后用色彩缤纷的熔浆将天上的窟窿补上，而且还砍断海中巨鳌的脚来做撑起四方的天柱，杀死黑龙来拯救冀州，用芦灰堆积起来堵塞住了洪水，挽救了这场灾难。

我一直以为，救民于水火之中的人或神，都是高尚而伟大的。只是让人感到遗憾的是，女娲为了补天，不辞辛劳炼五彩石，竟不幸牺牲了自己的生命。

这种传说，确实感人，让我幼小的心里，对美丽的女娲充满了敬意，所以经常用眼睛往天上梭巡，希望能看见一个倩丽的身影，脚踏祥云在空中款款而行。

长大之后，我才知道《淮南子·览冥训》《竹书纪年》《史记》等诸多文献里记载的女娲补天只是一种民间传说，而不可能实际存在。但正是这类的美丽传说，给了我许多文学素养，让我爱上创作，一直到今天。

　　后来，听一位博学的朋友讲，女娲补天的五色石，又名五色玉，再说白一点，就是琉璃，一种用铝和钠的硅酸盐化合物烧成的釉料。

　　这让我大吃一惊。

　　因为我最初对琉璃的了解是十分肤浅的，源于自己游山玩水参观了一些古建筑，特别上世纪80年代去到北京参观故宫，看见大量金碧辉煌的琉璃瓦，才知道琉璃颇具贵族气息。而且，从中国现有的文献记载来看，很长一段时间，琉璃是与皇宫息息相关的。

战国九大眼九小眼琉璃珠正视图

　　汉代有一个美女叫罗敷，民歌《陌上桑》是这样形容她的："头上倭堕髻，耳中明月珠。"一个少女头上梳着堕马髻，耳朵上戴着宝珠做的耳环，何等迷人！"明月珠"是什么？曾有一个传说：随侯某次外出时看见一条受伤的大蛇，就把它救下并叫御医救治。结果呢？有点《聊斋志异》的味道：大蛇痊愈后知恩图报，爬到国王身边张嘴吐出一颗夜明珠送给随侯，后人就称之为"明月珠"或"随侯珠"。古人把随侯之珠与和氏璧相提并论，《淮南子》称："譬如随侯之珠，和氏之璧，得之者贵，失之者贫。""随侯珠"由此名扬天下，但没有人见过，也不知其为何物。直到1976年随侯墓被打开，人们才恍然大悟："随侯珠"就是精致而华美的战国琉璃珠！

　　新中国成立以来，湖北江陵和湖南长沙这两个地方出土的战国琉璃珠最多，它们在战国时期属于楚国境内。但凡事有例外，很多考古专家万万没想到，我们永州居然也出土过战国琉璃珠。

　　假如时光可以倒流，那让我们把时光倒流到1994年那个具有纪念意义的一天。那天，在永州东山之麓东北方向的永州监狱砖厂，一群犯人在狱警的监督下正在挖土制作红砖，他们挥着锄头一下又一下地挖着。忽然间，一层乌龟背状的汉砖凸显而出——他们竟意外发掘到了一座西汉古墓。文物部门获悉，立即派人赶赴现场。经过仔细发掘，从中出土了一大批文物，其中就包括这枚战国九大眼九小眼琉璃珠。

　　据考古专家鉴定，该器物高1.5厘米，口径1.6厘米，重13克。仔细审视，你会被它规整的造型、浑身的色泽和精美的装饰所痴迷，可以说是战国时期琉璃珠中的佼佼者。你看它，扁圆的身体上有穿孔，底色是浅蓝或绿色，面上还有九大九小白色同心套环、浅蓝镶套。最奇特的是，中心部位略高于四周，呈凸起状，恰似蜻蜓眼睛。考古专家推测，这种琉璃珠应是以缠丝法制胎，再分别蘸取白料和浅蓝色料，呈环状点于珠胎之上，在两者均未完全凝结时粘接而成的。而蜻蜓眼琉璃珠为春秋战国时期琉璃珠的主要形式，还遍布中亚、西亚及北非各地，是中西方琉璃器所共有的品种。

如果大家拿永州出土的这枚战国九大眼九小眼琉璃珠图片，与1981年在长沙市解放路出土的九眼琉璃珠和1983年在长沙市麻园岭出土的四眼琉璃珠图片对比，就不难发现，尽管它们的颜色不同，但纹理基本相似，表面材质才也大致相似，似乎存在某种"血缘"关系。只不过永州这枚琉璃珠更为光洁，充满了青春气息，因而更加惹人喜爱。

所以，当我在永州博物馆国宝厅展柜俯瞰这枚旷世珍宝时，心情格外地激动。是啊，2000多年的岁月转眼就过去了，而这枚九大眼九小眼琉璃珠，依然空灵高贵、精致细腻。它色彩晶莹偏多彩，光泽柔和含美艳，坚硬却显脆弱，冰冷却又热情，既奔放耀眼，又深含气韵，彰显出一种非同寻常的美。

战国九大眼九小眼琉璃珠仰视图

其实，在我看来，俯瞰这枚琉璃珠，如同俯瞰一段流金溢彩的历史。白驹过隙，沧海桑田。漫长的岁月，宛如流水，一一而逝，这段历史竟还是那么鲜活，还是那么朝气，那么迷人。它带给永州的财富是那么丰富，那么精致，那么昂贵，至今还在惠及于永州古城。

我所说的这段历史，就是泉陵侯国的历史，它可谓永州古城金光闪闪的项链，让考古和文史研究者充满激情和眷恋。

从汉武帝元朔五年（前124年）封长沙王刘发之子刘贤为泉陵侯置泉陵侯国于潇水之滨开始，到公元9年王莽新朝建立时废止，实际存在约133年，经历了4代王侯，在零陵城外东北方向的鹞子岭遗留下了一些西汉古墓群。正是这些古墓群及其主人与陪葬品，被施工者无意中挖出，被考古专家揭开神秘面纱之后，顿时给永州的历史增添了不少光辉。

作为众多出土文物之一的战国九大眼九小眼琉璃珠，恍若一个娇小的大家闺秀，让人特别喜爱。而关于琉璃，我想我们需要有一个认识的过程。《琉璃志》中指出："琉璃者，石以为质，硝以和之，礁以锻之，铜铁丹铅以变之。非石不成，非硝不行，非铜铁丹铅则不精。三合然后生。"

只是琉璃这种华丽的佩饰，在江浙一带，还有另一个凄美的传说：

从公元前496年开始，范蠡花了三年时间为越王勾践督造出一把王者之剑。王剑出世之日，范蠡在铸剑模内发现了一种物质，就好比某个厨师烹调时在锅底发现了一些残剩的油渣。只是这种物质晶莹剔透，且有金属之音。望着这些物质，范蠡犹豫了一阵子：这些貌不惊人的物质是好还是坏？是丢了还是一并献给越王？好在范蠡脑瓜子灵转，他认为这玩意不怕烈火淬炼，又有水晶阴柔之美暗藏其间，应该是天地阴阳造化的极致，于是将它随剑一起进献给越王，并称之为"剑道"。范蠡万万没想到，越王不识货,他对所谓的"剑道"并不感兴趣,但又不好明说,于是讲:范蠡啊范蠡,你为本王铸剑有功,本王就将"剑道"赐还给你,我还为它赐名为"蠡",你就好好珍藏吧。而当时,范蠡被西施迷魂,愿意为她付出一切,感觉送对方金银玉翠等,未免太俗,可能只有"蠡"才与她的美丽相匹配,于是寻找能工巧匠,将"蠡"打造成一件精美的首饰,当作定情之物送到西施手里。不料风云突变,战事又起,越国大败,几近亡国。关键时刻,西施奉命前往吴国和亲。临别之际,她将"蠡"送还给范蠡,几滴晶莹的眼泪也滴在"蠡"上,蠡融合西施泪之后顿时有了灵气,更加流光溢彩,好像美人的眼珠在转动,后人称之为"流蠡",后来,慢慢演变为"瑠璃"和"琉璃"。

也就是从那个时候开始,中国上层社会开始流行琉璃佩饰,王侯将相以拥有琉璃佩饰为荣。不仅如此,国外包括中亚、西亚及北非各地也开始流行,使之成为世界性饰品,如同今天的黄金首饰。

基于这样的原因,即便在后来的战国时期,也就是东周后期至秦统一中原前(前475~前221年,因西汉刘向编有《战国策》,故后世称之为"战国"),尽管那是中国历史上各国混战不休的时期,但在战乱的王侯将相之宅中依然可见琉璃的光芒。

战国之后,中国历史上迎来了强大而短暂的秦朝。之后,便是西汉。西汉时期,国家相对稳定,经济发展也快。而在潇水之滨的零陵古城,随着泉陵侯国的诞生,一群身上散发着王者之气的贵族从长沙迁徙而来,开始演绎出一种迷醉后世的精彩。他们在并不很大的王城里,享受着自己的荣华富贵。而琉璃佩饰,就是他们华贵的象征之一。

我不知道这枚战国九大眼九小眼琉璃珠究竟出自于哪位能工巧匠之手？出自于那一座窑炉？原材料又来自何处？它出生的时间究竟在哪一年？又是怎么到了泉陵侯家族之中？它曾经被哪一位或者说哪些人佩戴过？

小小的琉璃珠，居然隐藏着天大的秘密。而这些秘密和它所散发出来的气息，除了缄默的自己，只有棺中那具早已腐朽的尸骨知道，只有流经过的那些双手知道，只有那2000多年前的明月秋风知道。

尽管我们可以通过历代诗词来揣测它的主人，比如：唐朝风流才子元稹就有一首《咏琉璃》，其中有"有色同寒冰，无物隔纤尘"一句，出神入化描绘了琉璃灿烂夺目的诱人风采，但我们依然不敢断定它的主人就是女性，它就是王侯夫人的佩饰。倘若遇上思想高洁的王侯，同样有佩戴琉璃饰品的可能。

战国九大眼九小眼琉璃珠局部图

我仔细观察这枚战国九大眼九小眼琉璃珠，发现它的大小眼有明显的区别。大眼圆润饱满，有立体感，酷似鱼眼或蜻蜓眼；小眼相对简洁，而且小眼之间有7点虚线相连，把大眼围在中间，似乎蕴藏着某种玄机。9为最大单数，也是九五之尊，足以证明它是王者之物。那么，7又做如何解释呢？

　　这依然是一个谜。

　　珠子上有一个穿孔，仿佛是历史的窗口。我俯身凝眸，却似乎看见穿孔的那边也有一双眼，正以惊讶的眼光与我对视。

　　那是来自西汉的目光！

　　它，穿越时空捎给我一个人生哲理：做人当如琉璃，蕴含似火热情。在日常生活和工作中情感奔放，热情洋溢，让人感受到自己的激情；做人当如琉璃，葆有似水柔情。我们应该领悟"上善若水"的深刻含义，胸怀宽广，像琉璃一样安静沉稳；做人当如琉璃，拥有沉稳淡定。我们应该学习它沉稳淡定的厚重品质，不轻浮，不做作，让初心超然于一切世俗之物，不以物喜不以己悲，保持一个纯净的灵魂。

战国谷纹琉璃璧

在永州市现有的文献记载中，可以追溯的历史似乎只能追溯到汉武帝元朔五年（前124年）封长沙定王子刘贤为泉陵侯时所设立的泉陵侯国，也就2100余年。倘若再继续往前追溯，最多也就可以追溯到秦始皇二十六年（前221年），秦始皇统一中国后实行郡县制，设长沙郡时所置的零陵县（据考证，当时的县治在今广西全州西南），也就2200余年历史。那么，再往前追溯呢？一般都会说到舜帝南巡。众所周知，舜帝是历史上确实存在的上古人物，他与黄帝、颛顼、帝喾、尧，被后人合称为"上古五帝"。而关于舜帝的文献记载，大约有两处：一是司马迁的《史记·五帝本纪》所载："践帝位三十九年，南巡狩，崩於苍梧之野。葬於江南九疑，是为零陵。"一是《尚书》所载"德自舜明"。除此之外，似乎难以找到其他确切的文字记载了。

为此，我一直在思考一个问题：永州之野道县境内的福岩洞发现47枚8万~12万年前的人类牙齿化石以及大量动物化石，零陵黄田铺的石棚，据说是2万年前古人类居住的洞穴或祭祀场所，道县的玉蟾岩出土1.2万年的谷种和陶器，说明永州地区很早就有人类的活动痕迹，并催生了古代文明。舜帝南巡，固然有前来南方探视弟弟象和体察民情的成分，应该也有对这一带古代文明进行寻根的成分。那么，在舜帝之后到秦始皇设置零陵县之间的大约2000年时间里，永州地区还有哪些人在此生活过？这里是否存在过小规模的城镇或古村？泉陵侯国的选址是否有与原来城镇或古村有一脉相承的关系呢？

这，似乎值得我们去探究，也确实值得我们去探究。

最近，我屡次大胆臆想：现今的永州地区在零陵县设置之前，一定存在城镇的。只是，目前还没有发现记载当时地名（城镇名）的文献罢了。我脑海里甚至还出现过N种画面，其中一种就是：当屈原在楚国摇摇欲坠的大树下，吟着"举世皆浊我独清，众人皆醉我独醒……"一路狂奔到汨罗江畔，最终跳进汨罗江的那一刻，在潇湘二水交汇处的这个我们今人无法知道其名字

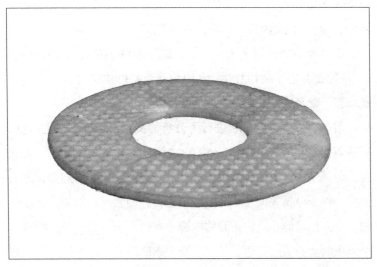

战国谷纹琉璃璧平视图

的城镇，一定有跟屈原相似情怀的人，为即将倒塌的楚国城墙而悲痛得死去活来。也许，他也像屈原一样跳进由二妃泪水注入了文化基因的潇湘二水，为他的祖国而殉葬。只是他没有屈原那样横溢的才华、显赫的身份和崇高的地位，所以，没有人记得他的姓名，也没有后人来祭祀他。

当然，这仅仅是我的臆想。

所幸，一些文物的出土，更加坚定了我的臆想。

1984年7月，在当时县级永州市东郊的湖南省第三监狱教导队院内，一群民工在烧砖建房，于挖土过程中发现几座古墓，于是报告零陵地区文物工作队。工作队接到报告后，立即组织人马赶往现场，同时报告省文物处。在现场，零陵地区文物工作队发现6座古墓。之后，在省文物专家的指导下，对墓葬进行了为时4个月的发掘，确定为战国墓4座，西汉墓2座。其中，战国墓的形制均无墓道，可分为两种类型：一类2座，为土坑竖穴，两侧带台阶，编号为AM19的带头龛；另一类2座，不带台阶，也不设龛坑，编号为AM20的为长方形宽坑，编号为AM21的为长方形窄坑。4座战国墓共出土文物27件，其中编号为AM20的墓中出土了一件琉璃器，就是这件战国谷纹琉璃璧。

后来，文物专家对它进行了分析与测量，发现它呈乳白色，饰有谷丁纹，外径7.8厘米，内径3.2厘米。如果放在灯光下来欣赏，仿佛来自冥界的小精灵，居然散发出一种独特的魅力，应该说是一件十分精美的艺术品。俗话说，好的艺术品都是完美无瑕的。令人惊讶的是，它正面的内圆上有一个小小的缺口，如同一个天生丽质的美女腮边，长了一个小小的肉瘤，让人感到无限的惋惜。也许是在出土过程中碰伤的，也许是之前就有的。另外，还有几道渗水一样的痕迹。底面的谷丁纹有些损毁，损毁面积比较大，分两处：一处像汉字中的"一"字，中间有些虚空；一处像英文中的"VK"两个连根字母。大约就是因为这些瑕疵，因而影响到了它的文物等级，没有进入一类方阵。不过，就对研究零陵古城的历史价值来说，它的血统，加上它的阅历，足以傲视后来的许多一级文物。

璧，是指平圆形中间有孔的玉。古代在典礼时用作礼器，亦可作饰物。因为它质细而坚硬，有光泽，略透明，可雕琢成民间罕见的工艺品，所以，又被后人用来比喻人品的高洁。《墨子·节葬下》曰："革闟三操，璧玉即具。"汉·陆贾《新语·本行》曰："璧玉珠玑不御於上，则翫好之物弃於下。"就是这个意思。

我对玉璧的了解，最早应该是和氏璧。和氏璧是中国历史上著名的美玉，出于今安徽省怀远县西南荆山的一个山洞里。追溯它的来历，我们可以看见一个名叫卞和的楚国人，在某个阳光灿烂的日子，携带柴刀和扁担兴冲冲地上山砍柴，或许是因为天气太热，或许是过于劳累，他就随便进入了一个山洞，想到那里纳凉小憩。没想到突然看见一块很奇特的石头，这块石头镶嵌在岩石上，晶莹透亮，体形溜圆，中间还有一个圆孔。卞和心想，这应该是一件宝贝，于是丢下柴火，捧起它乐滋滋地回了家。后来，他觉得应该把这件宝贝拿去献给楚厉王，心里有一种马上要发达的感觉。没想到厉王虽然高高在上，但他不识货，于是让人鉴别，鉴别的人说这是一块很普通的石头啊！厉王一听，十分恼怒，便下令砍去卞和的左脚。于是，我们就看见卞和拄着拐杖怀抱玉璧，一拐一拐地走出了宫殿。

等到楚武王登基时，卞和拖着残腿再次携玉献宝，结果发生了同样的悲剧，他又被砍掉了右脚。没有了双腿的他，是怎样回到家里的，想起来都叫人后怕。我们仿佛看见可怜虫卞和，像一只被斩去双腿的小鸭，利用翅膀一下又一下地扑腾着，艰难地奔向自己的家。

再后来，武王驾崩文王新立，没有了腿的卞和闻讯，十分高兴，但想到自己因为腿残无法再亲自献宝，只好怀抱宝玉于荆山脚下大哭。他哭了整整三天三夜，哭干了眼泪，哭出了血泪。路人见了很是奇怪，有人报告文王，文王就派使者去询问，卞和凄惨地说："我不是为自己所受的酷刑而悲伤，而是悲伤宝玉无人能识别啊！"

文王一听，再次派人去找到卞和，将他精心包装的玉石带回去打开一看，发现

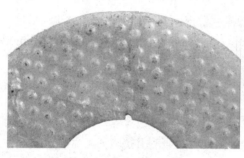

战国谷纹琉璃璧局部图

里边果然是块稀世宝玉，并取名"和氏璧"，又称荆玉、荆虹、荆璧、和璧、和璞，为天下奇宝。

我读小学时，就读到了一篇名为《完璧归赵》的课文。其实，也就是一个成语故事。这个颇为悲壮的故事，在中国可以说老幼皆知：

公元前283年，赵惠文王得到了楚国的和氏璧。秦昭襄王听说后，心想：这天下珍稀之物应该归我大秦所有。于是，派人送赵都给赵王一封信，说想用15座城换取赵国的和氏璧。秦国何其强大，赵王明知道来信是黄鼠狼给鸡拜年——不安好心，但又不

敢得罪，唯恐被秦国灭了，于是急得团团转。赵王身边的一个人见了，就推荐蔺相如去了断此事。蔺相如奉命带着和氏璧到了秦国，受到秦王的亲自接见。秦王接过蔺相如献上的和氏璧，看了又看，爱不释手。蔺相如等了半天，见秦王始终讲把哪15座城给赵国，而且眼里露出贪婪的目光，于是假说那块和氏璧上有一处瑕疵要指给秦王看，当他接过和氏璧后赶紧退到柱子边，以要把璧撞碎把人撞死在柱子上来威胁，要求秦王兑现15座城交换的诺言。秦王无奈，当场说了一大块土地上的城池名字。蔺相如估计对方在使诈，就说："和氏璧是天下公认的宝贝，凡是要得到它的人，必须虔诚且斋戒5天，我们赵王当年也是这样才得到的。"贪欲熏心的秦王居然老老实实地答应斋戒5天，并叫人把蔺相如伺候妥当。而蔺相如估计秦王不甘罢休，便打发随从装扮成平民百姓带着那块玉璧从小道逃回了赵国。秦王斋戒完毕，隆重举行仪式求璧，蔺相如毫无惧色，将事情真相告之。秦王觉得无望，苦笑一声，就派人送他回赵都去了。蔺相如回国以后，被赵王任命为上大夫。后来，人们以此比喻把原物完好地归还物品主人。

其实，作为一种特质玉石，玉璧在中国发现和使用较早。从中国境内的文物出土情况来看，早在夏商时期就有玉璧流行于贵族之间。西周时期，玉璧大量使用，而且多有纹饰。而战国时期的玉璧承前启后，又有独自的创新，无论是形制、纹饰还是工艺水平上，都达到了一个新的高度，像蓝天白云下鹤立鸡群般的一朵奇葩，在汉代玉璧发展史上绽放出一道诡秘的异彩。

由于战国时期的工具革新，导致玉璧发展的成就卓越。加上生产力的发展，工匠在琢玉时广泛使用铁质工具。虽然已时隔

2000余年，但我们似乎还能看见那个时代的工匠们琢玉成器的劳动场面：

他们按照成形、镂雕、琢纹三大步骤的要求，先是以潮湿的解玉砂为介质，利用大口径铁管对着玉璞进行耐心细致地钻孔，所钻成形的玉璧，较史前磨角成圆的那种更加圆整、规矩。让人稍感遗憾的是，由于人力手工操作，精准度较差，在器表留下浅而直的台阶状痕迹，仿佛就是这种特殊的台阶，让今人可以一步一步地追寻回去。

成形之后，就是镂雕。工匠们先是聚精会神地用阴刻细线按设计打稿，再在镂空的关键部位套用以小管钻小心翼翼地打数个定位圆孔，把细小的金属线锯从圆孔中穿过去，然后双手来回拉动。这个过程必须十分谨慎，稍不注意，线锯带动的解玉砂就会将主体损坏。镂空完毕，再用擦条进行整修，让它变得光洁透明，以至于整个劳动场所都洋溢着春花秋月般的喜悦。

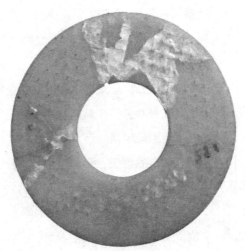

战国谷纹琉璃璧底面图

跟着，就是对玉璧进行琢纹。这是画龙点睛般的关键工序，一件玉璧的纹饰，如同一个女子的外衣。外衣漂亮，就能引人注目，就能身价百倍。技巧在于，先用细阴纹打稿定位，再小心翼翼地去料剔地，使谷纹、云纹、蝌蚪纹等元素——凸出，如同月光下悄然绽放的睡莲，散发出穿越千年的芳香……

作为战国时期玉璧上最常见的纹饰之一——谷纹，如同中国服饰中的旗袍，历史悠久，典雅大方。谷纹的制作方法有平面阴刻、平面蒲格和浮雕谷纹等几种，每种在具体操作时又有多种讲究。不过，也有人为了省事，直接将半球改削成萌芽谷粒状，使其各自呈现的光亮程度各异，从而凸显了较强的浮雕感。

仔细审视这件精美的战国谷纹琉璃璧，让我想起了儿时在乡下看见的簸箕，里面盛满了金灿灿的谷粒。如果有人说这件玉簸箕的中间有一个圆洞，会漏掉辛勤汗水换来的谷粒，那么，我会纠正说，漏掉的只是我们对战国时期永州古城的朴素记忆。

是的，现在我们完全可以推定，早在泉陵侯国设置之前，潇湘二水交汇处的这块古老土地上，已经闪耀着青铜的光芒。从4座战国时期的古墓同时被发现来讲，规模确实不可小觑，非王侯将相和大富大贵人家而不可得。我想，当时这里的城镇存在是有一定规模的。

退一万步来讲，就算那时候这里仅仅是一个村子，也无法抹去古人在这里留下的光辉足迹和伟大背影。尽管现有的文献记载尚有诸多缺失，但这件战国谷纹琉璃璧的出土，就是古城历经风雨的最好见证与痴情守伴。

战国勾连云纹玉剑彘

旌旗飘飘，战马嘶鸣。易水之滨，两军对垒。锣鼓喧天，杀气腾腾。

在众多印着"秦"一面印着"王"字的旗帜下，一名将军不怒而威，他看了看对面举着众多"赵"字旗帜的军队，脸上露出了轻蔑的一笑，然后拔出腰间佩剑，向前一指，喊了一声："杀——!"跟着，他手下的数万将士一起呐喊着，冲向敌阵，双方混战在一起。片刻，对手渐渐不支，四下溃逃。秦军乘势攻取了燕都城蓟，燕王喜逃去辽东，燕国从此名存实亡。

以上，是一场发生在秦始皇十九年（前227年）的战争。

两年后的又一场战争，秦国领头的还是那名将军，他统率着60万大军抵达楚国国境。让人惊讶的是，接下来的整整一年，他竟然下令坚壁不出，休养生息，甚至投石娱乐。对方40万楚军因为兵力相对较少而不敢强攻，一年后终于按捺不住，楚军往东调动，这位将军果断下令出击，大破楚军，杀楚将，俘楚王，平定楚国……

这位将军就是战国时期秦国著名的武将王翦，也是一位杰出的军事家。

截至目前，王翦的英勇事迹鲜有单独拍摄影视进行宣扬的，他几乎成了秦王嬴政的一个补充影子。在一些关于秦始皇的影视中，偶尔出来露个脸。史载，王翦最大的功劳就是攻破赵国的都城邯郸，并且消灭了赵国和燕国。在秦始皇兼并六国统一天下的过程中，王翦和其子王贲是最大的功臣，因而备受人尊重。

时势造英雄，后人敬英雄。当人们在电视上看到王翦叱咤风云、纵横捭阖的背影时，我却时刻关注着他腰间佩剑时的剑彘。我甚至臆想，他可能或者说应该与零陵古城有着一种说不清的联系，甚至是填补零陵战国历史空白的贵人。

请不要吃惊，我的臆想是有一定的历史根据的。

据《史记·白起王翦列传》记载，秦将王翦在率领60万大军出发伐楚，秦始皇亲至咸阳城东南的灞上送行，"王翦行，请美

战国勾连云纹玉剑彘侧视图

田宅园池甚众。"始皇曰："将军行矣，何忧贫乎？"王翦曰：
"为大王将，有功终不得封侯，故及大王之向臣，臣亦及时以请
园池为子孙业耳。"始皇大笑。王翦既至关，使使还请善田者五
辈。或曰："将军之乞贷，亦已甚矣。"王翦曰："不然。夫秦
王怚而不信人。今空秦国甲士而专委于我，我不多请田宅为子孙
业以自坚，顾令秦王坐而疑我邪？""虏荆王负刍，竟平荆地为
郡县"之后，随即"因南征百越之君"。

要知道，王翦当初带领秦国60万大军出发伐楚，是在大将李
信带领20万大军伐楚失利之后来为秦始皇挽回面子的，可以说力
挽狂澜。但他心中知道，秦始皇把几乎全部的军事力量交给他，
是在倾尽举国之兵力，发动一场空国之战。为了不让秦始皇生
疑，王翦故意提出要一些庄园，安顿家小。在前线打仗时，还向
秦始皇提出要求，为他的亲戚封官。因为在君主眼里，越是贪图
利益的人，越不容易背叛。就像家犬，只要你经常给它骨头吃，
它就不会离开你的家。

据《汉书·地理志》记载，百越的范围"自交趾至会稽七八
千里，百越杂处，各有种姓"。也就是说，当年的百越包括从今
天的江苏南部沿着东南沿海一直延伸到越南北部，这长达七八千
里的半月圈内，就是古越族人最集中的分布地区。百越的局部零
散分布还包括湖南、江西及安徽等地。

王翦统率60万大军出征百越，是很重大的军事行动，虽然
《史记》的记载比较模糊，但《淮南子》的记载却比较详细：
"(秦始皇) 利越之犀角、象齿、翡翠、珠玑，乃使尉屠睢发卒五
十万，为五军：一军塞镡城之领 (岭)，一军守九疑之塞，一军
处番禺之都，一军守南野之界，一军结馀干之水，三年不解甲驰

弩……" 遗憾的是，《淮南子》的记载存在谬误：大多数史学家认为，统领60万大军的人应为王翦而非屠睢。因为无论是论威望，还是论才能，当时的屠睢都不够格。不管怎样，大家依然可以看出，王翦领军征服百越时有一支军队驻守在九疑山要塞。

为此，我就大胆做了这样一个臆想：在以水路交通为主的战国时期，一支军队乘船溯流而上，从湘江抵达零陵古城，然后，继续溯流而上，南行到九疑山。也许就是这个过程中，王翦的某位部将带着一支军队在零陵作战，或小憩，或分兵驻守，最后牺牲了，并安葬在零陵城外的鹞子岭，于是形成了零陵古城的最初胎记。

这份胎记弥足珍贵，它把零陵古城的历史从建县、置郡，往前推移了一大步。尽管两点之间还有很多空白，但它如同小说中的悬念，势必激发考古学家更大的兴趣和决心。也许，在今后出土的文物中，会找到连接这两点的更多物证。

玉剑彘是剑鞘上的装饰物，又叫文带，装饰固定剑身并作用于佩戴腰间，是具有实用性的装饰玉，流行于战国至汉代。关于这件战国勾连云纹玉剑彘的精神指向，考古界普遍认为，它是战汉时期贵族阶层的玉具剑的一部分，与贵族阶层身份和尊严有密切关系，属于政治地位的范畴。就好像满清时期的黄色琉璃瓦，只许皇宫使用，不许百姓使用一样。玉剑彘的出土，国内也有很多。例如，

战国勾连云纹玉剑彘局部图

山西太原金胜村的赵卿墓，就出土了两件玉剑珌，而且是目前全国发现年代最早的剑珌。而位于江西省南昌市新建区大塘坪乡观西村的海昏侯墓，是汉废帝刘贺的墓葬，其面积之大、保存之好、内涵之丰富为全国之最，是汉代列侯等级墓葬，从中出土数量不少的玉剑珌。由此可见，玉剑珌非一般人可以享用的。

众多考古资料显示，从战国到西汉中期，玉剑珌的形制大概类似，但纹饰各有不同。战国时期的玉剑珌面略有弧度，首尾部内卷呈半勾状，以兽面纹、蟠龙纹为主，辅有勾连纹、卧蚕纹、谷纹、花朵纹、垂叶纹等。汉代的玉剑珌纹饰以蟠螭纹、蟠虺纹、龙凤纹为主，辅有三角形纹、菱形纹、柿蒂纹等。

零陵古城的鹞子岭曾发现众多的战国墓，而这件战国勾连云纹玉剑珌就出土于那里。它的长度为5.6厘米，宽2.1厘米，孔长2.6厘米，宽0.8厘米。置于博物馆展柜，如同一块金砖，让人感觉出它沉甸甸的分量；如同一块跳板，让人们感觉到它能穿越到当年潇湘的弹性；也像一个观察历史的窗口，能让人回望到那个渐行渐远的年代。

在中国漫长的历史中，战国可以说是一个风起云涌的时代。如果我们打开当年的相册，就会发现各路豪杰如过江之鲫，纷至沓来。他们的腰间，大多配有利剑，不少人被称为剑客。对于后来的朝代，战国时期的剑客，一般还是比较讲规矩和儒雅的，他们想把宝剑系于腰间，就牵涉到需要一个小工具，这便是剑珌。剑珌一直延伸到清代，当枪炮盛行时，作为兵器的剑，才退出历史的舞台。几千年来，虽然剑珌的纹饰、图案、雕刻手法等有不少变化，但主体作用还是没有变化，那就是用来固定佩剑。

仔细观察这件战国勾连云纹玉剑璏，可以发现，它采用的是剔地隐起的雕琢技法，在线条和纹饰外轮廓减地，使纹饰隐约凹陷，也就是我们常说的阴刻，如同摩崖石刻，正视含而不露，侧视光华滟潋，完美交相呼应，形成一种华丽流畅的光影效果。这种琢玉技法，萌芽于远古，春秋战国时常用。用如此技法所雕的勾连云纹，整体曲张有度，线条华美流畅，表现上更多了份俊秀神逸的气韵，让人赞叹不已。

"玉，石之美者"，玉，是石头的精华，是大地的舍利子。人是乐山亲水动物，也是玉的知音。在与大自然和睦相处的过程中，人们最初是喜爱山和水，后来爱屋及乌，渐渐喜爱到山上的石头，进一步到喜爱石头中的极品——玉。

从中华文明史可以看出，经过数千年的积累与沉淀，磨砺与雕琢，玉，似一个凌波仙子，带着独特的气质风韵，迈着轻盈的脚步，款款走向人们。跟金银一样，玉一直是人们的珍爱。虽然它不像金银那样显眼，却有着更深的内涵。在物质生活日益丰富的今天，只要你走进商场东转西转，看看那些琳琅满目的饰品，就会感觉玉石专柜如鹤立鸡群，带给你一种不可抗拒的魅惑。

女人爱玉，可谓十分普遍，以至于很多人的名字中也含有一个"玉"字。在她们眼里，玉，像一个东方女子，古典而精致，内敛而朴素，深情而端庄，含蓄而委婉，清秀而纯洁，有一种说不完道不尽的美丽和神韵。所以，人们形容美女时常说美女如玉，冰清玉洁，冰肌玉骨，亭亭玉立。

男人爱玉，相对来说是少一点，但更趋向高雅。孔子曰"君子比德于玉焉。温润而泽，仁也"。在男人眼里，玉是一种卓然不凡的品质，是一种高贵的气节，更是一种宁为玉碎不为瓦全的万丈豪情。以至于楚国那个姓宋的大文人、辞赋作家、士大夫，把自己的名字也取名为宋玉。正所谓"谦谦君子，温润如玉"。遥想古代士大夫或将军、诗人，他们衣带飘飞的腰际上悬剑挂玉，骑马飞奔，衣袂飘飘，环佩叮当，战马嘶鸣，人未至而声先到，那种风度，多么令人心驰神往。

其实，玉跟人一样，也是有生命和灵性的。

古往今来，玉都是避邪之物，因为近身佩戴，它会对人产生感情，由此彰显自己的灵性。最简单的是，大家都知道，一个人佩戴一块玉多年，因为肌肤长期与玉亲密接触，玉的品质秉性就会吸收人的性情，合二为一，恍若一体的生命。如果你的身体好，那么玉的成色也会越来越好；反之，如果你的体质不好，那么玉的成色也会混浊，因为玉感恩于你，帮你吸收了身体内不好的东西。这时候的玉，就便有了生命。玉，有软有硬，但都忌摔。人摔倒在地，可能擦伤、骨折，乃至丢了性命。玉摔在地

战国勾连云纹玉剑璏俯视图

上，常常是体无完肤、烂成碎片，令人嗟叹。

或许，正因为玉有灵性，所以也有了荀子"玉在山而草木润，渊生珠而崖不枯"和李商隐"沧海月明珠有泪，蓝田日暖玉生烟"之类的感悟。人与玉相处久了，往往会惺惺惜惺惺，彼此珍爱。

独自俯瞰这件战国勾连云纹玉剑彘，我感觉如同俯瞰一个战场上的一方军队，他们整体的队形是那样的整齐，而内部的结构又是那样的复杂，一道道勾，如卷云，释放出一种柔性之美；而所有的勾连在一起，如同八卦，充满了玄机。似乎在那些卷云之间，隐藏着诸多杀机。无论对手从哪里突入，就会陷入无限的包围之中，阵地里面就会突然冒出许多钩刀，钩断对方的马蹄，钩断对方的头颅，最后将敌人消灭殆尽……

我十分欣赏这件精美的战国勾连云纹玉剑彘，尽管不见曾经悬挂在它上面的佩剑，还有当年剑的主人，但我似乎见到主人正追随王翦踏马而来，马蹄叩在石板路上，如同叩在历史的心坎上，许多前尘往事，瞬间复活起来。因此，当我欣赏这款2000多年前的国宝——战国勾连云纹玉剑彘时，不仅在欣赏它的精致造型和美丽风韵，心中更是涌起一种强烈的民族自豪感。中华民族五千年的文明，如江河之水，源远流长，而包括玉剑彘在内的玉文化，就一直在历史长河中闪烁着独特的光芒。

西汉龟钮 "刘疆" 铜印

铜印外观

　　跟人类一样，龟，本是一种动物，但它起源更早，而且曾是人类 "图腾" 的象征。据考古学家推定，龟的家族史比人类还要早，究竟早到什么程度？说出来很吓人：2亿2000万年！龟经历种种磨难，把基因延续成生命的春天。龟，是水陆两栖动物，它以坚甲护身，性情温和，对环境适应能力强，无病无灾，特别是能长期不食，宛如神物。因此，在那些高高的山岗上，在那些茂密的林海里，在诸多原始自然崇拜中，一些氏族部落对龟顶礼膜拜，把它作为"图腾"的标志。

夏统一中国，使龟崇拜在中华大地上得以延展深化。进入商周时代，龟崇拜更加升级，可以在皇宫里参与政事。大约是长寿的缘故，汉代刘氏王族把龟与祖宗放在一起供奉。汉高祖刘邦对龟十分崇拜，还铸了龟鼎龟印，这种攀附行为使龟的神秘色彩渐渐淡化，慢慢地有了一些人气，仿佛从仙界降落到了人间。他的曾孙子汉武帝刘彻即位，采用大臣主父偃的建议，开始实行"推恩令"计划，以推广皇帝恩泽的名义把土地再分封给诸侯的子弟，表面上看起来是皇帝厚待诸侯，实际上是让诸侯王的子孙越来越多，侯国越分越小，有的跟现在一个县差不多大小了，无力跟中央朝廷抗衡。

零陵，也就是在此时得以显赫的。在"推恩令"施行的第4年，即元朔五年六月壬子（前124年农历六月二十六日），汉武帝封长沙国王刘发（定王）的儿子刘贤、刘遂、刘义、刘买，分别为泉陵侯、都梁侯、夫夷侯、舂陵侯，把一个偌大的长沙国拆得个四分五裂。刘贤接到诏令，就带着妻室儿女及有关部属，乐滋滋地来到了潇湘二水交汇处的零陵城，开始享受起王侯的待遇来。

史载，公元9年，新朝建立，泉陵侯国废。照此推算，泉陵侯国实际存在约133年。在这百余年间，刘贤及其子孙在零陵的活动轨迹怎么样？他们繁衍了多少代？整个家族有多少人？在这块土地创造了什么？这些谜，跟他们在地宫里消逝的尸骨一样，后人一概不知。直到1984年的某一天，时称湖南省第三监狱现称永州监狱的施工人员在零陵鹞子岭西汉古墓群的第一和第二封土堆之间发掘了一座竖穴土坑墓，出土墓主印章"劉彊"（简体：

刘彊）及封泥印文"臣敞"，人们才惊讶这个泉陵侯家族墓地的庞大体系及文化含量。

仔细端详这枚龟钮印，我们不得不惊讶它的沧桑与静默。如果不是施工人员的发掘，它可能继续在零陵鹞子岭下的地宫里静默沉睡。经过2000余年的地气浸润，这枚传世久远的青铜印终于重见天日，它的锈色沉着自然，虽然长、宽均仅为仅1.1厘米，重仅10克，而且龟脚附近有些许残缺，但在那绿锈斑斓之间，似有一股闪烁水银状光点的寒气，直透肌骨，让人不禁为之一颤。

这是一枚十分罕见的铜印。无论是印章的主体印文"刘彊"，还是封泥印文"臣敞"，主体都是阳刻朱文，也就是说刻字者把字边上的料挖掉了，只留下了反写的字（这样沾了红印泥后，印出来的字是红色的，故称"朱文"）。印章与封泥印文两者之间的共同点是：外形方正，规矩变化，浑朴自然，粗犷有力。说它外形方正，因为两印基本上都是布置匀称、格局整齐。说它规矩变化，主要表现在正中有斜，密中有疏。印章主体印文"刘彊"二字的偏旁部首，都有一点斜笔变化。至于封泥印，也是外框方正，印文"臣敞"则由低往高递增，"臣"字笔画少，是印文的起点，不知设计者的有意还是无意，在方正规整的笔画基调上，添加了少许斜笔，因而充满了生气。"敞"笔画多，是印文的终点，故布局圆满，二字之上呈敞开式，加上"臣"的简约，使得整个印文既"疏可跑马"又"密不透风"，很符合后来中国传统书画的章法布局。或许，汉印的这种风格是中国书画章法的鼻祖。说它浑朴自然，主要表现在线条粗重和单纯朴实两个方面。虽然我们到现在为止尚不知这印为谁所书、所铸、所刻，但呈现在我们面前的作品却传递了一个信息：线条多粗壮，显得稳重、浑厚、朴实无华，不论是在取材、上印、崭凿、修饰等刻铸的哪个环节，都显得水到渠成、生动自然。再加上线条的起止及运行，简洁明了，故而显得拙朴单纯。说它粗犷有力，因为它们给人的感觉不仅沧桑，而且字体很凸出，有一种积蓄了很久的力量，突然自泥土中迸裂而出的样子。

封泥印文"臣敞"

当然，封泥印文与印章两者之间也是存在一些差异和变化的。特别是主体印文"劉彊"二字，似乎较封泥印文"臣敞"更显匠心，别出心裁。二字偏旁部首布局在印的两边，"劉"字左边利刀旁上面敞开，下面收关，右边则上下左右基本对称，笔画丰满，像一个牢固的脚手架。"彊"字右边偏旁部首上下都是敞开，仿佛一个入口一个出口，左边也是下左右基本对称，笔画丰满，两个"田"的上下横笔两头小中间粗，像四根火腿肠。中间的十字架反阳刻为阴刻，虚取交叉的横竖，以凸出的四点代替，而且四点之间也有变化，上面四点是方点，下面四点是圆点，于规矩中彰显了变化，其线条中用刀与用笔结合之意均较融洽。由于刀与笔的有机结合及巧妙运用，使得笔意刀意兼备，留给人们一种浑朴自然的感觉。加上印面线条粗重导致间距极小，而两字亲密相依，整体上彰显出团聚态势。

或许，有人认为这枚印的体型太小，不够大气，所以不足为奇。其实，此乃谬论。殊不知汉代尤其是西汉，是一个很讲规矩的时代。首先，钮式是古代官印中的等级标准。西汉对钮式官印有严格制度，什么级别的官员，才能使用什么钮式的官印，不可随意逾越，不然就会治罪。龟钮和鼻钮为当时的主要钮式，当然，还有螭钮、龙钮等其他兽钮。其次，根据官员品级高低，将印台分为方形和长方形两类：官秩在200石以上和200石以下的有很大差别，前者为通官印，印面呈正方形，方寸约2.2~2.4厘米；后者为半通印，长方形。零陵鹞子岭西汉古墓群出土的这枚印的长、宽均仅为1.1厘米，说明制作技术更高，官位自然也更高了。如果说官秩在200石以上的为通官印，印面方寸大约在2.2~2.4厘米，那么这枚更加精细的铜印主人，身份自然非同一般，应该是王侯一级的了。

细心的人也许会发现，"劉彊"印是隶篆相结合的印，而且隶书味更浓。由于当时隶书如日中天，备受追捧，即使写篆书也或多或少受到其影响，导致治印时篆书书迹无法保持原汁原味。奇怪的是，汉印多为白文（如2016年南昌出土的西汉海昏侯"刘贺"印），朱文印很少（朱文印是到魏晋时期才渐多起来的），而鹞子岭西汉古墓出土的墓主印章"劉彊"及封泥印文"臣敞"，恰恰就是这些少数中的珍品。

这是中国文物的珍品，更是中国艺术的珍品。这个珍品，出自于零陵鹞子岭。

鹞子岭，是零陵古城一个历史底蕴十分深厚的地方。最近几年，我曾好几次独自登上鹞子岭之巅，向东北方向远眺。但见房子林立，车水马龙，好一派城市繁华景象。然而，根据文献追溯历史，循着时光隧道，回到2100年前的西汉末年，看见这里数十座凸出地面的"土馒头"，想象泉陵侯刘贤及其后裔落花般的凋零，我才蓦然惊醒：自己已悄然穿越时空，走近了一个见证零陵古城发展的历史圈，一个以附近约一平方公里为核心的古墓群。

当我像电影蒙太奇表现手法一样，穿越时空，走到三四十年前的一个个建设工地和一个个古墓发掘现场，接过考古人员递上来的一块块墓砖和一件件文物，聆听那从地宫深处传来的一声声喟叹。当我看见这些刘姓人氏及其家属一个个像从睡梦中醒来，于墓穴中站起，拍了拍身上的灰尘，循着生前熟悉的路径，走进零陵北门，经过纵横交错的街道，走进靠近江边的王府时，才醒悟：好一个歌舞升平的画面，好一回沧海桑田斗转星移的千年时光，都在一瞬间怆然复活！

主体印文"刘彊"

西汉龟钮"刘彊"铜印　　043

时光流转至今，昔日零陵城外颇为荒凉的鹞子岭北麓，已成为一片繁华的市区。只是让人感到有些尴尬的是，在这片繁华的市区中，居然有一座监狱。那些被关在监仓里的犯人以及看管他们的狱警，可能没有几个人知道40多年前因为监狱自邵阳迁来此地而惊扰了泉陵古梦，可能也没有任何当时的决策者与建设参与者，为毁灭众多古墓而感到内疚并进行忏悔，更没有一个时任领导站出来叫停在建项目（特别是改革开放后的上世纪八九十年代），迁走监狱，并把古墓就地辟为博物馆，真让人感到遗憾！

遗憾的不仅仅是人和往事，还有艺术。尽管人们常说，任何艺术都是遗憾的艺术。

这枚龟钮印仿佛是一只在历史松土下沉睡了千年的老龟，一直在做一个久远的梦。当它破土而出时，就注定要受到创伤（尽管这种创伤是施工者无意的）而导致千疮百孔，忽隐忽现。那是刘氏家族一种被久久埋没的心情，在忍受了一些折腾和拷问之后，犹如被时间脱落的花瓣，裸露出难言之隐。在它刚刚苏醒来的梦中，依稀还有强大的汉韵。但就在弹指间，转变成十分的脆弱，脆弱得使人惊惧。

梦醒，归何处？在博物馆展柜里的你，向人们敞开一个侯国的疼痛。

133年，于人生而言，很漫长；于历史而言，很短暂。不管泉陵侯刘贤及其后裔曾经如何显赫，生活在零陵多么伟大，也不过像一块块石头投进清澈的潇水，虽然泛起了一阵阵涟漪，最终还是回归于平静。潇水，以其冷冷的明眸和博大的胸怀，见证并容纳了零陵2000多年来的一切沧桑与兴衰。

西汉刻几何纹提梁铜壶

　　于朦胧中睁开眼睛，它感觉到身边没有了记忆中的拥挤与温暖，似乎变得空荡荡的。前面是一块大大的玻璃，玻璃外面是空间，空间那边同样是玻璃柜子，柜子里面，放着大大小小、形形色色的物件。环顾左右，也是一样的玻璃、高高低低的台子及物件。那些物件有的似曾相识，好像曾经跟它同处一个储藏室，而且彼此相拥在一起。再俯身一看，自己居然站在了一个量体裁衣的小台子上，身边有一块小牌子，牌子上有自己的照片，还有一些自己不认识的文字。背后似乎有一种东西在衬托，感觉有一种较为舒适的依靠。头上的柜顶有射灯，此刻正开着，斜照在自己身上。一群人走开，又一群人走过来，对着各个展柜里的物件指指点点，或小声议论，或摄像拍照。当他们来到自己跟前时，因为某个人深颜色衣服在展柜前的映衬，原本透明的玻璃变成了可以照人的镜子，它由此看见了自己的面目，并大吃一惊：目光呆滞，皮肤斑驳，衣着褴褛，甚至双臂残缺，让人见了无不心疼！

　　这就是我的现状？它不敢相信。

是的，它不相信自己的面容会落得如此有些憔悴，乃至萎靡不振。它总记得自己是那样的衣着光鲜，肤色靓丽，青春活泼，铿锵有声，受人推崇……

这时候，有人看着它身边的牌子，轻声念道："西汉刻几何纹提梁铜壶，1984年出土，口径9.6厘米，腹径20厘米，身高28.8厘米，重……"

哦，想起来了，我的名字叫西汉刻几何纹提梁铜壶！

关于铜壶，《仪礼·聘礼》是这样记载的："八壶设于西序。"注："酒尊也。"《周礼·挈壶氏》载曰："掌挈壶以令军井。"注："盛水器也。"及季良父壶铭："用盛旨酒。"这些古文献记载，都十分清楚地说明了壶在铜礼器组合中的用途。其实，我们铜壶家族的起源或者说制作，上起殷商，下至秦汉，商代前期方壶较少见，随着时代的变迁，形制也不断变化。春秋开始，便是皇宫贵族饮酒、煮茶、盛水的日用之物。因材质较硬耐磨损、色泽如黄金，使其高贵且耐用。

西汉刻几何纹提梁铜壶正视图

作为刘疆生前最喜欢的器具，我既可以用

来烧水，避免使用者被烫伤，又可以用来盛酒，在餐桌上展现豪情。那宅第里的每一个角落，那油灯下的每一张面庞，那杯盏之间的一缕缕酒香，以及那酒后狂欢的夸张表情，依然历历在目，宛如就在昨夜！

只是我还没有想起，是谁把我的户籍和身高体重搞得那么清楚？又是谁把我移来了这里？

在参观者的议论声中，铜壶陷入了沉思，似乎努力在找回自己的记忆。

它隐隐约约想起来了，自己好像出自一个很能干的工匠之手。至于那个工匠叫什么名字，在当时的全国是不是很有名气，它却记不起了。它只记得那位工匠曾很认真地用工具对铜片按需要的片状进行切割，然后用铁锤慢慢敲。就在他的耐心敲打之间，自己就渐渐成型，最后变成了一只色如金、亮如镜、声如钟的提壶。它很感激那位没有留下姓名的工匠，把自己锻造得臻至完美。特别是那提手上的链子，如同仕女头上的两根发辫，十分美丽。那位工匠经过一段时间的手工精雕细琢，感觉颇为满意时，才把它搁在那里当成商品出售。

在它看来，自从摆在那里待价而沽，就好像冥冥中注定的买了一张单程票，然后被人装上马车，离开了它的诞生地。期间，可能换过车，也可能倒腾过货船，几番风雨，几经周转，就送到了泉陵侯国里面的刘彊府上，由此开启了自己在泉陵侯国里的辉煌岁月。

它还记得，根据自己的观察，刘彊肯定不是泉陵侯，因为史书上没有他做侯王的记载。但有一点可以肯定，他一定跟泉陵侯有关。不然，怎么会有那么豪奢的府邸，有那么多奴仆，还有诸多优厚的待遇？甚至死了之后的墓葬规格都很高，葬在两个高大的封土（第三代泉陵侯刘庆夫妇）之间，只是封土较为矮小一些？

在它的眼中，或者说按照它的臆测，刘彊应该是前泉陵侯的儿子，只是没有等到继任泉陵侯的机会。这个机会被他的侄子占去了，因为他与现任的泉陵侯是亲兄弟，泉陵侯的王位只能传给下一代，而不能传给平辈。传给平辈，不利于家族的壮大，也不利于家族的安稳。所以，它还清楚记得，刘彊是有家臣的，平时的日子过得比较风光，在泉陵侯国乃至整个零陵县、零陵郡都是顶呱呱的，都是令人艳羡的。

于是，它回想起了一些日常生活的场景：那个刘彊在与朋友聚会，或者招待来自零陵县衙乃至零陵郡守的客人时，经常用自己来煮一种名叫"茶"的白草喝，或者装酒。它甚至觉得，煮茶是委屈了自己，不能彰显自己的特色，只有盛酒，才能体现主人的睿智和自己的价值。所以，每当刘彊拍着自己的腹部，对客人说"这里面有的是酒，大家尽兴喝"时，它才觉得自己的身份是那样的高贵。

或许就在这样的使用过程中，不知是刘彊自己还是伺候他的人，由于不小心，手里的提壶被人碰撞之后跌落在地，导致壶盖损毁，壶口有些残缺，这好比一个原本健康的人，突然因摔跤而致残。尽管如此，却并没有影响到刘彊对它的喜爱。刘彊叫人临时配了一个盖子，依然时常使用它，把玩它。

光阴似箭，日月如梭。在觥筹交错之间，它目睹了刘彊家庭的兴衰。某一日，刘彊忽然病逝，举家悲哀。泉陵侯闻讯，十分悲痛，就把他安葬在零陵城外东北角的鹞子岭，那是刘氏家族相中的墓葬专用地。

泉陵侯很重兄弟感情，所以十分重视刘彊墓葬的规格。把墓坑设计成覆斗形，墓口长8.9米，宽6.9米，至墓底深度为4.5米。墓底长7.6米，宽5.6米。

　　它还记得，负责墓葬工程的指挥者，还叫人在墓底四周堆积了许多木炭，用来保护棺椁。整个墓室分成四大部分：前室、中部棺椁室和左右储藏室。其中，两个储藏室里面存放着许多刘彊生前喜欢的物品，包括陶器、铜器、铁器、玉器四大类材质，计有罐、鼎、盒、碗、盆、炉、甑、钫、钟、钩、镜、剑、刀、弩机、印、璧等数十种器具。

　　至于有些残缺的自己，它记得被人用麻绳套牢，安放在棺椁外的右储藏室，与铜刀、铜弩机、铜印、硬陶罐等物件挤在一起。它挤在物件中，感觉大家亲密如一家人。只是，当初大家被人从刘府请到墓坑时，很多物件还是一副懵懵懂懂的表情，甚至还不知道这意味着什么。直到后来，它们看见棺椁中的刘彊一副睡去的模样，再看见泉陵侯派来的人，用铁锹铁铲将一剖剖泥土浇落下来将大家全部覆盖时，

西汉刻几何纹提梁铜壶侧视图

它们才明白：原来是泉陵侯要大家陪他弟弟刘彊一起睡觉！

睡就睡吧，有什么可怕的？想起平时被高频率使用，它觉得自己也该躺下来好好休息一下了。

与众多伙伴睡在深深而寂静的地宫里，它做了一个长长的梦。梦里的内容很丰富，喜笑哀怒，一应俱全。最有趣的是，它梦见不知道过了多少年，看见附近某村一个须发苍白的老人经常在一棵大树下给一群可爱的小孩子讲故事，第一个讲的就是"王质烂柯"，说某某年代曾有一个叫王质的樵夫到山里砍柴，砍到一个地方，就看见两位童子在一块巨石上下棋，他觉得很奇怪：小孩子怎么跑到山上来下棋呢？难道不怕老虎？于是，他就提着斧子走过去观看，到了两个童子身边，他把斧子放在地上，聚精会神地看他们下棋。不料两个童子的水平旗鼓相当，过了很久还没有分出胜负。这时候，一个童子抬头看见了他，说你该回家了。当他回过头来的时候，发现砍柴的斧子手柄已经腐烂，心里感觉很奇怪，于是挑着柴火回家。等他凭记忆回到家乡的时候，发现已经发生了很大的变化，村里的人一个都不认识，但那口池塘依然还在，池塘边的小树已经变成了参天古树，细问之下，才知道此时距自己离开的时候已经过去了千年的时间……

在梦里，它觉得那位老人家讲得很可笑，又很可爱。只是，没想到转瞬千年的故事居然发生到了自己身上。

斗转星移，沧海桑田。当岁月的脚步迈入20世纪70年代的门槛时，一座监狱由相邻的邵阳市迁来至此。当时，这里还是古城的城乡结合部，监狱位于城外，占地面积颇大，有四五百亩地，而且与城区相连。只是，当时的决策者们万万没有想到，进入改革开放之后，全国的城乡建设会发生翻天覆地的变化，几乎所有的城市都在不断地扩张城区面积，零陵这座具有2000余年历史的古城的城区面积也不断扩大，昔日的城郊，变成了城区。就在这个扩张过程中，建设者的"鲁莽"，惊扰了这座西汉古墓。

大约是出于自身建设的需要，监狱在附近建了一个砖厂，工人就是监狱里的劳改犯，他们就近取土就地生产就地使用或销售，可谓一举两得。就这样日复一日、年复一年地进行着。时间定格在1984年的年中，那些取土的劳改犯建筑工人的羊角锤或铁锹等工具的撞击声，把这件提梁壶和它的伙伴们从睡梦中惊醒，也就把一座震惊考古界的古墓推向了世界。

它还记得，那是1984年8月，由零陵地区文物工作队带领各县区文物工作骨干组成的工作组，在省博物馆考古专家的指导下，对后来被命名为"永州市鹞子岭西汉刘彊墓"的古墓进行了发掘。这次发掘历时一个月，共出土陶器153件、铜器25件、铁器3件、玉器5件。另外，还有竹、泥、漆等质料遗物。而自己就是被这些人从墓坑的储藏室中发掘出来的，并被编为28号。

望着自己身上被考古人员涂写的编号，它想，这好比后来人们的身份证号码吧。对于这样的编号，它觉得很不是滋味，好比一副枷锁，挂在它的脖子上。它心想：找是有名有姓的啊！我叫提梁壶，而且是几何纹的！为什么要给我编一个28号呢？难道就是为了你们考古人员容易区分？其实，要区分很容易啊！要知道，在你们从

西汉刻几何纹提梁铜壶底部图

刘彊墓里发掘出来的文物中，我的面孔是十分独特的，可以说，只有第一，没有第二的。不像那些陶壶、陶罐，动辄就是几十件。你们这样编号，表面上是便于区分，实际上埋没了我独特的形象！我要跟你们说：NO！

它甚至还记得，那些天那些考古人员谨慎而虔诚的模样，他们小心翼翼地将一件件文物从墓坑里挖出来，先是照着画一个图形，再对照实物一件一件编号。那个画图的是一个年轻的小伙子，工作起来很认真，对各个物件的发现位置记得很清晰。搞清楚这些之后，他们将文物运到指定地方，小心地清掉上面的泥土，再用水将它们洗净。那种清晰的感觉真爽，如同当年腹内盛装着玉液琼浆。再后来，零陵地区文物工作队请来省博物馆的专家，对所有出土的文物进行鉴定，评出国家一、二、三级文物若干，并送往不同的城市博物馆进行收藏。

而今，它独自站在展柜的一个位置上，左顾右盼，想起那些红红火火的日子，还有诸多水流云散的伙伴，不禁发出一声喟叹。

西汉昭明连弧纹铜镜

西汉昭明连弧纹铜镜背面正视图

青铜时代是以使用青铜器为标志的人类文化发展的一个阶段，中国早在3000年前就掌握了青铜的冶炼技术，由此催生了后来的商周文明，在中华文明史上占据颇为重要的地位，对后世的影响很大。歌为心声，在青铜发展的过程中，不少诗人歌以咏志，以至于历代诗词中，也散发着青铜的光芒。

唐代的崔颢在《杂诗》中写道："可怜青铜镜，挂在白玉堂。玉堂有美女，娇弄明月光。罗袖拂金鹊，彩屏点红妆。妆罢含情坐，春风桃李香。"所描绘出景象是，一个对镜梳妆打扮之后的美女，坐在那里，虽然浓妆艳抹并散发出桃李般的体香，但心里却是那样的孤独。中唐时期的鲍溶在《旧镜》写道："团团铜镜似潭水，心爱玉颜私自亲。一经离别少年改，难与清光相见新。"为我们描绘出一个爱对镜梳妆打扮的女子形象，以及对容颜易改的感叹。唐末诗僧贯休在《古意代友人投所知》一诗中写道："客从远方来，遗我古铜镜。挂之玉堂上，如对轩辕圣。"描绘了一个人对铜镜的顶礼膜拜。这三首唐诗的吟咏对象，就是作为青铜器之一的铜镜。最后一首唐诗有"遗我古铜镜"的句子，带给人们许多思考。所谓古，通常是指百年以上的时间。唐之前是隋，隋之前是南北朝和十六国、三国，再之前是两汉，这期间的汉朝和唐朝，都是中国铜镜制作技术的巅峰时期。

中国的铜镜产生及发展，似乎与中国人的审美发展息息相关。自人类诞生以来，妆容就是人们特别是女性关心重视的第一件事。远古人类临水而居，时常在水中观看自己的倒影。镜子出现之后，便成为人们至今都离不开的生活必需品。人们主要用来梳妆打扮，提振精神面貌，有时候用它来比喻一个人的品行，或给予其他特殊的象征意义。中国的铜镜始于商周时期，多为王室贵族使用。到了汉代，由于工艺的改良，铜镜发展也到达鼎盛时期。自汉代到几百年后的唐代，铜镜更加显得高贵乃至神圣，备受人们追捧。因此，我们似乎可以看见，从商周形成青铜器的源泉开始，到汉唐时代的兴盛，一直延伸到清末，浩大的铜镜队伍，宛如万里长城，蜿蜒在中国的历史上。

在诸多铜器光芒的鳞隙中，我们可以看见在潇湘二水交汇处的这块土地上，曾经存在过一个侯国的沧桑背影。虽然他们像一群鸟儿，匆匆掠过古城的窗口，一去不复还，但一座名叫鹞子岭的山岭，居然进行了倾心收藏。尽管潇湘二水不舍昼夜地流淌，依然没有冲走鹞子岭黄土下的那些背影的余温；尽管那些背影在地宫里早已化成泥土，只剩下一点残骸和缕缕腐朽之气，但依然可以复活当年的歌舞升平和铜镜映照的幸福时光。

　　一群西汉时期的古墓，如同一群历史密码，紧锁着一个侯国的秘密。一铲子一铲子的泥土，被掏了出来，如同揭开一件件历史的外衣。待到衣尽之时，也就向世人敞开了一个个惊人的发现。

西汉昭明连弧纹铜镜背面平视图

　　鹞子岭位于永州市零陵古城的中心，被黄古山路、南津中路和菱角塘路围成三角地带（现为永州监狱办公区域、监舍及职工生活区）。在此区域内，由西至东曾分布着三座高大的封土堆，直径达40~70余米不等。1984年，当时监狱砖厂的人在第一和第二封土堆之间取土制砖时挖到一座古墓，立即报告，文物考古人员从中找到墓主印章"刘彊"及封泥印文"臣敞"。8年后的1992年，湖南省文物考古研究所会同永州文物工作队对第三座封土堆下北面的墓葬进行了发掘。又3年，双方再次对南面墓葬进行发掘，出土器物有铜器、漆木器、陶器、玉器、金器、料器等。其中，铜镜2件，均出自南外藏室前端，包括这件昭明连弧纹铜镜。考古人员发现，该铜镜宽素缘，半球状钮外有一圈连弧纹，其外围铸铭文"内清明以昭光夫日"8字，直径9.6厘米。

省市考古专家根据1984年以来的考古材料，对照历史文献推定，1992年发掘的墓葬墓主为第三代泉陵侯刘庆，而1995年发掘的墓主为刘庆之妻。也就是说，这件昭明连弧纹铜镜是刘庆之妻生前所用之物、心爱之物。

在我看来，这件昭明连弧纹铜镜，就是西汉驿道上的一棵古树，就是西汉江河上的一个青石码头，就是西汉时期的一本精美相册，是对那个时期最有发言权的历史见证者，也是后人研究那个时代的一扇窗口。从铜镜里，我们可以清晰地看到泉陵侯国的来龙去脉，包括汉武帝元朔五年六月壬子日设立时的风光场面、新莽时期夭折的痛苦表情，以及后来它们在地宫里所听到看到古城历经的战乱，乃至建设者们挖开高大封土时的场景。

昭明镜是西汉铜镜中非常普遍的镜种，流行时间长，流行地域广。特别是在汉宣帝时期，十分流行。根据考古文献记载，全国各地出土不少。例如，据《洛阳西汉墓》载，发掘的175面汉镜中，有41面是昭明镜；《洛阳烧沟汉墓》载，发掘之118面汉镜中，有24面为昭明镜；《广州汉墓》载，发掘的29面汉镜中，有14面为昭明镜。省内的常德等地，也曾出土西汉昭明铜镜。

其实，昭明镜的制作及纹饰主要是反映天象。圆钮如日，正大居中，光辉所及，遍布内外，钮外的内连弧是天的苍穹，这就是古代人们所说的"天"。昭明镜的设计者在这里清楚地告诉人们铜镜如天，这也导致后来的研究者又把昭明镜命名为"天镜"。

在中国现有的出土昭明镜中，铭文内容五花八门，或长或短，但总离不开"内清质以昭明"字样，这是"天圆地方，天地人合一"的象征，也是它被命名为昭明镜的原因。

根据考古专家的研究发现，完整的昭明镜铭文应该是："内清质以昭明，光辉象夫日月，心忽扬而愿忠，然雍塞而不泄。"多数昭明镜的铭文因位置不够而有省略，并不完整。但在制镜过程中，当铜镜尺寸较小时，一般都会删减掉铭文中的一些文字，或以"而"字和符号代替，因而出现减字、断句、缺字、简化、加而、加符号等现象。

鹞子岭出土的这件昭明连弧纹铜镜，就是属于减字的情况。

此外，从书法研究的角度来看，昭明镜的铭文书体记录了汉代书法由篆书向隶书的转变。凡书体为篆书者，大都镜体轻薄、窄边素缘，制作时间较早；凡书体带有隶意者，大都镜体厚重，宽边厚缘，两铭文之间多加进一类似"而"字形的符号，制作时间较晚。

至于该铜镜中的连弧纹，在汉代铜镜中司空见惯，但多数连弧纹装饰都位于钮座边缘或镜缘部位，是辅助性质纹饰，只有连弧纹镜和连弧纹铭义镜这两类，仿佛绝代双骄，它们的连弧纹位于镜背内区，起主要装饰作用。连弧纹铭文镜使用于西汉中期至新莽时期，西汉晚期最为流行。连弧纹镜都出现于东汉时期，东汉中晚期最为流行。鹞子岭出土的这件昭明铜镜，属于连弧纹铭文镜。镜背内区装饰一圈宽边内向连弧纹，外区铸有一圈铭文，携手构成铜镜的主要装饰纹饰。

尽管我们还不知道这件昭明铜镜含有什么样的基因，也不知道它出自于那位工匠之手，又是怎样抵达泉陵侯国里面并辗转到第三代泉陵侯刘庆之手的。但让人感动的是，刘庆居然把它送给了自己的爱妻，似乎镜面也在散发出一缕缕那个时代的生活温情来。

西汉昭明连弧纹铜镜背面局部图

江山有幸，泉陵侯国有幸，刘庆有幸，其妻更是有幸。

一件小小的昭明连弧纹铜镜，像一枚历史的螺栓，能够把国与家、夫与妻、内与外联系在一起，其价值不言而喻。只是，臆测起它的经历，也让人心头涌起无限感慨。

遥想当年，在泉陵侯国王府，刘庆的妻子肯定时常用它来正衣冠、肃精神。这件铜镜，像一个无声的相机，悄悄摄下了刘妻的每一个动作，每一个笑靥，每一次喜悦，乃至每一行泪水，每一次委屈，每一次痛苦。

它是刘妻的一面镜子，也是泉陵侯国的一面镜子，更是西汉的一面镜子。

它，恍若一个走散的旅行者，孤独地行走在潇湘大地下的地宫里，在昏暗的油灯下给后人留下一道斜长的背影。

而背影里，有那个时代的辉煌，也有那个时代的风雨，更有那个时代的温馨。

只是，当这件昭明连弧纹铜镜带着一丝倦怠从地宫深处走出来，在阳光下环顾四周时，它难免大吃一惊：那熟悉的泉陵侯国王府呢？那些曾经高大的墓葬封土呢？那些曾经茂盛的树林呢？那些曾经十分洪亮的鹬子鸣叫声呢？还有那些快速鼓动两翅穿过树林的鹬子身影呢……

　　这世道真是变化太大了！它不敢相信，但又不得不信。

　　人生如同一次没有返程票的旅行，文物也是。这件西汉昭明连弧纹铜镜，它好想回家，却再也找不到回家的路。

　　而当它被安置到市博物馆的展厅，供人们参观欣赏时，它感到那样的别扭，内心除了孤独，还是孤独。

　　或许，只有我这个孤独的文字客，能理解它的孤独。

　　我心里明白：这件西汉昭明连弧纹铜镜，仿佛历史在零陵古城留下的一串美丽的足印，它与服饰、熏炉、漆具等众多精美的物件一起，演绎着泉陵侯国家族对美好生活的追求和向往。2000多年来，昭明连弧纹铜镜和其他一同出土于西汉古墓的文物，不仅留给我们如何保护城市记忆、让优秀传统文化薪火相传的思考，更留下"以正衣冠"的是非鉴别和"照影心境"的启迪。

西汉拱手陶女立俑

　　很多时候，我常常折服于那些伟大的艺术家，他们所创造的艺术品是那样的神奇，仿佛能随时定格人或历史精彩的一瞬。

　　站在现代人的角度，利用摄影技术留下一个人的生命轨迹，是很容易的。只要你肯投资，把内存准备充分，就可以用摄影留下你在这世上的分分秒秒。问题是，照相机诞生于19世纪30年代，如果我们把时间倒推到照相机发明之前的那些岁月呢？似乎只有用绘画技术来代替了！据文献记载，唐代的阎立本、吴道子、张萱和周昉，都擅长人物绘画，特别是被后人誉为"画圣"的吴道子，画出来的人物栩栩如生，让人叹为观止。

　　假如我们把时间再往前推移七八百年，回到汉代，那么，艺术家们会用什么手段来留下人物和历史的精彩瞬间呢？有人可能会说：依然是绘画。是的，作为最古老的的艺术形式之一，中国的绘画与书法一样，起源甚早。有人把伏羲画卦、仓颉造字当作中国书画之先河。春秋战国有一幅帛画叫《御龙图》，是直接绘在丝织品上的，它们奠定了中国画以线为主要造型手段的基础。所以，我们看见的秦汉绘画，都是气势恢宏画工精美的。但是，大家常常忽视的是，在汉代，还有一种十分流行的艺术形式，那就是陶瓷，它也能捕捉到人们期盼的瞬间之美。

2019年8月，我在北京中国国家博物馆参观时，看到一尊1957年出土于四川成都天回山东汉崖墓的击鼓说唱俑，只有55厘米高，以泥质灰陶制成，俑身上原有彩绘，虽然已经脱落，但它蹲坐在地面上，扬起右腿，一个圆形的扁鼓被他的左臂紧紧挟着，右手握着一根鼓槌，好像正在击鼓。嘴部张开，开怀大笑，仿佛正进行到说唱表演中的精彩之处。站在展柜前，我不得不佩服那个时代的艺术家，他们所塑造的人物面部表情颇为幽默，刻画得极为细致，且是那样的生动传神，使观者产生极大共鸣。当时，我拍了照片，准备到微信群时，忽然想起自己曾在家乡的永州市博物馆里也见过诸多陶俑，有的造型跟它一样传神，历史却比它更悠久，更值得我们推介。

是的，永州是湖南省的一个文物大市，文物资源十分丰富。在零陵古城的中心，有一块罕见的文物堆积区，那就是鹞子岭的东北麓那块大约一平方公里的土地，居然是战国墓和大型西汉墓集中之处。据永州的考古资料记载，自20世纪70年代开始，至20世纪末，经永州市文物工作队和零陵文物管理所发掘的鹞子岭战国墓共有20余座，出土了大量的随葬品，包括青铜器、铁器、陶器等，其中有的文物价值连城，堪称国宝。

在诸多的陶器中，也包括这尊1988年出土的西汉拱手陶女立俑，后来被安排给永州博物馆收藏。

该陶立俑高26.1厘米，拱手状，系女仆形象，颜面丰润，笑容如花，双耳肥硕，左实右虚，体型则苗条纤瘦，头戴高冠，外着交领连衣束胸长裙，下裙后摆宽大曳地，仿佛站在西汉的门

西汉拱手陶女立俑正视图

口，恭迎后来对历史追寻的好奇者。

　　当我在永州博物馆国宝展厅较为幽暗的灯光下见到这尊拱手陶女立俑时，不禁感慨万千。她在出土过程中，不知什么原因，全身自胸部和手臂位置断成两截，让人不禁涌起一种怜香惜玉之感。

　　如果我们自上而下静静地欣赏，首先看到的是她的高冠，有点像后来的瓜皮帽，也有点像五分之三的蛋壳。"蛋壳"之下，便是孵化出来的头部。看见她的头部，忽然想起一句俏皮话：人与人之间只有脸部不同，其他部位大致相似。我始终认为，这尊拱手陶女立俑最出彩的地方就在于她的面部表情，你看她，故意闭上左眼，右眼却往左看，导致鼻子下端往右上歪斜，满脸笑容似蒙娜丽莎般神秘，好一副挤眼弄鼻的孩童顽皮模样！特别是面部额头和两颊仿佛有一种流动的红晕，青春气息洋溢于表。两只耳朵，虚实相生，左耳的耳廓耳垂十分明显，右耳却是虚空，颇有兼听则明之寓意。再看她的颈部，是那样的圆润，让人想起后来的杨贵妃。她双手叠加，拱在胸前，似有暗香溢出，而且身着交领连衣束胸长裙，左肩微耸，右肩下滑，仿佛在抖落身上千年的风尘。更奇妙的是，她下裙后摆，宽大曳地，仿佛迎面徐徐走来。整个造型，婀娜多姿，让人想起三月枝头初绿的杨柳，以及杨柳下顾盼传情的青春少女。这种景象，在永州的潇湘湖畔，在朝阳岩公园的玉女湖边，似乎随处可见，带给人们春天的气息。

　　这件文物之所以被命名为西汉拱手陶女立俑，我想无外乎两个原因：一是它产生于西汉，二是它跟同时出土的其他陶器相比，造型特点主要表现在拱手上。

　　现在，我们不妨分开来谈一谈。

先谈西汉时期的零陵。西汉前期，北方匈奴严重威胁西汉北疆安全。汉武帝发动了对匈奴的战争，并取得决定性胜利。在征服匈奴后，又于元鼎五年（前112年）秋，发动了对南越（居住在今广东、广西、越南一带的越族人）的战争。《汉书·武帝纪》载曰："遣伏波将军路博德出桂阳，下湟水；楼船将军杨仆出豫章，下浈水；归义越侯严为戈船将军，出零陵，下离水。"经过一年时间，汉军征服南越，取得了战争的胜利。之后，为了加强对南越地区的统治，汉武帝脑子一转，决定在这一带建立起中央政府领导的地方政权。元鼎六年（前111年），他举手在地图上一划，在秦始皇前221年设立零陵县的基础上增设立了一个零陵郡，郡治与零陵县治（今广西全州咸水）同址。张泽槐先生《古今永州》载曰：汉武帝元鼎六年（前111年），析长沙国置零陵郡，郡治零陵（治所在今广西全州咸水一带），辖7县4侯国。7县是：零陵（今广西全州、兴安、灌阳一带）、营道（今宁远县地）、泠道（今宁远、新田县地）、始安（今广西桂林、临桂、阳朔、灵川、永福、永宁县地）、营浦（今道县及江永部分地）、洮阳（今广西全州、资源县地）、钟武（今衡阳县地）。4侯国是：泉陵（今冷水滩、零陵、祁阳、祁东、东安及双牌部分地）、都梁（今洞口、武冈、绥宁、城步一带）、夫夷（今邵阳、新宁一带）、舂陵（今宁远、新田、祁阳部分地）。

也就是说，西汉时期，现在的零陵城属于零陵郡下面的泉陵侯国。泉陵侯国是元朔五年六月壬子（前124年农历六月二十六日）从长沙国（前202年建立）中分析出来的，到公元9年新朝建立时废止，实际存在约133年。目前的通常说法是，历经了刘贤、刘真定、刘庆三代。但有《汉书》上记载的泉陵侯国有4代侯王，除了前面三人，还有一个刘骨，最后被王莽所废。不管怎么样，作为一个侯国，它有自己的都城——泉陵城（即古代零陵内城，又称子城）和相关机构配置，体系较为庞大。泉陵侯国里面的人死后，王侯和配偶、妃子等就近葬在零陵城外鹞子岭东麓，也就形成了庞大的西汉墓葬群，所出土的文物是零陵2000余年历史的最好见证。

再说拱手礼仪。拱手，又称作揖，是中国古代相见或者感谢时常用的一种礼节。古人十分讲究，一个礼仪也有颇多细节，不像西方各国之握手、拥抱、吻面、吻额，亦不如日本人说"撒哟啦啦"时之鞠躬。古人不握宾客之手，而是将自己的双手握住，向来宾不断摇晃。其动作，又分两种：一是将两手掌互抱，互握和于胸前，谓之"拱手"；一是将两手掌平合，谓之"作揖"。拱手，用于迎送宾客，是一般性礼节；作揖，用于敬神、尊长，是更诚厚之礼仪。而在行拱手礼时，通常是右手握拳在内，左手在外；如果碰到办丧事，则正好相反。所以说，

西汉拱手陶女立俑局部图

我们在学习古代礼仪时，稍不注意，可能会出洋相。

我有点感到疑惑的是，为什么左右手要有区别呢？

后来查阅文献，得知有两种说法：一说古人以左为敬，又有人说在攻击别人时通常用右手，所以拱手时左手在外，没有攻击

对方的敌意，彰显真诚与尊敬。这种习惯一直流传到如今，人们常说"左手为大"就是这个原因；一说拱手礼始于上古，有带手枷奴隶、臣服对方的含义。其实，也是谦恭的意思。

据考证，在神州华夏，拱手礼的历史十分悠久，已经有3000多年的历史。从西周起就开始，就在同辈人见面、交往时采用。但是，随着时间的变迁，它慢慢演变出了好几种不同的含义：一是双手相合作拱手状表示敬意。例如：《礼记·曲礼上》载曰："遭先生於道，趋而进，正立拱手。"北魏郦道元《水经注·渭水三》载曰："此神尝与鲁班语……班于是拱手与言。"《论语》载曰："子路拱而立。"等等。二是表示无为而治。《战国策·秦策一》载曰："大王拱手以须，天下徧随而伏，伯王之名可成也。"《三国志平话》卷下载曰："天下之权尽归司马，少帝拱手而已。"三是表示办某件事情很容易。例如：《战国策·秦策四》载曰："齐之右壤，可拱手而取也。"汉代贾谊《过秦论上》载曰："于是秦人拱手而取西河之外。"等等。四是表示无能为力。例如，《魏书·天象志三》载曰："及齐王俎而西昌侯篡之，高武子孙所在茔布，皆拱手就戮。"后蜀何光远《鉴戒录·诛利口》载曰："遂使贼将寒心，谋夫拱手。"等等。

永州近年流行汉服表演，湖南科技学院有一支这样的队伍，经常在重大文化活动上献艺。不过，我们可以看出，现代汉服圈的拱手作揖礼多为宋明之后的承袭：身体正直，两臂如抱鼓伸出，双手在胸前抱举或叠合，自内而外划圆晃动一下。另外，还有示敬的就是拱手加鞠躬的拱手作揖礼。拱手礼行礼时，双腿站直，上身直立，双手互拱沓或男左抱右掌合于胸前。一般平辈行礼后正对胸口，不高于颚不低于胸，此为"平揖的拱手礼"。现代拱手礼就是抱虚拳，拳靠胸加磬折以示恭敬。

距离产生美。中国人与西方人不同，我们眼里的"敬"，通常是以人和人之间的距离来表现的，而西方人喜欢亲吻、拥抱等肉体亲近。比较而言，中国人崇尚的"敬"，典雅而文明，且符合现代卫生要求。

望着眼前这尊西汉拱手陶女立俑，我似乎看见了一个从泉陵侯国穿越时空而来的西汉女子，看见了零陵古城一场2000多年前的风花雪月往事，看见了一种古老的礼仪在潇湘三月的春风中正散发出蓬勃活力。

西汉执箱陶女立俑

大凡有钱有权有势者，都期盼长生不老。古代的帝王将相和富贵人家，这种观念尤为强烈。他们生前享尽荣华富贵，死后也想一样。而他们的子孙为了尽孝，就以陶俑的形式，把生前伺候他的奴仆、家禽牲畜、宠物等物用来陪葬，这就产生了俑。

1908年（一说是1910年），中国近代考古学家、金石学家、古文字学家罗振玉，听说当时社会上有不少人秘密交易一种刻在甲骨上的文字，他十分重视，经多方探求，获悉甲骨出于"滨洹之小屯"（安阳西北洹河南北两岸的小屯村），并考证出小屯就是文献上所说的殷墟。1917年，中国近代享有国际声誉的著名学者王国维，也是追逐着这股热风，对甲骨文进行详细考据，进一步证实小屯就是盘庚迁都的都城。1928年，在当时著名的历史学家、古典文学研究专家、五四运动学生领袖之一、中央研究院历史语言研究所的创办者傅斯年的支持下，考古学家们对殷墟进行为期18天的试掘，总共出土800余片有字甲骨以及铜器、陶器、骨器等多种文物。陶器，就是在那一刻带着距今3300年前的神秘光芒，第一次走进世人的视野。

后来，经过几代考古学家的努力，基本认定，俑产生于中国古代"事死如事生"丧葬理念的温床，它的身上，往往蕴藏着古代社会的各种信息，包括古代服饰、饮食、文化、军阵等等。俑的出土，像一个穿越风风雨雨而归来的弃婴，弥补了同时期地面雕塑等物件的信息缺憾，为我们研究古代雕塑艺术发展的脉络以及历代审美习尚变迁的轨迹，提供了不可或缺的珍贵实物资料。

西汉执箱陶女立俑正视图

截至目前，我国最早的俑就是安阳殷墟商代王室墓中与人殉一同发现的双手绑缚的奴隶俑。看见他那被绑缚着的模样，想想他被绑缚了几千年的痛苦，让人不禁对那个时代的野蛮感到愤慨。所幸的是，到了春秋战国时期，人们觉得用人殉葬过于残忍，于是代替人殉的俑也就涌现出来。这些进步，被彼时的《孟子》《礼记》等文献纳入记载。

1988年，在永州市零陵古城鹞子岭新莽时期古墓出土的这尊西汉执箱陶女立俑，双手捧箱，应为负责为墓主更衣化妆的女仆形象。虽然只有22.5厘米高，但外貌穿着给人的感觉十分鲜活，与实际中的女佣形象无异。

仔细端详这尊新莽时期古墓出土的西汉执箱陶女立俑，我不禁遐思翩翩。

在从自己知道泉陵侯国的历史记忆开始，我一直在臆想零陵这块土地上的辉煌与精彩，想象西汉泉陵侯国时期的街市、房舍、市民，想象那时候王侯出行的显摆与阔绰，想象那时候母亲分娩孩子时的痛苦与喜悦，想象那时候老百姓生活的淡定与悠闲……我曾多次去零陵鹞子岭下的第三监狱那一带行走，总想从那里寻找一些什么。可是，当我看到那块被监狱和职工宿舍占据的土地时，心中嗟叹不已：我们为什么不能保留一些西汉古墓的遗址？如果有了众多古墓遗址和出土文物作为支撑，零陵古城的内涵会不会更让人们尤其是外来的游客感到震撼和痴迷？

我甚至感叹天地之灵对零陵古城少了应有的关爱与怜惜，让众多位于鹞子岭下的西汉古墓群毁得那么干净彻底而归于泥土尘埃，从而使得泉陵侯国的背影在那些建筑机械施工的缝隙中逐渐成为遥远的记忆。

我不知道31年前在零陵区鹞子岭发掘出西汉古墓的情景。可以想象，在一般人眼里，都是一种俯瞰，好像从高空俯瞰大地的景象。如果我们把地宫也当成一个隔着一层薄纱的缤纷世界，那么，当我们的视线随着当时那些建筑工人的双手，不经意间揭开隔着现代与西汉的那层薄纱时，我们所看到的一定是一个气势恢宏的大汉气象。而作为大汉气象的一个缩影，泉陵侯国的安宁与静谧，也足令今人感到钦佩与艳羡。

今天，我们在经济繁荣的基础上，大力倡导文化自信。在我看来，中国文化的自信，既要肯定当代的诸多发明创造和诸多文艺作品，更多时候我们需要仰望，仰望几千年来那些伟大的时代和那些时代所产生的诸多文艺精品，从前人为我们留下的瑰宝中汲取营养，化古为今，一脉相承。

爱美之心，人皆有之。化妆也是一种文化，一种时尚文化。当今天的年轻少女或广大妇女到商店或网店纷纷挑选各种自己心仪的化妆品时，殊不知早在2000多年前的泉陵侯国，就有王妃、美人、良人、婕妤、婳娥之类的人已经享受了化妆品带来的容颜之美和心情之愉悦。

望着2000多年前这个手捧化妆箱的女子，我忽然感到一种巨大的遗憾：假如当年的西汉像我们现在这样信息发达，有着无数的现代化媒介，而这个女子有幸作为某个化妆箱的代言人，她就这样捧着化妆箱从T台上朝观众款款走来，那种超越尘世的大雅，那种穿越时空的自信，一定可以震惊整个西汉。

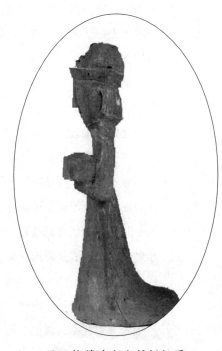

从眼前如此神美的陶俑，如此精湛的西汉艺术，我首先联想到的是：谁为我们留下了这笔宝贵的财富？为今天的零陵古城留下了历史的记忆？

记得几年前，我曾随全国各地诸多媒体的朋友到株洲醴陵参观过世界陶瓷艺术城，听那里的陶瓷专家介绍过陶器的历史和工艺，得知中国陶器的历史至今已有11000多年。由于陶器容易破碎，因此现存

西汉执箱陶女立俑侧视图

的陶器大部分是通过考古发掘来得到的，因此绝大多数并不是实用品，而是陪葬用具。为坟墓中陪葬死者的陶质人形、动物形及器物，有时统称为"明器"。

其实，关于陶俑带给我的联想有很多很多，我由此还联系到了中国神话传说中的一位女神——女娲。传说她不仅熔炼五色石来修补了苍天，杀死了恶兽猛禽，还用黄土仿照自己造成了人，创造了人类社会。《太平御览》里有这样的记载："俗说天地开辟，未有人民，女娲抟黄土做人，剧务，力不暇供，乃引绳于絙泥中，举以为人"。我甚至还这样臆想：女娲是一个心地善良而又寂寞的女神，补天之后，她感到十分疲惫，需要好好休息，但又难忍寂寞，于是取来大地上的黄土，掺上清水，揉揉捏捏，就塑出了人形。为了牢靠，女娲顺手在身旁折下桑树的枝干作为手足的支架，这桑枝就成了人体的骨骼。泥人的表面安排妥当后，女娲又为他们开通七窍，吹入真气，排除浊气，泥人便成了有生命的活人，于是人类出现了。如果我们回顾那遥远的传说，就会发现女娲是陶艺的鼻祖，因为她制作"泥人"的过程，竟然和陶俑的制作有着异曲同工之妙。

当然，这仅仅是民间传说和我个人的臆想。而考古发现，中国的陶俑起源很早，远在新石器时代中期就开始出现。在之后的每个时期，陶俑都承载着各自时代的特点。我曾去西安参观过秦始皇兵马俑，那是目前全世界规模最为庞大的陶俑群。陶俑以秦代士兵真人大小为模样，由工匠加工烧制，全部为手工劳动，没有使用模具、泥条、堆塑、贴塑等方法，而且容貌各异，体态各不相同，实在令人震撼。而考古发现，后来的西汉陶俑，与秦俑相比，体型要小得多，而做工更为精巧细致。

很多时候，我都忍不住要赞美人类灵巧的双手。在大脑的指挥下，人们用自己的双手创造了一个又一个奇迹。我有时候甚至不敢相信，就连我们儿时玩耍的那些泥土，居然被我们祖先的双手变成了一件件伟大的艺术品。从眼前这尊西汉执箱陶女立俑来看，她的姿态、她的眼神、她的笑容、她的裙裾，乃至她手里的化妆箱，都是那样的活灵活现。制

西汉执箱陶女立俑局部图

作者把一个女仆恰如其分的衣着设计跟身份相吻合的器物嫁接在一起，从一个侧面充分反映了西汉时期王侯贵族们的生活和情趣。虽然泉陵侯国的背影正在渐行渐远，俑也早已淡出人们的视野，但这尊陶俑的瑰丽色彩却如史诗般成永恒，在永州馆藏文物中的崇高地位也无与伦比。

在永州博物馆的展厅里，仔细端详这尊西汉执箱陶女立俑，我仿佛看见一个或一群2000多年前的伟大工匠，捧起一把把泥土，把它们加入水浸泡、揉软，制作成一个个泥人，再把它们放进行窑炉里烧制成美丽的陶俑，让它们带着汉时明月汉时风霜，在地宫里的时光隧道奔跑而行。当它们奔跑到零陵这个驿站时，隧道的顶部忽然被今人打开了一个天窗。而我们顺着这个天窗俯瞰，似乎触到了一种强大的脉搏，听到了大地均匀的心跳，闻到了西汉那个伟大时代的浓郁芳香。

西汉"河平二年""泉陵家官"
髹漆木豆座

公元前27年，古代中国正处于西汉第12任皇帝汉成帝刘骜的统治下。关于河平年份的来历，颇为有趣：建始四年（前29年）四月，黄河决堤东郡，泛滥成灾。这年十一月，汉成帝刘骜派大司农调发钱谷赈济遭水灾的郡县，又派谒者二人征发河南以东木船500艘搭救和转移灾民9700余人。第二年（前28年）春，杜钦推荐王延世堵塞决河。汉成帝于是任王延世为堤使者，负责修治河堤决口。王延世效仿改建都江堰的李冰父子，让民工用竹子编成大竹笼，在竹筐里装满碎石后沉到水底，作为基础，其上再用石头和泥土砌成河堤。经过上万人36天的施工，终于修复河堤堵塞决口。三月，成帝诏王延世为光禄大夫，秩中2000石，赐爵关内侯、黄金百斤，又改此年为河平元年。

据《资治通鉴》记载：河平二年（前27年），在中国大地上发生过好几件大事和怪事，第一件大事就是在正月里发生的匈奴欲降勿受事件。匈奴右皋林王伊邪莫演奉单于的命令来汉朝进贡，汇报完之后本该回去，没想到他突然提出要归顺汉朝，并以自杀来要挟汉朝答应。汉成帝召集百官商议，经过一番激烈争

074

论，成帝决定不接受伊邪莫演的投降，下旨将他遣归匈奴。第二件大事也是一件怪事，这年四月，楚国境内居然下了一场罕见的雨雹，随雨水降落的冰雹大如釜口，好像神话传说一般。汉成帝以为是某种天兆，便把同父异母的弟弟山阳王刘康改任为定陶王。两个月后，汉成帝为5个舅舅封官加爵，5人同日封，人称"五侯"。第三件大事发生在九月，在长安城南出现一种怪相：老鼠叼着黄蒿和柏树叶，到民间坟地的柏树或榆树上做窝。当时朝廷大臣们议论时认为要有水灾，而术士认为，鼠是昼伏夜出偷吃东西的小动物，现在却大白天离开洞穴，爬到树上，这是象征着卑贱之人要居显贵之位。果然不错，后来，汉成帝微服私访，认识了阳阿公主府里的赵飞燕赵合德姐妹，临幸之后，就封赵飞燕为皇后、赵合德为昭仪，赵氏姐妹从微贱的地位登上至尊之位。

也就是在这个时刻，位于零陵郡的泉陵侯国第三代泉陵侯刘庆驾鹤西去，他们的子孙和部下着手为他料理后事。零陵古城北门外有一座山岭，因为偏荒人少鹞子很多，故被人们称作鹞子岭。据风水先生观察，这里人迹虽少，却是一块很好的墓地，因此刘庆的子孙和部下就在鹞子岭东北麓为他建造了一座墓，把他连同他的荣光一起埋进了黄土之中。而刘庆就像一个醉酒的汉子，在他的墓穴里一睡就是2000年。

历史是一个巨大的推手，它可以令许多事物面目全非，也可以令许多事物容光焕发。

当岁月的河流流淌了近1900年之后，零陵城外昔日偏僻的鹞子岭居然逐渐演变成了城市的中心。20世纪70年代（1971年），湖南省第三监狱（永州监狱前身）由邵阳迁至这里。在接下来的

30年里，由于监狱的不断扩建，诸多战国和西汉时期的美梦虽然未曾被千年的鹞子声吵醒，却被建设工地的机器声意外唤醒。在方圆约一平方公里的范围内，经永州市文物工作队和零陵文物管理所发掘的鹞子岭战国和西汉墓居然达20余座。

1992年冬和1995年秋冬，在鹞子岭相继发掘了封土堆连在一起的两座大型汉墓，编号为鹞子岭1号墓和2号墓。均为土坑竖穴木椁墓葬，是一种朝西的斜坡墓道。因为那里曾是监狱办的红砖厂，封土堆在烧砖取土时已被挖去。经文物专家实地测量，1992年冬发现的1号墓墓坑上口长18.2米，宽18.3米，深14.3米。因早年被盗，外椁顶板因风化腐朽而坍塌，内椁及二层棺木也被压垮移位，但结构可以复原。外椁三层，总厚近1米（底、盖均三层）。三层椁紧贴，椁四周壁板的排列是非常见的横板侧面紧筑排列方式，而由竖立的巨型木枋落槽拼合而成。最外层椁长11.6米，宽9.48米。这种壁板由竖立木枋构成的套椁，在迄今已发掘的汉墓中实属罕见，该木枋实际上也起着"黄肠题凑"的作用，用以体现墓主的等级身份，表明使用着诸侯一级的葬制。最令人惊讶的是，它的内椁为放置棺木的后室，底板为棺床，高出内椁的底板。后室左右各设一边箱，由上下横梁构成门楣结构，使整个墓室隔成前后两个大的部分，可从前室通过中门进入后室，通过两个侧门分别进入左右边箱。当考古专家看见它们时，发现随葬品大多已被盗走。专家们怀着十分惋惜的心情，小心翼翼地搜寻，居然从中发掘出一件实柄漆豆形器，底部朱书有"泉陵家官第三河平二年八月工张山彭见缮"字样。

后来，专家们从字面分析，"泉陵家官"即泉陵侯，第三就是第三代泉陵侯，"河平二年"就是公元前27年，"张山"与

"彭见"应该是两位工匠。因此，可以推定，1号墓就是第三代泉陵侯顷侯刘庆墓。

虽然刨出来的这一点点木座，如同西汉泉陵侯的残骸，但也是那么美轮美奂。因为西汉的髹漆工艺，如同一块黄金招牌，永远焕发出迷人的光辉。别看这批漆器数量不多，但工艺非同一般，即便放在科技发达的今日来制作，也有较大难度，所以，它代表了西汉后期漆器工艺的精湛水平，所以显得特别珍贵。

漆，产自于漆树。中国自古多漆树，因此先人对漆的运用也很早。据考古专家认定，1978年在浙江省河姆渡遗址中发现的木胎朱漆碗，距今六七千年。而到了商周时代，人们已普遍用色漆和雕刻来装饰器物，并以松石、螺钿、蚌泡等作镶嵌花纹。

豆，在先秦时是放置腌菜、干果和肉酱等食物的器皿，《尔雅·释器》郭璞注："豆，礼器也。"因此，漆豆是漆器中出现最早的品类之一，是专门盛放腌菜、肉酱等调味品的器皿，由豆盘、豆柄、豆底组成，有长形豆、方形豆、盖豆、鸭形豆等。在山西省襄汾县陶寺新石器遗址晚期墓葬中，就曾出土了漆豆。

中国封建制的形成是在春秋战国时期，彼时，社会生力迅速发展，各种手工业日益活跃，髹漆业也跟着兴盛起来。漆器因为得到贵族阶层喜爱，不仅变成一种社会时尚，而且成为战国和汉代墓葬中的陪葬品。

西汉时期的漆器主要出土于大型贵族墓葬之中，且王、侯及其家族的高级贵族墓葬居多，地点大多在长江中、上游地区。还有一点就是，西汉大型贵族墓葬出土的漆器除部分明器外，大部分为实用器，且数量大，保存完整。零陵鹞子岭出土的西汉"河平二年""泉陵家官"髹漆木豆座，就属于第一类的贵族墓葬品。

　　也许你觉得这不足拳头大的髹漆木豆座没有什么值得稀罕的，可是，只要你仔细品味一下它那整体纹饰，揣想一下它的制作工艺和铭文内涵，就不得不为之赞叹。特别是在6条红色圆圈（每两条组成双线）之间，不仅点缀着波澜起伏的花纹，似乎还汹涌着西汉时期的王者气息。

　　从工艺来讲，汉代的漆器制作技术主要包括制胎造型、垸漆糙漆、镶嵌附件和描绘装饰4个步骤。也就是说，不同器形的漆器，其胎的制作，需采用不同的工艺和木料。桓宽《盐铁论》载曰："夫一文杯得铜十杯。"意思是一件彩绘的漆杯，价值等同10件铜杯。《盐铁论》又曰："一杯棬用百人之力，一屏风就万人之供。"意思是制作一件漆器在当时需要耗费巨大的人力和物资，所以，对于鹞子岭出土的这件小小的髹漆木豆座来讲，其经济价值和文化价值是不可小觑的。

　　这件髹漆木豆座虽然仅仅是漆豆的局部，但它产生于西汉，我们也可以窥一斑而知全豹，从中感觉到它对楚文化的传承和延续。因为湖南受秦中央王朝统治时间不长，即便到了汉初，原有楚文化对汉初漆器的影响或许比其他地域更为强烈。《仪礼》各篇均有设洗、沃盥、祭祀等礼，进行沃盥是一项重要礼节。从汉初漆器组合（如漆盥、漆盘同出）的礼教含义也可以看出，说明完全继承了先秦沃盥之礼。但是，西汉后期对此种盥洗方式加以简化，盘并不同出。零陵鹞子岭泉陵侯墓只出漆盘，不出漆盥，就属于这类。

　　汉代漆器做工复杂，纹饰在表现技法上也丰富多彩，常常使用红、黄、绿、赭、白、灰等色漆，并且利用金属扣饰、金银平脱、细线勾勒、平涂渲染、针刻等技法绘制精美的纹饰。仔细观察这残缺的艺术珍品，我们权且不去思考髹漆木豆座的主体是什么形状，仅从木座局部，可以感觉到了泉陵侯国的富足与华丽、信仰与图腾。

　　或许，土地可以借助时间之手，毁灭埋在土中的肉体，但无法毁灭陪葬的文物；即便能毁灭陪葬的文物，却无法毁灭文物所承载的那个时代的文化。所有的物质都会灰飞烟灭，但文化的、精神的东西有可能穿越时空而得以永存。

西汉"河平二年""泉陵家官"髹漆木豆座

西汉捂手陶立俑

　　鹞子岭，位于古零陵城外的东北方向。如果站在昔日的镇永楼上俯瞰，就可以感觉到鹞子岭一带的荒凉。尽管它紧挨着昔日零陵城墙的东北角，处于今天零陵古城的中心位置，但它却是泉陵侯国的坟场。

　　众所周知，零陵之名始于秦始皇二十六年（前221年）始设的零陵县，为中国最古老的县名之一。西汉汉武帝元鼎六年（前111年），中央政府决定增设零陵郡。此时，县治和郡治都在今天的广西全州西南一带。直到东汉光武帝建武元年（25年），零陵郡治才迁至泉陵县，也就是今天的零陵古城。

　　由此可见，现今零陵城区的最早建置，实际上是泉陵侯国。

　　在中国漫长的封建社会里，泉陵侯国只是昙花一现般的存在。元朔五年六月壬子（前124年农历六月二十六日），汉武帝封长沙国王刘发（定王）的儿子刘贤、刘遂、刘义、刘买，分别为泉陵侯、都梁侯、夫夷侯、舂陵侯，把一个偌大的长沙国拆得四分五裂。刘贤接到诏令，就带着妻室儿女及有关部属乐滋滋地来到了潇湘二水交汇处的零陵城，开始了新的生活。而崭新的泉陵侯国就像春天的一朵小花，绚丽地绽放在中国历史的枝头。遗憾的是，正如俗话所说的那样："好花不常开，好景不长在。"哪知道到了公元9年，新莽王朝建立，泉陵侯国被废止，改名泉陵县（16年后，零陵郡治迁来这里）。也就是说，泉陵侯国实际存在约133年，历经了刘贤、刘真定、刘庆、刘骨4代侯王。

按道理，在这百余年时间里，历代侯王应该为零陵留下过一些政绩，或者说一些创举和传说的。遗憾的是，现存关于古城记忆的最早文献就是明洪武年间编撰的《永州府志》，该文献中对于唐代以前的记载很少，几乎找不到什么关于泉陵侯国的信息。

当然，文献没有记载的并不等于历史上没有存在，至少，在古城的心里，有一本明晰的账本。只是，古城很小心谨慎，她把这一切都捂在怀里，藏在心里，不轻易示人。

尽管如此，随着风月的替换和世道的变迁，那些对古城历史不甚了解的人，在有意或无意之中，或多或少地惊扰到了她，甚至或多或少伤害到了她。

远古的伤害，我们难以找到充分证据。而近时的伤害，犹在眼前：1971年，湖南省第三监狱由邵阳迁至永州何家坪，这里就一直在不停地搞建设。从最初的人工施工到现在的机械化施工，基础由浅至深，房子由矮变高，而且越建越多、越建越美。只是，很少有人知道在这些建设过程中，诸多文物的睡梦被惊醒，甚至文物本身被损坏。据文物部门记载，自20世纪70年代初至20世纪末，在短短20多年的时间内，经永州市文物工作队和零陵文物管理所发掘的鹞子岭战国墓共有20余座，出土了大量的随葬品，包括青铜器、铁器、陶器等。特别是陶俑，可谓千姿百态，其中包括这尊出土于1988年的西汉捂手陶立俑。

在我看来，1988年的施工，只是20世纪近30年施工中的一个片段，也是当年政府官员、监狱管理者与施工方对零陵历史无知的见证。想象当年出土的情景，我眼前仿佛出现一个令人心酸的画面：一个个泥黄色的陶俑正在墓道里木讷地站立着或静卧着，当施工者的土炮炸开石头，或用铁锹和铁锤（当时挖机很少）掀开鹞子岭众多西汉和新莽时期的古墓封土时，它们像一群受惊的土拨鼠，瞬间弓圆了身子，并且挤在一块，露出一条条可爱的尾巴和一双双短短胖胖的手脚，而圆溜溜的眼睛在扫描了一下碎裂在跟前的同伴尸骨之后，正惊诧地窥视着暂时驻足在旁边观看的施工者，以及被丢在一边的铁锹，心里七上八下战战兢兢的。唯恐他们再次抢起铁锹和铁锤，砸向自己的头顶。后来，它们像战场上的俘虏，举着双手，带着创伤，从墓道里一个一个地走了出来。至于那些缺了胳膊少了腿的陶俑，就像战场上难以救治的重伤员，可能被就地"枪毙"，粉身碎骨，混入黄土，再次被埋进地下。

这尊西汉捂手陶立俑呈捂手状，俑高28.8厘米，男仆形象，除下着分腿长裤外，其余外貌特征及穿着与当时一同出土的拱手陶立俑、执箱陶女立俑等无异，为侍仆形象。如果我们仔细察看，不难发现他的穿着颇为简单：头戴平顶高髻帽，上身穿素色交领长袍，长及膝下。下着素色分腿长裤，裤脚下摆宽大，露出一点鞋面。双手叠加在腹部，左手在里面，右手在外，而且笑容满面，看起来比较亲切。

遗憾的是，在它从墓道里走来（出土）的过程中，不慎被施工者"误伤"，导致胸部碎了一块，如同一个大大的"枪眼"，更像被人用大锤打掉了肋骨，出现一个大大的"洞眼"，让人感觉惋惜不已。也就是这个外露的"眼",让人们知道了它原来是空心的。

也许,你会问:为什么秦汉时期的陶俑大多是空心的?

原来,这是当时最流行的一种陶瓷制作技术。陶俑制作成空心,有几种好处:一是省材料,二是定型,三是便于烧制,四是便于运输。如果不采取空心制作,一来消耗众多的黏土材料;二来不易晾干,有的造型会出现头重脚轻,不利于站立和固定;三是不易烧透,造成夹生,这样在搬运过程中就会易碎;四是实心太重,不利于运输和展出。

鹞子岭是潇水流域陶俑的大本营,从中出土的众多陶俑,结构和工艺基本上相似。经过我的观察和分析,它们的制作工序大致上是这样的:首先做俑头。这里的细节很重要,要将俑头分为前后基本相等的两半,必须用单片模制作。之后,再将两片单模相合粘接成完整的俑头形状,并对五官进行细细的刻画处理,这是重中之重。至于双耳,基本上是单模单独制作成型后,再贴到头的两侧的。比如这尊陶俑,有眉骨却无眉毛,但并不影响面部的美观,似乎眉骨上曾有细细的眉毛,但被尘世之风吹落了。而眼、耳、鼻、口的布局和造型可谓匠心独运,颇见功夫。双眼似一对相向而游的鱼,很有神采和动感;双耳像一副不规则的扇形合页,朝脸颊关闭而来;鼻梁似一道反置的壶嘴,线条流畅;嘴巴如一轮眉月,倒映在水中。更让人惊叹的是,他面部肌肤的厚薄,骨骼的高低,表情的变化,刻画得栩栩如生,整个面部有一种自信的灿烂笑容自上而下在汩汩流淌。

其次是陶俑躯干的塑造。先用泥做成粗胎,掏空身躯(保持一定厚度),放在一边。再制作双手,然后安装在粗胎大型上,

西汉捂手陶立俑正视图

趁着泥土还没有干，进行粘合，使之成为一体。再进行颈部、服饰、双手叠加捂手的刻画。这个过程中，最难处理的是躯体的虚与实：腹腔部是空的，双手是实的。要把握好两点：一是胎胚的厚度与受力点，并准确与双手相连；二是服饰的线条，自然流畅。而且叠在外面的右手手指，既要有肉色和肌肉，更要凸显男人的筋骨与力度。

再次是双足的制作。双腿及裤脚的处理很重要，既要露出一点点鞋子，又要让裤管笼罩大部分鞋面，使显与藏比例协调。同时，还要制作出空心腿与躯干下半部相连，承受起整个塑像的重量。这期间，最重要的是，注意比例恰当，保持整体效果。

经过这些工序，陶俑的头、身、脚三大组成件基本完成。于是，趁着柔润把它们组装在一起。之后，对顶高髻帽、衣纹袖管、鞋子等做进一步的精细雕饰，就算完成了。接下来就是晾干和送去烧制的事情了。晾干过程主要是防雨，其他都很简单。而烧制的时候，必须把握好时间和火候。如果烧制的时间太短或火候不到，那么，陶俑就会夹生，出窑和运输时很容易碎裂。反之，如果烧制的时间太长或火候太过，就容易开裂或产生结痂疤痕，从而影响美观。所以说，只要时间和火候把握恰当，再加上装窑和出窑时谨慎操作，陶俑的诞生也就水到渠成了。

这尊不足30公分高的捂手陶立俑，似乎包含着许多玄机：微笑里的、空腹里的、长袍里的、双手里的、长裤里的……仔细端详，感觉他是由无数个美学符号组成的精湛艺术品，让人赏心悦目，赞叹不已。我最关注的是他的双手，甚至情不自禁地去追问：为什么他要把双手叠加捂在腹部前面？是一种制度下的礼仪？还是为了表示自己的忠诚（因为双手在前，不能携带凶器）？

在鸹子岭下的地宫里，他是否拥有尘世的快乐？对于自己胸前的创伤，他是否感到疼痛？他那空洞洞的胸腹里，究竟藏有什么秘密？

看见这尊2000多年前的捂手陶立俑姿势，还有他脸上的灿烂笑容，让我忽然想到当今社会的一些宾馆酒店的某个侍应生，猜想可能就是穿越时空而来的他。由此，视野里渐渐复原出一幅景象：当年泉陵侯国的王宫里举行一个重大活动，应侯王邀请而来的某个雕塑家与某个年轻男仆的短暂见面时，男仆的纯真与憨厚深深地印在了雕塑家的脑海里，从而衍生出如此美丽的艺术作品来。

艺术源自于生活，而又高于生活。如果说男仆的笑容是那么的逼真，艺术效果堪比现代相机的摄影作品，那么，雕塑家的艺术水平则是值得当代艺术家们追慕和景仰的。还有一点，男仆的原型和制作陶俑的艺术家都没有留下姓名，这比起当今社会那些到处题名、到处宣扬、热衷于利益的艺术家和模特来，是不是更值得我们钦佩与赞赏。

西汉带盖刻划纹陶簋

西汉带盖刻划纹陶簋正视图

那天晚上，梦见自己跟朋友的车去一家古色古香的酒家赴宴。奇怪的是，服务员都是穿着旗袍，上的菜都是一个圆圆的器皿。我对那些器皿颇感兴趣，询问之下才得知叫"簋"。那个做东的朋友说，今天要请大家吃"九大簋"。原来，"九大簋"包罗万象、用料讲究，而且装在9个大簋里，在广东象征着最高礼仪。在中国的单数中，九为之最，寓意最多，加个大字，其含义可想而知。"九大",对应大自然中的天、地、风、云、雷、雨、海、火、水,是"道法自然"的外延,具有特殊内涵……

听了朋友的介绍,大家为此感到十分荣耀,纷纷举杯以示庆贺。酒至半酣,服务员从我身边伸手准备把一只吃完菜的空簋撤走,而自己正要站起来敬酒。一不小心,撞在服务员的手上,结果,一只簋掉在地上,"哐当"一声,居然没有碎,原来是铜的。只是那铜簋落地的声音,仿佛雷霆,把我吓了一跳,也就醒了。

原来,上述一切都是一个梦。

尽管只是一个梦境,但我对"簋"这种器皿有了一个初步的印象。后来,当我在永州博物馆展厅看见一只陶簋时,仿佛触电一般,瞬间激活了我梦中的记忆。于是,仔细去端详,由此产生了诸多联想。

作为国家一级文物的这只陶簋,仿佛是一个走失在民间的公主。没有人知道它的原籍,也没有人知道它有无兄弟姐妹,更没有人知道它在民间经历了多少风风雨雨,受过多少磨难。因为这只陶簋,是文物部门2001年整顿永州市冷水滩区凤凰园地下文物市场时所收缴。我们可以尽情想象,它当时被拥入文物部门怀抱的情景,应该绝不逊色于失散多年的母女重逢的抱头痛哭。

该簋口径31厘米,足径13厘米,通高21.5厘米,重4275克。陶质,棕色,属盛食器。该器分盖及簋两部分,盖圆纽,纽有穿孔,纽四周饰鱼纹和水草纹,并有10小孔,盖有4道凸弦纹,弦内饰水波纹。簋侈口,折腹,圈足。廊饰刻划纹,上下皆有孔,廊下饰水波纹,腹饰菱形刻划纹及两道弦纹。

后来，经文物专家鉴定，为西汉带盖刻划纹陶簠，十分珍贵。永州偶得此簠，实乃幸运。

簠，在古文献中代表祭器。比如《说文》曰：黍稷方器也。《广韵》曰：簠簋，祭器，受斗二升，内圆外方曰簠。《疏》称：祭宗庙用木簠，今此用瓦簠，祭天地及外神，尚质，器用陶瓠之意也，等等。

西汉带盖刻划纹陶簠仰视图

就连中国第一部诗集《诗经》，其《秦风》篇也说：于我乎每食四簠……

由此可见，簠作为一种盛食器和礼器，历史是十分悠久的了。

探究一下簠的前世今生，我们可以发现，它拥有一个颇为庞大的家族，而且血缘延续了1000余年。

青铜簠，仿佛是簠族的开山鼻祖，出现于商代中期，也就是距今大约3300年前。它开始产生的时候数量很少，经过时间的沉淀和逐渐传播，那些宫廷和王侯大宅里的人，慢慢接受了它。所以到商代晚期，数量就渐渐增多了。商代簠，有自己独特的精神面貌：仿佛是一个熊腰虎背的大汉，它通常以圆形，侈口，深腹，圈足的面貌出现，要么有两只耳朵，要么无耳。最显著的特点是，它形体厚重，像个笨汉，器身多饰兽面纹，有的器耳做成兽面状。

当历史的河水流淌到西周的地盘时，簠像雨后春笋，数量一下子多了起来。不过，在长达275年的西周时代，簠更像一个人，经历了懵懵懂懂的儿童期、花枝招展的青春期、朴素全盛的中年期和逐渐衰亡的老年期4个阶段。

儿童期的簋，仿佛是一个走错家门的小男孩，他站在西周的门槛上，心里忐忑不安，似乎对前途充满迷惘，所以不停地回望过去，身上还是商末流行式样的打扮。更有趣的是，这种顽皮的孩子集中撒泼，他们之间特征相对模糊，导致后人犯愁：它竟该列为商器还是周器？或者，往前的殷周产物？不过，仔细观察其"服饰"（外形饰纹），就可以发现，彼时的青铜簋纹饰以商代兽面纹为主。与殷末相比，衍生了有触角的卧状体驱的怪兽纹和以凤鸟为主题的纹饰。

随着时代的进步，簋仿佛一个进入青春期的女孩，身体渐渐丰盈玲珑起来，也就出现了变形纹饰，活泼有力。就好像穿着花裙的青春少女，路过一个表演舞台，想到自己天生丽质，于是把懵懵懂懂的儿童从台上粗鲁地赶了下去，然后借助音乐，在那里尽情地表演起来。令人惊讶的是，她的表演居然吸引了许多目光。

在制作工艺不断得以完善后，簋像一个渐渐悟出大道的智者，更加注重自身的铭文运用，这好比当今的商家十分注意户外广告一样，而且用笔纯熟、结体圆浑。其内容除少量涉及重大政治事件，基本上是官位世代相传的记载。可以说，西周中期的青铜簋，在礼器体制发生锐变的过程中，具有推陈出新的风范，朴素自然成为时尚。

至于西周簋器的衰亡阶段，显著特征就是簋的铸造及纹饰像被秋风抹杀的草地，满目简草、粗疏和衰颓，就好像一位对自己生活照料显得力不从心的孤寡老人，提前草草预备自己的后事，心情十分凄凉而无奈。在这种背景下，只有极少数的重器才鹤立鸡群般地显示出独特个性，因而成为艺术的翘楚。而盘旋龙纹此时已经形成，便直接导致了日后春秋时代该纹饰的滥觞。尽管如此，历史之手也无力挽住簋器由此走向没落。

西周时期，簋的形式得到巨大发展，雨后春笋般衍生出四耳簋、圈足簋、四足簋、圆身方座簋、三足簋、弇口簋和大侈口簋等多种形式。有的簋还配上盖子，更显庄重和稳定。

但是，就在这个时候，簋的家族却被历史的车马挤出了车道，因而把最后的绚丽光环涂抹在了西周的前额。仿佛是《红楼梦》里面的贾府，簋族最后渐渐走向衰亡。尽管如此，直到东周和春秋时期，簋还是有着自己较高的社会地位的。在簋被敦、豆取代之前，鼎、簋一般同时出现在重大的祭祀仪式中和规模浩大的墓葬中。

人们都知道，春秋时期是中国历史上百家争鸣、人才辈出、学术风气活跃的时代，但鲜有人知道春秋时期也是簋的没落时代。春秋时期的簋，基本延续西周晚期形制，没多大变化。到春秋中晚期时，簋忽然"减肥"了，它的铜胎变薄，花纹也变得越来越细碎，有的簋盖还铸成了莲瓣形。

特别让人感到叹息的是，战国以后，大约因为桌上的餐具升级，簋的使用就越来越少了，所以，它像一个归隐者，似乎于一夜之间就从王侯将相和富贵人家的餐桌上销声匿迹了，人们极少再见到。直到千年后的宋代，由于制瓷工艺的迅猛发展，大有百花齐放百家争鸣之态势，一些有怀旧心态的艺术家，忽然想到以瓷代铜制作成簋，又让它有了返回皇家礼仪制度的机会。

簋的旅途如此艰辛、颠簸，让人心生几分怜爱。我想，如果老天允许我们擦亮眼睛，去回眸一下战国之后的秦汉时代，我们就不难发现，在那个时期，簋像一个走出深宅大院的孤苦伶仃的流浪者，独自在街头，落寞万分，居然再也没有人投来深情或同情的眼光。

不过，虽然地面上的人不再对它的憔悴容颜感兴趣，地下对它感兴趣的倒大有人在。因为活人不喜欢用的东西，有时候会成全死人。簋毕竟象征着身份和地位，所以，聪明的人们就想到了陶质取代铜质，把它作为先人的陪葬冥器。而陶簋有较大容量，分无耳和双耳，类似现在的大海碗，在当时的墓葬中已经比较流行。

或许在一般人眼里，一只盛装饭菜的西汉陶簋没有什么稀罕的，殊不知，这只陶簋由艺术大师凭借自己的巧手把泥土制作成刻划纹的带盖精美胚胎，再经过高温烈火的锻冶，在神器造化的冥冥助化之下，变成如此巧夺天工绚丽多姿的艺术品，实在令人叹为观止！

这不，你看它那盖子，仿佛是天宫的一只反扣的神碗，上面刻有4条水草和8条鱼，每条水草与两条鱼为一组花纹，似乎寓意年年有余（鱼）。盖的顶部圆纽部分有两个对称的穿孔，显然是曾有提盖子的弦，估计被文物贩子嫌累赘而去掉了。而每组花纹上又有两个圆孔，并不完全均匀，似乎起散热作用。若俯视簋

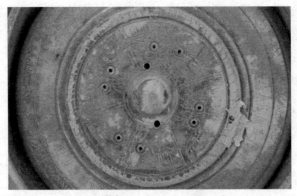

西汉带盖刻划纹陶簋俯视图

盖，可以看见有4道凸弦纹，弦内饰水波纹。乍看，像一粒石子投进湖中所荡漾出的涟漪；再看，又似地壳运动隆起的八鱼带水草簇拥圆纽的造型，十分美丽。

再看簋身，居然为侈口，由上往下有些许减缩，折腹，更像一个穿着裙子跳圆舞曲的女子，有一条圆圈之足。廓饰刻划纹，右上左下，斜纹但不交叉，上下皆有孔，共24组，远看，似镶嵌的墙垛。廓下饰水波纹，或高或矮，逶迤壮观。在它的腹部，用文物专业术语来说，是菱形刻划纹及两道弦纹。如果用美术的眼光来看，更像一块块分割大致相等的井田，上面的那一根根竖痕，既像茁壮成长的秧苗，又像看守良田的农夫，让人顿时对大地充满感恩之情。如果再放开思路，发挥个人想象力，你会发现它们也像从秦兵马俑里脱尘而出的勇士，列队颇为有序，而且高大威猛，似乎在接受始皇陛下的检阅。

是的，只要你面对这只陶簋放飞思绪，就可以让许多2000多年前的事物在瞬间复活，你的脑海里就会出现无数不同的画面。甚至，你会感觉到自己像一个骑在时间骏马上的骑士，纵情奔驰在那个辉煌的岁月。

只是让人感到奇怪的是，如此尊贵的西汉带盖刻划纹陶簋，居然以神秘身份现身永州。它究竟出自哪位艺术大师之手？尔后在哪个窑炉里烧制？又进入到了哪些王侯富贵人家？被哪些人享用过？后来又被作为殉葬品埋入了谁的墓室中？这个墓室是否被盗过？又是谁让它重见到光明……

一系列问题，确实耐人寻味！

西汉拱手陶立俑

　　很多时候，我们要想了解过去的事物，必须倾听脚下的土地。对于一座城市来说，特别对历史文化名城来说，在旧城的中心，往往收藏着城市古老的记忆。比如零陵古城的履历上，就曾有过侯国的印记。那是汉武帝元朔五年六月壬子，也就是公元前124年的农历六月二十六日，汉武帝封长沙王刘发之子刘贤为泉陵侯，置泉陵侯国于零陵郡，辖区相当于今天的永州市零陵区、冷水滩区、双牌县北、祁阳县、祁东县、东安县等地，应该说面积是比较大的了。而都城在城北二里（《永州府志·城池》），传说今天零陵城内的泉陵街一带就是泉陵城故址。只是这个泉陵侯国只存在了大约133年，到王莽新朝时期也就是公元9年，泉陵侯国就被废掉了。又过了16年，到东汉光武帝建武元年（25年）时，改昔日的泉陵侯国为泉陵县，将零陵郡治所由现在的广西全州一带移至泉陵县，隶荆州。

　　133年，对于人生来说，自然是十分漫长的了，极少有人能如此高寿。但对于历史而言，只不过是微乎其微、极其短暂的一瞬。现代科技虽然十分发达，许多东西可以根据相关文献和数据可以大致复原，但我始终固执地认为，有的东西是不能复原的。即便勉强复原，也少了一种原汁原味的生动，甚至让人感到别扭。比如，泉陵侯国，我们能复原她什么？谁能知道当年泉陵侯国国城的规模与形状？谁能知道当年泉陵侯国的生活习俗与官方规定？谁能知道当年泉陵侯国的皇亲国戚与老百姓相处的情况？

我想，可能没有人知道，至少目前还没有人知道。

因为这是历史之谜，也是零陵古城的神秘魅力。

不过，我们可以从一个区域的地下来窥视这个短命侯国的遥远背影。这个区域就是零陵鹞子岭的东北麓那块大约一平方公里的土地，也就是今天的永州监狱、市木材公司及南津渡办事处麻元村一带。因为那是永州市战国墓和大型西汉墓集中之处。自20世纪70年代，至20世纪末，经永州市文物工作队和零陵文物管理所发掘的鹞子岭战国墓共有20余座，出土了大量的随葬品，包括青铜器、铁器、陶器等，其中包括这尊西汉拱手陶立俑。

当我在永州博物馆较为幽暗的灯光下见到这尊完美的拱手陶立俑时，仿佛看见一个2000多年前的青年站在岁月的门槛外，拱手迎接来博物馆参观的人们。尽管他比真实的人小了很多，但并不影响他独特的魅力，尤其是他那近乎蒙娜丽莎般的神秘表情，带给了我许多遐想。

1988年在永州市零陵区鹞子岭新莽时期古墓出土的这尊西汉拱手陶立俑，为侍仆形象，高27.5厘米，男性，长鼻宽耳，眼帘低垂，面露微笑，拱手胸前，身微前倾，貌甚谦恭。仔细察看，他穿着的服饰颇为简单：头戴平顶高髻帽，上身穿素色交领长

西汉拱手陶立俑正视图

袍，长及膝下，衣袖窄小。下着素色连裆曳地裤，裤脚下摆宽大，腰系巾带，脚穿靴鞋，因而看起来比较亲切。

中国的佣文化历史悠久。孔夫子说："始作俑者，其无后乎，为其象人而用之也。"（《孟子·梁惠王上》）从孔夫子的言论可以看出，始作俑应在春秋晚期。即便从制作俑代替或人殉葬来考察，恐怕也不会早过春秋时代。

俑，是模拟人的形象，用以象征殷商和西周时盛行的殉人替代物的偶人。起初只有木制俑，之后发展到石俑、陶俑、铜俑，等等。我们永州道县的鬼崽岭，就有很多石俑，其形成年代至今还是一个谜。

西汉时礼仪，"大抵皆袭秦故"，盛行"事死如事生"的厚葬之风，竭力让逝者过上较好的生活，直至升天成仙，以保佑生者行好运。只是经过秦末动乱和楚汉之争，建国之初社会经济凋敝，百姓亟须休养生息，所以帝王丧仪不再能完全追循秦始皇那样盛大奢靡。俑像，与墓葬制度的联系颇为紧密。我曾两次去过西安的兵马俑，那里展现的都是秦代军队中的将士形象。与其相比，汉代俑像则主要塑造的是社会上的平民百姓形象，更生动活泼。渐至新莽和东汉，侍仆舞乐俑成为主流，兵马俑不再出现。即便是封疆王侯，死后也很少享有军阵送葬的荣誉，因此更多的王侯墓是将俑坑随葬于墓室之内，至于俑群的构成，也不仅以武装士兵为主，俑群的构成主要是家内奴婢，包括提罐俑、持镜俑、哺乳俑、庖厨俑、持锸持箕俑以及动物、牲畜等俑，与人们的生活息息相关。最重要的是，陶俑的形体尺寸已不再如实模拟真人的体高，制作时自可少耗民力。

而拱手礼，又称作揖，永州话叫打拱手，是古代汉民族的相见礼。行礼时，双手互握合于胸前。古人以左为敬，又有人在攻击别人时，通常用右手，所以拱手时，左手在外，以左示人，表示真诚与尊敬。古代行拱手礼十分讲究，身体和手都不动。对王者行礼时，要做到不高于颚不低于胸，而且平臂。平辈之间行礼，一般是低于胸口，直身行礼。这尊陶立俑正好是左手在外，低于胸口，说明是对平辈的尊敬。看见这尊陶立俑，我眼前忽然出现这样的一幕：2000多年前，在泉陵侯王府，两个同僚为官的人见面时，彼此拱手，说："幸会，幸会!"或说："早安，早安!"

泉陵侯国是从长沙国（前202年建立）中分析出来的，比长沙国年轻78岁，却又比长沙国长寿2岁（长沙国公元7年被废），目前的说法是历经了刘贤、刘真定、刘庆3代，但《汉书》上记载还有一个被王莽废除的刘骨，应该是4代。

西汉江山传到汉武帝刘彻手里时，为了巩固中央政府的权威而消减诸侯国的实力，他集思广益，想来想去，终于想到了一个自以为很不错的办法，于是在他即位后的第三年冬天，开始实行"推恩令"计划，就是以推广皇帝恩泽的名义把土地再分封给诸侯的子弟，诸侯王的子弟众多，也只能由嫡长子一人继承王位。这一招确实高明，因为表面上看起来是皇帝厚待了诸侯，实际上却是诸侯王的子孙越来越多，侯国越分越小，有的跟现在一个县差不多大小了，这样一来，他们就无法跟中央朝廷抗衡了。

泉陵侯刘贤就是在这样的背景下获得机会的。

要知道刘贤的父亲长沙王刘发，是汉景帝的第六个儿子，他在位28年，于公元前129年去世，谥"定"，长沙至今还有一个定王台，前身就是他的"望母台"。

刘发的子女众多，《汉书·王子侯表》记载的刘发的儿子就有16个：长子刘庸（被立为王太子后来世袭长沙王爵位）、安城侯刘苍、宜春侯刘成、句容侯刘党、容陵侯刘福、路陵侯刘童、攸舆侯刘则、茶陵侯刘诉、建成侯刘拾、安众侯刘丹、叶平侯刘喜、夫夷侯刘义、舂陵侯刘买、都梁侯刘定、洮阳侯刘狩、泉陵侯（一作众陵侯）刘贤。

长期生活在父王乃至王兄的背影下，是难以成长的，这个从后来中国许多皇朝的垂帘听政中就可以看出。一个皇帝去世了，只要皇后强势，皇子就算即位了，很可能只是一个傀儡。尽管刘贤来泉陵时其父刘发已经去世，但面对诸多兄弟姐妹的强势，年龄最小的他心里肯定不好受。而汉武帝分割长沙国，给了侄子刘贤一个独立的机会。我想，刘贤应该对叔叔汉武帝是感恩戴德的。我们不知道刘贤来泉陵时多大年龄，是否已婚，也不知道

西汉拱手陶立俑侧视图

他带了多少随从。不过有一点似乎可以肯定的，那就是刘贤从长沙赴泉陵的时候，应该是十分高兴的。毕竟，到泉陵为侯，是一块属于自己的独立王国。

刘贤的泉陵，究竟是怎样一番景象，我们无从知晓。当时的泉陵应该不会有很多的人口，而王府里的生活却并不因为本地人

口少而受到什么影响。相反，侯国的设立，有可能促进了当地经济社会的发展。比如在贸易方面，通过王府的采购，至少促进粮油和布匹的交易，甚至还可以解决一部分就业问题，比如王府所需要的侍仆、厨师，等等。

看见这尊出土的陶立俑，我忽然想起俄国文艺理论家车尔尼雪夫斯基曾提出的一个概念："艺术来源于生活，却又高于生活。"其大意是：没有生活原型或者现象，就没有艺术创作的源头和灵感。或者说生活中的所有点滴小事或者发生过的事是艺术素材的提供者和原形。

如果这样，我就对这尊陶立俑的原形充满了好奇：他究竟是哪里人？是跟刘贤从长沙过来的侍仆或者其子孙，还是就地买来或雇佣的？他在泉陵王府里的日子过得是否愉快？还有一点，是哪一双慧眼捕捉到了他灿烂的笑容，并通过灵巧的手把这一激动人心的时刻定格成永恒的风景？

在我看来，苦难与幸福，就像天与地、日与月、昼与夜，是相互相依的。很多时候，人活着就意味着苦难。如果我们以消极的心态来对待生活中的苦难，就会越活越累，越活越惨。反之，我们以积极的心态来对待，把一切看淡，坚信美好的风景就在远方，那么，活得越来越有信心，越来越有滋味。就好比这尊西汉拱手陶立俑，即便是一个地位卑下的侍仆，但依然恭谦有礼，面带微笑。

也许，这尊陶立俑一直在以千年不变的姿势，等待人们的唤醒；等待新时代的春风，吹活他冻僵了两千年的笑容。

新莽淡绿色琉璃猪

旭日洒照在地平线上，一群动物匆匆闯入人们的视线：先是一只拖着长尾巴的老鼠，跟着是翘着两只角的牛，然后是威猛的虎、灵动的兔、飞翔的龙、游离的蛇、奔腾的马、温顺的羊、敏锐的猴、悠闲的鸡、忠诚的狗……最后，居然是一头肥胖的猪。

不知是何时何地，也不知是何人突然来了灵感，把这12只动物按照它们的习性和出现的时间进行排序，配以十二地支，给每年出生的人一种动物属相，便成了十二生肖。千百年来，墙壁上的挂历撕了又换，换了又撕。在这挂历的更换中，十二生肖不断轮回，一代代人不断出生，一代代人也相继离世。在这些轮回中，产生了十二属相诗、十二生肖诗和十二生肖图，以及与十二生肖有关的其他文化，人们以薪火相传的方式，延续着中华大地上的古老文明。

俗话说："人不可貌相，海水不可斗量。"其实，不仅是人，就连动物，哪怕是那些平时被我们瞧不起甚至任人宰割的动物，有时候也不可貌相的。比如说，在十二生肖中排名最后的猪，有时候也会带给人们另一种思考。

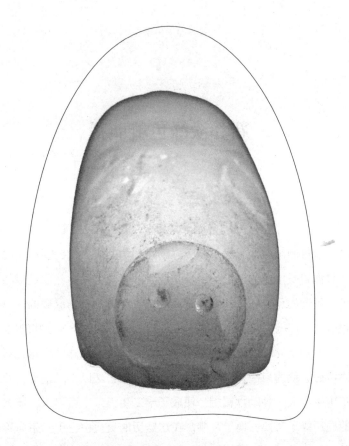

新莽淡绿色琉璃猪正视图

　　当代人对猪的印象，可能大多来自于明代吴承恩的小说《西游记》，特别是央视1986年推出的电视连续剧《西游记》。在这部电视剧中，马德华主演的猪八戒留给人们的印象很深：贪吃，嗜睡，好色，偷懒，缺乏主见，爱拍马屁，爱打退堂鼓……凡人的缺点，几乎都汇聚到了他身上，但偏偏有很多观众喜欢这个形象，都说他有福气。当然，这些都是艺术的独特魅力。而只有农村出身的人，才知道人与猪之间的微妙关系：农民辛勤养猪，猪反过来能改善家庭收入和伙食。有时候，人们急了，忍不住骂人特别是骂小孩子是"猪脑壳""蠢得像头猪""懒得像头猪"或"脏得像头猪"，而被骂的人特别是孩子并不在乎，甚至笑呵呵地接受。

作为地球上古老的动物之一猪，因为肉味鲜美，它全身的每一个器官，从头到尾，都是人们百吃不厌的美食。至少从先秦时代开始，猪就与牛羊组成了祭祀仪式中的"三牲"。同时，杀猪就成了红白喜事的主要内容之一。这不，花木兰的弟弟听说代父从军的姐姐回来，也有"磨刀霍霍向猪羊"的动作呢。

其实，在所有的动物中，家猪憨厚老实和安分守己，特别是不去加害于任何人，加上它的生育能力很强大，尤其是在哺乳动物中，绝对是王者。牛、马、骆驼等动物的个子比猪大，但一次只能生育一头，顶多也就两头而已。羊和狗似乎稍强一点，一次可以生育四五只，而猪呢？一次可以生育十几只甚至20多只。人类艳羡猪的强大生育能力，又期望子孙满堂、人丁兴旺、后继有人，所以创造"家"这个字时，"猪"就成了"家"的第一象征，民间也有"猪来福""猪（诸）事如意"的谚语。

艺术源自于生活。由于人的细心观察，生活中的一些事物，往往被艺术家们提炼成艺术形象，就连最后归宿为挨宰的猪也不例外，它一直被历代文艺家所关注，并以文学和艺术的形象出现在不同时期的文艺作品里。中国最早的诗集《诗经》里就记载了一只野猪涉水而去的背影"有豕白蹢，烝涉波矣"（《小雅·渐渐之石》)，同时，也记载了一只家猪的挨宰过程"执豕于牢，酌之

用匏"（《大雅·公刘》）。之后，关于猪的诗词文章越来越多。不但在一些建筑上出现了猪的雕塑与绘画，而且连墓葬中也出现了猪的陪葬品。

1998年，在零陵古城鹞子岭东北的永州市木材公司工地上，施工人员发掘出一座新莽时期的墓葬，从中出土了一些陪葬品，包括一件惟妙惟肖的琉璃猪。该琉璃猪长10.8厘米、宽2.4厘米、重261克。琉璃晶莹剔透，淡绿色，外观如玉。匠人以汉八刀工艺，把琉璃雕刻成猪的形状。整体呈半圆柱状，猪身匍匐，四足蜷缩，猪唇微凸，线条勾勒的口、眼、耳、尾部酷肖，既雄浑有力，又憨态可掬。鼻孔和尾部各有一穿孔，以作穿绳系带之用。后来，据考古专家推定，这件器物的功用是陪葬时供死者握于手中，俗称"玉握"。而猪是财富的象征，以琉璃猪作冥器陪葬，寄意死者在阴间也享受富足生活。

新莽王朝是中国历史上的一朵昙花，存在的时间几乎可以让人忘了它的存在。想想2000多年前的公元9年1月15日，那个时年54岁、名叫王莽的魏郡元城（今河北邯郸）人，在汉哀帝早亡、皇权旁落的情况下自己称王、建元"始建国"的情景，我不禁为他感到一些可笑和遗憾。若把中国历史上沽名钓誉的帝王将相和政客进行排序，我想王莽肯定会在前十，因为他是篡权的杰出代表。

王莽是一个野心家，可笑的是，为了夺权，他曾采取过许多为人不齿的手段，表面上谦恭俭让，暗地里拉帮结派、玩弄权术、兴风作浪。因为汉平帝不到10岁，王莽为了取得大臣们的信任，居然把自己的大儿子王宇逼得自杀，尽管王宇参与了一个案子，但按照当时的法律和王莽的地位，还罪不至死。结果这样一来，全国震动，一些官员被感动得流下了激动的泪水，说王莽大义灭亲，是国家的栋梁之材，应该给予重用。于是，放任王莽去把持权力。

应该说，任何野心家都是有想法的人，王莽也不例外。他梦想"天下大同"，故而推行新政，史称"王莽改制"。遗憾的是，他德不配位，所推行的新政不仅没有使全国的社会秩序和经济状况有所好转，反而导致阶级矛盾更加尖锐。老百姓忍无可忍，为了活命，就纷纷揭竿而起，地皇四年秋（23年），更始军攻入长安，十月三日庚戌（23年10月6日），王莽死于乱军之中，新莽王朝就此灭亡。

王莽摄政后，曾三次想封禅泰山，但因为局势大乱而没能遂愿。其中，有一件用来封禅的玉牒，自制作完成之后就只一直藏于深宫，成为一封王莽写给上天没有寄出的信。而他所建立的短命王朝，实际上也是一个纸醉金迷的时代，从他自己和身边的人，再到地方官员，几乎都是过着奢靡的生活，这也是老百姓纷纷揭竿起义的根本原因所在。

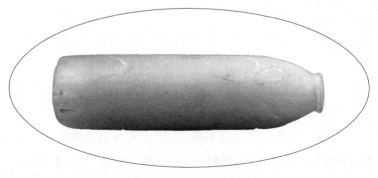

新莽淡绿色琉璃猪侧视图

但从另一个角度来讲，新莽时期官员的奢靡生活，居然催生了大量的奢靡艺术品，包括金、银、玉器等。这种现象，不得不让人感到惊讶和迷惘。零陵出土的这件琉璃猪，就是其中的代表作之一。

当我在永州博物馆展厅看见这只2000年前的琉璃猪时，心里忽然产生了一种震撼。我忍不住左看右看，上看下看，想把它看个清清楚楚、明明白白。在我仔细观看的过程中，仿佛看见了一位伟大的工匠，以自己宽大的双手从烈火里取出了一根新莽时期的时间骨头和一段新莽时期的日月光芒。光芒里至今还有那个时代的脸庞，骨头里至今还流溢着那个时代的骨髓，侧耳倾听，依稀可以听到来自遥远的回响……

新莽淡绿色琉璃猪局部图

还是让我们把目光再次聚焦到零陵鹞子岭的东北麓那块神奇的区域吧，也就是今天的永州监狱、市木材公司及南津渡办事处麻元村一带那块大约一平方公里的土地。因为那是永州市战国墓和大型西汉墓集中之处。在短短20多年的时间内，经永州市文物工作队和零陵文物管理所发掘的战国和西汉墓共有20余座，出土了大量的随葬品，包括青铜器、铁器、陶器等，还有这件精美的琉璃猪。

考古专家的解释是，这只琉璃猪是陪葬时供死者握于手中，是财富的象征。这个说法固然很合情合理。但我们如果把它跟中国上古时期的动物崇拜和王莽的个人经历结合起来进行分析，也

106

许，琉璃猪还有另外一种象征意义：勇敢。

须知在茹毛饮血的上古时期，猪的文化意义是不存在任何贬义的。反之，它还是勇敢的替身。例如："事"甲骨文很像一个双手举长柄网捕捉猪或野猪之状的人。至于"敢"字，也有徒手捉猪以示勇敢之意。家猪，大家司空见惯，知道它长期因被人类驯养变得温顺老实，而野猪性情凶暴，善于搏击，基于这点，猪在古代便有了"勇往直前"的含义。不但在中国，就连日本，也十分崇拜野猪的勇敢。

我们不知道零陵墓葬中手握这只琉璃猪的主人是什么人，也不知道这只琉璃猪的铸造者是谁，它的寓意是否仅限于财富？但仔细观察这只琉璃猪，不得不佩服铸造者的精湛水平，带给人们许多遐想：

先说工艺。"汉八刀"是中国玉雕技法中十分有特色的技法，是葬玉文化带来的产物。其发明者不知何人，秦汉时期被工匠们广泛运用到玉器制作上，一变之前纤巧繁细的作风，表现出雄浑博大、自然豪放的艺术风格。

次说材质。在中国古代，琉璃的制作往往是用"琉璃石"加入"琉璃母"经高温烧制而成。应该说，这只琉璃猪的材质很纯，除了出土时的一些划痕，几乎看不出任何杂质或瑕疵，让人对古代工匠的敬业精神感到钦佩。

再说颜色。绿色是大自然界中常见的颜色，代表意义为清新、希望、安全、平静、舒适、生命、和平、环保、成长、生机、青春。而其中的淡绿色，更让人联想到宁静与自然，和平与和谐，好像墓葬的主人希望能够像生前一样在大自然中与动物一起过着恬静的生活，给人一种波澜不惊的印象。

新莽淡绿色琉璃猪

又说造型。如此小巧玲珑的艺术品，工匠们似乎显得颇为吝啬，他们舍不得像雕龙画凤一样，每一笔每一刀就倾注自己的心血，而是在一个圆柱体的琉璃上给予了寥寥几刀，居然刻画出一个惟妙惟肖的艺术形象。正面看，它的双耳像水面的荷叶一样垂盖在头部，眼睛正瞄着前方，嘴巴微张，仿佛是一个蓄势待发的田径运动员；侧看，左右两侧各有一个变异的"2"字，勾勒出一双强有力的猪脚，似要奔跑，又似吃饱了席地而卧，连福带富，无忧无虑。较之那些做工精细、千雕万镂的艺术品，更有一种简朴之美，这就让我想起了一个成语：大道至简。

是的，无论简单的生活还是简单的艺术，都能带给人们一种轻松的惬意和一种朴素的启迪。人的一生，若能做到删繁就简，心静如流泉，就会拥有更多的幸福。

新莽陶屋

新莽陶屋正视图

在我的印象中，唐朝之前除了皇宫、寺庙、宝塔、楼阁之外，几乎是没有两层楼的民居的。如果汉唐题材的影视上出现两层楼的民居，基本上可以断定那是一个错误。没想到，眼前这件陶器却颠覆了我的记忆。

这是一座陶屋，脸上尽是沧桑。它像一个目光呆滞、身体羸弱、动作迟缓的老人，带给人许多联想。

1988年，在零陵古城的鹞子岭建设工地，发现了一批西汉和新莽时期的古墓。当时的零陵地区文物工作队和县级永州市文物工作队获悉后，开展了联合发掘。考古人员在一座新莽古墓中，出土了一批以陶器为主的明器，其中就包括这件新莽陶屋。

这是一座支离破碎的陶屋，破碎得让人心疼。大约是在出土时被建筑施工者不慎挖坏，尽管文物专家对它进行了修复，但依然难以掩饰它破碎的身心，似乎还能听到它低低的呻吟。我真担心它的定力，哪怕一股风，似乎也能将它吹倒。

明器是考古界的专业术语，也就是人们常说的阴间冥器。在秦朝之前，常把活人与实物随葬同死者一起埋藏。后来，改用模型来代替。汉代流行厚葬之风，以至于统治者不得不屡下禁止诏书。这些禁令，一方面刹住了埋葬的奢靡之风，另一方面导致一些死者生前不可能拥有的东西被做成明器来随葬。

至于新莽王朝，又称新朝，因为帝王叫王莽而得名。它介于西汉与东汉400年历史中间，从公元9年1月15日成立，到公元23年10月6日被废止，历时仅15年，是一个短命王朝。在我看来，它更像中国历史上的一朵昙花，存在的时间几乎可以让人忘了它的存在。但是，因为介于两个王朝之间，它为后世留下的文物倒还不少。

永州对新莽的记忆，就藏在那个时代的一些古墓里。1963年2月底，零陵李家园发现一座新莽古墓，出土器物计有生产工具、货币、生活用具和模型等。1988年和1998年，零陵鹞子岭两次发现一批新莽古墓，出土大量以陶器为主的明器。这件陶屋就是1988年发掘出来的，它通长24厘米，通宽26.5厘米，通高28厘米，总重量7.515千克。

看见它的一刹那，我脑海里就闪过一念：如果把它放大100倍，是否就是现代社会城市近郊的别墅，而令人充满向往之情呢？

可是，我们真的很难想象，早在2000年前，中国或者说我们永州（那时候叫泉陵侯国，属零陵郡）就有两层的房子了。

在我的印象中，古代民居之所以大多建一层，是因为有三大原因：一是古代没有建多层或者高层住宅的需要。土地在古代不是稀缺资源，单层民居结构简单、自重小、木材加工技术简单、取材容易，内部空间较大，采光通风较好，作为民居，平民百姓没有必要在高度上为难自己。况且多层木构建筑成本较高，使用率偏低。二是古人偏爱院落，没有院称不上宅子。而多层建筑不能满足对于院落的需求，所以相比在层数上做文章，古代的居民更愿意选择在自己的门头、牌坊以及内部装饰上花钱做文章。三是中国古代社会是等级森严的社会，高度和建筑颜色也可以代表权威，普通的居民不愿意去挑战权威，怕受到惩罚。

新莽陶屋侧视图

其实，两汉期间的民居规模均不甚大。考古发掘的洛阳西部之西汉早期住房，平面方形，每面长13.3米，围以厚1.15米之土墙。南墙西及西墙北端各开一扇宽2米的门，室内西墙下有一土坑。应该说，这只是比较小的住房。若论当时的中型住宅，四川成都出土的一幅画像砖刻，所描绘的中型住宅布局大致分为东、西二区，而以西区为主。其大门置于南垣西端，入内有前院，经内门达后庭。庭中建有三开间之抬梁式悬山建筑一座，室内二人东西对坐，当系宅中主要厅堂。东区之北辟庭院，院中建木结构三层楼阁。南端则为厨房与杂屋，并有水井一口。至于两汉期间的大型住宅，可从《后汉书·梁统传》对东汉大将军梁冀之宅第的记载中一窥全豹："冀乃大起第舍……殚极土木……堂寝皆有阴阳奥室，连房洞户，柱壁雕镂，加以铜漆，窗牖皆有绮疏青琐，图以云气仙灵。台阁周通，更相临望；飞梁石磴，凌跨水道。金玉珠玑，异方珍怪，充积藏室。"你看，多么气派的庭院！只是有一点，汉代的大型建筑极少在城内，大多出现在城郊。

那么，有人会问：古代的零陵（包括后来改称的永州）交通不便，经济相对落后，怎么会出现两层的民居呢？

说实话，我最初也存在同样的疑问。后来，经过研究便渐渐明白了。

我想说的是，这件陶屋，未必是民居，很可能是新莽时期零陵郡治或泉陵侯国里面某个官员或大户人家的房屋。否则，无论从财力来讲，还是从政治等级来讲，常人没有能力和资格来烧制缩小的明器和安葬成较大规模的墓。至于以前的零陵交通和经济状况，按照常人的推测，应该是十分闭塞和落后的。事实上呢？

有可能恰恰相反：零陵在秦汉时期因为地理位置的重要性，而且一度建设得相当繁荣。

据张泽槐先生著作《永州史话》记载：汉武帝征服南越以后，为了加强对南越地区的统治，随即在这一带建立起西汉中央政府领导的地方政权。元鼎六年（前111年）汉武帝置零陵郡，郡治设在零陵县（今广西全州咸水）。下辖7个县和4个县级侯国：零陵县、营道县、泠道县、始安县、营浦县、洮阳县、钟武县、泉陵侯国、都梁侯国、夫夷侯国、舂陵侯国。西汉末年，王莽篡汉，建立起短暂的新莽王朝。王莽为了笼络人心，自称虞舜后裔，以舜为远祖来维护自己的统治。居摄元年（6年），王莽绞尽脑汁在九疑山下修建了一座"虞帝园"，以祭祀舜。之后，又将零陵郡改名九疑郡，可见用心良苦。只是他万万没想到，封于今宁远柏家坪的舂陵王刘买的第五代孙刘秀，起兵推翻了新莽王朝，建立起东汉政权。零陵郡及所属各县也随之恢复原来的名称。特别是当时的泉陵县，因为经济发达，潇湘汇流，形成天然屏障，军事地位十分重要，故在东汉光武帝建武年间（25~55年），零陵郡治由零陵县移至泉陵县。从此，泉陵成为零陵郡的政治、经济、文化中心，也是历代兵家必争之地。

值得注意的是，西汉时期，零陵郡的面积约占今湖南境内当时4郡（长沙、桂阳、零陵、武陵）总面积的四分之一，但总户数和总人数的比重均排在4郡之末。到了东汉永和五年（140年），湖南境内建制郡仍为4个，总人口为2813266人。其中，零陵郡人口增至1001578人，首次突破百万大关，占当时湖南总人口的比重上升到35.6%，排位升至第二。

要知道，古代交通是以水路为主的，而零陵位于潇湘二水交汇处，地理位置的重要性可想而知。想当年，秦始皇修筑灵渠，也是为了方便运输军队和粮草。秦军借助峤道和灵渠之便，征服了越族，取得了军事上的胜利。汉武帝对南越作战的胜利，也得益于水上运输。可以想象，秦汉时期，在零陵境内的湘江段，一定是舟楫往来、百千帆影的。

在这种时代背景下，更何况有零陵郡治和泉陵县（曾为泉陵侯国）并存的基础，零陵焉得不出富贵人家？焉得不留下名门后裔？既然有富贵人家和名门后裔，他们去世后，焉得不成大墓？因此，说这件新莽陶屋是当时社会政治文化的一个缩影，自然也在情理之中。

仔细观察这件新莽陶屋，我感觉它像一个遭遇交通事故而导致骨折、碰落了门牙的老人，让人充满爱怜。这是一座庭院与干

新莽陶屋局部图

栏相结合的建筑，主要表现在它的屋顶是硬山顶，整座房子为前屋后院式结构，且大门安置在两侧，属于对称式进入。我们知道，在中国木构架建筑中，最常用的屋顶就是硬山顶，它的风格表现在屋面以中间横向正脊为界分前后两面坡，左右两面山墙或与屋面平齐，或高出屋面，这种风格在中国延绵了数千年，直到20世纪80年代末，在永州之野的一些农村，还在建设这类的房子。如果大家观察这件陶屋，不难发现它的屋顶前后坡度基本均匀，显然属于硬山顶风格。再仔细看，屋子为上下两层，上层为居家之用，中间为堂屋，两侧各有两间房子。其中，左边的房子上有5个长方形竖孔窗，每个窗孔像是少砌了两三块汉砖。五孔窗下，有刻画的菱形花纹，这恰恰就成了右边房间的窗户。对比起来，左边房间显得有些含蓄，右边房间显得相对开放，且通风条件更好。中间是虚掩的门，敞开两三分，门的上方居中有花纹，似有今天百姓人家门上贴"福"字的痕迹。下层的上面有两个长方形窗孔，下面有5个正方形窗孔，看起来为储存物品、关养牲口家禽或方便之处。侧面上面有双线，勾勒出房间的位置与柱子所在。屋脊下还有两个小窗孔，似乎通风之用。下面有一大一小两道门，左边向前的门较小，右边居中的门较大，似居家之人的进出口。后院居中有一处上盖与前屋的堂屋相连，廊屋底有穿孔，应该是上楼的阶梯和如厕所在。按照建筑学家的归类，这种陶屋属十曲尺形式房屋，在西汉晚期到东汉后期时曾广泛流行。此类房屋的出现，扩展了人们的居住空间，凸显了房屋功能分化。

应该说，这件陶屋的艺术特色很鲜明，不仅反映了当时人们的经济生活状态，同时也体现了潇湘地区汉代建筑的特点。

在中国几千年的历史中，瓦曾是重要的建筑材料，主要用于屋面防水。它的使用始于西周早期，到春秋末战国初，瓦的使用增多。而秦汉时期是瓦的发展兴盛阶段，由于制瓦技术的改进，生产规模也日益扩大，使得瓦的使用越来越普遍。特别是在江南水乡，鱼鳞瓦映着粼粼波光，成为中国古代乡愁的典型标志，也是中国水墨画的主要素材。而干栏建筑曾经是我国长江流域及其以南的地区的土著流行的建筑形式，永州之野的瑶族吊脚楼也属于这类建筑。它的出现与早期土著居民所处的自然生态环境息息相关。干栏式建筑的主要作用有两种：一是避潮湿瘴气，二是防止野兽毒虫的攻击。可以想象，在大瑶山深处，瑶民的祖先借助树木在其上筑屋来居住，最初目的就是避开地湿瘴病的侵害，并防止野兽毒虫的攻击，这就是后来干栏建筑的前身。后来，人们砍伐树木埋于地面作为桩子，在其上面搭盖住所，将"巢居"移至地面上，形成吊脚楼（干栏式建筑之中的一种）。而庭院式建筑，通常为皇室和富贵人家所拥有，主要是通过楼台亭榭和池水绿化来营造一种诗意环境。这件新莽陶屋的屋顶是瓦片，下半部分和后半部分又有些许楼阁和庭院之感，所以，我认为可以从中看出两汉时期建筑风格的演变，它是干栏式建筑和庭院式建筑的有机融合。

明器是生活实景的微缩。零陵鹬子岭新莽古墓能出土这样的陶屋，可以肯定，在零陵这块古老的土地上，确实存在过这样的建筑。它之所以由令人艳羡的建筑变为令人赞赏的明器，主要是由于两汉时期儒家"事死如事生"的丧葬观念的流行。那时候的人们认为，人的灵魂是不灭的，人死后只是到了另一个世界，死人有知，与生人无异，因而今生所需要的也是来世所必需的。所以，人们不惜花费巨资，多埋一些随葬器物，为死去的亲人营造舒适的死后世界。这便导致汉墓中随葬品种类愈加丰富，且形成生活化的趋势。

于电脑上反复欣赏这件新莽陶屋的照片，我眼前似乎复活了一个家庭的生活场面：一个在零陵郡或泉陵县下班后的官员，踏着落日余晖散步回到城外的别墅，他看见迎面奔来的小狗，蹲下身子将它搂入怀中，抱着它走进自己的房子，把它放进隔出来的狗窝，又看了看旁边的鸡圈，抓了一把谷子喂了喂鸡，然后从后面的楼梯走上二楼。而他的妻子，此刻正在辅导孩子读《诗经》《楚辞》，见他回来，赶紧去为他切茶，然后开始忙着做饭菜。而他坐在儿子对面，代替妻子继续辅导孩子学习。一股南风从菱形窗孔吹来，桌上的帛书轻轻抖动了一下，孩子用手按住，并对父亲发出一阵天真无邪的笑声……

是的，这是一个家庭幸福生活的剪影，点点滴滴，充满了温馨。

而站在陶屋外观望的我，仿佛成了站在两汉交叉路口的平民百姓，我艳羡屋内的幸福，想通过窗孔了解更多，而窗口却吹来那时温暖的风。

东汉双耳陶杯

东汉双耳陶杯正视图

　　当我审视这两只东汉双耳陶杯时，脑海里曾做了N个设想：如果不是当年零陵县第四中学那个名叫陈厂谷的人给湖南省文物管理委员会写的一封信；如果不是当年那些建筑工人们觉悟较高，立即暂停并给予所发现文物的及时保护；如果不是省文物管理委员会高度重视，立即派时年25岁的周世荣赶赴零陵进行查勘；如果不是后来省、地文物专家的通力合作，认真发掘及仔细考究，那么，这2件东汉双耳陶杯连同一起出土的诸多陶器、铜器、玉器等，都有可能被损毁，或散落到民间。

那是1956年2月底，零陵县第四中学拉开了扩建运动场的序幕。就是在扩建施工时，施工方发现了一座古墓，于是层层上报，到达省里。省文物管理委员会派出的专家周世荣，在零陵地区文物工作者的陪同下，立即对现场进行清理发掘。从现场发掘的痕迹来看，这是一个偏南北向的长方形砖室墓。那些砖带有许多X形的几何形花纹，如同浓缩的历史皱褶，既精美，又深邃。根据群众的反映，考古专家们在两天时间内就陆续发现了暴露在地面的古代砖墓24座，这些发现令他们感到惊讶和欣喜。他们按照发现的顺序进行编号，把第一座大型古墓编号为零文MO01号，在它的墓室内，出土随葬品大小共126件。其中，在墓室封口处，出土了一批陶器和金银器。而陶器包括陶遏9个，双耳陶罐2个和陶钵1个。后来，专家们觉得那2个双耳陶罐浅而敞口，从严格意义上来讲，更像杯子，于是改名为陶耳杯。

当我见到这2只东汉双耳陶杯时，已经是在它们重见天日60年之后。在永州博物馆展厅颇为幽暗的环境下，一束射灯照在它们疲惫的躯体上，如同在漫长的隧道里，聚焦两粒闪光的宝石。那种感觉难以言状，彼此相距似乎很远很远，令人无法触摸；却又似近在咫尺，能让人感觉到它们的心跳。

在我看来，这两只陶杯更像现代社会的小碗，有两只耳朵，显然是为了方便人们把它端起来。而且从中国人的传统习惯来看，需要双手端起来的杯子，主要用途是喝酒。考古专家善于归纳，也善于解释，他们根据国内众多的出土实物，把耳杯的前世今生搞了一个清清白白：耳杯，又称羽杯、羽觞，造型上为扁椭圆形，弧形壁，浅腹，口缘两侧各有一个半月形耳。它始于春秋战国时期，盛行于秦汉、魏晋南北朝时期，唐代以后就很少见到

了。耳杯的材质包括青铜、漆、陶、玉，它的用途除了饮酒，还可以作为盛放蘸料的盛器使用。

考古专家之所以敢这样断定，绝不是空穴来风，而是有历史文物可以佐证的：长沙马王堆汉墓出土的漆耳杯底部，分别绘有"君幸酒""君幸食"的铭文，意为请君饮酒、请君进食。而在一次

东汉双耳陶杯俯视图

展览中，徐州黑头山汉墓出土的铜染炉颇引人注目，上面就是一个用来蘸酱料的耳杯，这恰恰说明，耳杯是汉代流行的一种食用器皿。

说到耳杯的饮酒用途，还可以扯得长远一点。中国制酒历史源远流长，品种繁多，名酒荟萃，享誉中外。早在3000多年前的商周时代，人们就创造了酒曲复式发酵法，开始酿制黄酒。到了春秋战国时期，人们又从蒸馏技术中发明了白酒，刘向在他的《战国策》中记载很具体："昔者，帝女令仪狄作酒而美，进之禹，禹饮而甘之。"也就是从那个时代开始，产生并广泛流行耳杯。我想，那种时尚应该跟今天流行智能手机一样，是值得人们追逐的。

再后来到了汉代，喝酒十分流行，而且用酒量很大。汉代流行什么白酒，被后人误作奸雄的魏武帝曹操早就给了答案，他在《短歌行》里写下两行名句："慨当以慷，忧思难忘。何以解忧？

唯有杜康。"20世纪80年代末，我曾去过河南省的汝阳和伊川两家杜康酒厂，看见两县到处都是曹操的这两句诗。不少书本里，也写到中国的白酒是杜康发明的，或许，杜康酿酒是有一定根据的。至于汉代饮酒的盛行，《汉书·食货志》是这样形容的："有礼之会，无酒不行。"也就是说，没有酒就无法待客，不能办筵席。由于美酒的层出不穷，导致一些社会名流也加入到饮酒行业，自称酒徒者不乏其人。如有以"酒狂"自诩的司隶校尉盖宽饶，还有自称"高阳酒徒"的郦食其，就连东汉著名文学家蔡邕，曾因醉卧途中，被后人称为"醉龙"。汉代的酒文化，不仅表现在人们的行为中，也表现在诗赋里。对于当时的宴饮场面，汉代诗赋也有生动描写，如左思的《蜀都赋》写道："终冬始春，吉日良辰。置酒高堂，以御嘉宾。金罍中坐，肴槅四陈。觞以清醥，鲜以紫鳞。羽爵执竟，丝竹乃发；巴姬弹弦，汉女击节……"所以，以至于后来的很多诗人文豪，都羡慕汉代的君子之饮。他们饮酒不醉酒，而且载歌载舞，谈古论今，高雅至极。

晋代永和九年（353年）三月初三那天，一个名叫王羲之的内使，邀请了谢安、孙绰等42位亲朋好友（他们大多是军政高官）到一个名叫兰亭的地方举行修禊祭祀仪式。仪式完成后，王羲之

东汉双耳陶杯底部图

东汉双耳陶杯　　121

别出心裁地设计了一种诗意般的饮酒宴：请大家在兰亭的清溪两旁席地而坐，派人将盛了酒的觞放在溪中，由上游浮水徐徐而下，经过弯弯曲曲的溪流，觞在谁的面前打转或停下，谁就得即兴赋诗并饮酒。结果，有11人各成诗两篇，15人各成诗一篇，还有16人作不出诗，被罚酒三觚。更有趣的是，王羲之将大家的诗集起来，用蚕茧纸，鼠须笔挥毫作序，乘兴而书，写成《兰亭集序》，被后人誉为"天下第一行书"，王羲之也因之被人尊为"书圣"。

你看，一只小小的耳杯，可以承载多少文化，多少欢乐，多少逸闻趣事啊！

不容否认，王羲之组织的曲水流觞活动不仅成为千古美谈，还增进了大家对耳杯是饮酒用具的认知。只是，作为中国最古老的饮酒器之一，耳杯的来源似乎有点令人感到战栗。在一些考古专家眼里，耳杯的造型是脱胎于人头碗的造型，说明墓主人的身份十分尊贵。古代等级森严，作为"礼器"的耳杯，非常人可使用，必须随葬在高等级的大墓之中。

人头碗？是不是很吓人？

但在历史上确实存在着这类野蛮的记载。只是这样的野蛮，不是汉族的发明，而是匈奴的专利。用人头碗作饮器，源于匈奴习俗，属于阿尔泰游牧文化。也只有以征战掳掠为生的族类，才会产生出这样的文化习俗，其历史十分久远。

看着人头碗照片，我脑子里突然臆想出这样的画面：

在茫茫的大草原，一支马队快速奔驰，领头者背插弓箭，手里高举大刀，带着他的部下冲向不远处的敌阵。万马奔腾，刀剑乱舞，有人不断倒下，鲜血飞溅……当敌人纷纷溃退时，领头者将敌人主将的首级砍下，提起来挂在马上，带回部落，然后加工成碗，用来盛装祭品，以彰显自己的英勇与尊贵身份。

虽然这只是我个人的一种臆想，但也有一定的历史根据：1957年，考古工作者在河北邯郸涧沟文化遗址祭祀坑一侧的窖穴遗址中，一次性挖出6只这种人头碗，显然是被精心摆放过的，且是用于献祭的。《后汉书·西羌传》中也有这样的记载：当冤仇化解了结后，羌人就用骷髅头来喝酒，以示庆贺。

宋代是中国历史上最繁荣和强大的朝代之一，但它的没落令人十分心酸。史书记载，南宋灭亡后，羌人出身的元军大将杨琏真伽（耶律的异写）等人在宰相桑哥的支持下，两次洗劫宋六陵，将宋六陵全部盗挖，并废陵毁尸，彻底破坏。他们第一次盗掘的是宋六陵北陵区。杨琏真伽等带着人马涌入陵区，南宋守陵官罗铣竭力相争，不让开陵，盗贼拔刀相逼，罗铣无奈，大哭而去。杨琏真伽等人首先挖开的是宋理宗赵昀的永穆陵，棺中宝物被一抢而光后，盗贼们又将理宗尸体倒悬，撬走口含的夜明珠，沥取腹中的水银。之后，还把宋理宗的头颅割下来带到元大都中，命工匠制成酒杯，用为蒙元皇帝家庙中的祭祀礼器。直到元朝灭亡，这个头颅杯才被朱元璋带回南方安葬入土。

由此可见，人头碗的制作，直到元朝还在盛行。

我分析，甚至固执地推测，从人头碗到陶耳杯，主要是经历了材质和造型两大变化。从材料来讲，匈奴用人头制作碗，充满血腥，是文明的汉人所不齿的，因而改为青铜、漆、陶和玉。而造型的变化源自于陶器的制作。与陶质耳杯相比，战国和先秦时期的青铜耳杯，双耳不一定是平于口沿的，有些是贴在两边的，就像人的两只耳朵一样，不会与头等高。而在陶器的制作过程

东汉双耳陶杯局部图

中，大约是为了加快速度、提高产量和便于使用，或者还有其他鲜为人知的原因，就慢慢改成双耳与杯口平行了。

此外，说汉代耳杯来自人头碗，也可以在"卤"字本义上得到印证。"卤"字在甲骨文中就出现了，指一种祭祀方法，即用人头碗来祭祀。按照一些文字专家的分析，甲骨卜辞中的"卤"，可能指从人牲头上锯取头颅，盛上白花花的脑髓来献祭，也可能指把头盖骨锯下，加工制成嘎巴拉碗，盛上祭品献祭。这些虽然后人的猜想，但此物代表享用者的尊贵身份，则是毋庸置疑的。

耳杯出现于汉代墓葬中，与当时人们的人生观和世界观有关。在汉代人的观念中，人死了好像是沿着阶梯走进地宫去另一个世界继续生活，因此流行为死者配置一套生前日常生活所需的器具，即"事死如事生"。唯一变化的是，汉代一改以往随葬实物的传统，而是仿照日用器具制作专门用以随葬的陶质模型，就叫"模型明器"。耳杯，就是其中之一。

汉代酒器最基本的组合：樽为盛酒、温酒器，勺为挹（舀）酒器，耳杯则为饮酒器。这两只出土于零陵东门外原零陵县第四中学的东汉双耳陶杯，长13.2厘米，宽约11厘米，高4.5厘米，重225克，属于泥质灰陶，它们的体型如同一对孪生兄弟，但显得有几分小巧玲珑。这对东汉双耳陶杯，像两朵并蒂莲，开放在永州之野，散发出一种特有的气息。这不仅仅是湖湘大地的恩情，也是潇湘二水的浇灌，更是人间佳酿的滋润。令人感到心疼的是，它们的里里外外都显得十分斑驳，肤色如同耄耋老人，似乎在透露出仅有的腐朽生命气息。不过，从高处俯视，我感觉到似乎有一种白酒的气韵依然在里面流动着，汉代许多真实的生活场景也由此慢慢复活，我也似乎应邀参与到了一场2000多年前的宴会，不仅看到了那宴席上的佳肴，更闻到了那宴席上美酒的阵阵醇香。

东汉 "汉有善铜" 博局四神纹铜镜

东汉 "汉有善铜" 博局四神纹铜镜背面正视图

零陵古城内的东山，横贯于城池之间，绵长三五里，虽然海拔不高，仅百余米，但它的文化身高在省内没有几座山能与之媲美。就在这么一座小小的山上，居然建有两座庙：文庙与武庙，让文圣人孔丘与武圣人关羽比邻而居，这在全国都十分罕见，令人感到惊奇。

不过，在我看来，最让人感到心酸的还是零陵文庙的身世。她仿佛是一个迷路的小女孩，在潇水的两岸徘徊了很长时间，一直找不到自己的家。南宋嘉定初期，她还在城外的黄叶渡以西。元至正二十年（1360年），她好像一个懵懵懂懂的乡下孩子，带着好奇的眼光，首次闯进了零陵城内，栖居在城东。没想到建成不到8年，就毁于一场战火，而她就像一个冲锋陷阵的战士，突然昏迷在地。明洪武三年（1371年），昏迷多年的她渐渐苏醒过来，又趔趔趄趄地走到了城南。之后，她先是迁到城北一隅，后来迁到城东的康庄宅地，在这里歇息了将近200年，一直未再移址。明朝末年，一个名叫张献忠的造反分子，带着农民起义军攻打永州，好端端的文庙再次被毁，以至于整个城东的土地上，都是她呻吟时流下的痛苦泪水。当八旗子弟统领永州时，她曾于清顺治十四年（1657年）在旧址上重建。后来迁于千秋岭上的南渭王府地，在那里待了短短的36年。乾隆四十年（1775年）复迁到城东原文庙左侧高地（离原庙址约10余米），一直到如今。

　　我之所以不厌其烦地描述她在零陵城内外"流浪"时期的各个落脚点，是要提醒大家注意：最后这个落脚点后来曾发生了一件震惊湖南考古界的大事，至今回顾都让人为之惋惜或赞叹。

　　1956年2月27日，湖南省文物管理委员会接到零陵县一封来信，说他们在学校项目建设中挖到了一座古墓，里面有不少带有花纹的砖，同时还挖出一些坛坛罐罐之类的东西和铜器，希望省文物部门派人来看看。

　　这封信，如同一块磁铁，一下子吸引了管委会领导们的眼光。大家都知道零陵的历史，都期盼零陵出现考古奇迹。于是，经过会商，决定派刚从抗美援朝前线归来调入省文物管理委员会的周世荣去零陵调查。周世荣，1931年7月出生，湖南省祁阳县人，老家距零陵只有几十公里。相对于所里的其他人，他有地缘优势，对零陵的了解更多一些，因而成为第一人选。

时年25岁的周世荣，是一个很年轻的小伙子，因为在部队身经百战，转业到地方之后，依然保持着军人"一切行动听指挥"的作风，而且工作很积极。接到领导命令之后，他首先是开介绍信去车站买票，然后做了一些准备。无奈当时的交通条件十分有限，无论是火车还是汽车，班次都很少，常常要等很久。火车是烧煤的蒸汽机车头，每个小站都停，所以，当周世荣怀着激动的心情抵达零陵时，已经是29日。

在当地文物工作者的陪同下，周世荣到达了零陵文庙旁边的零陵四中运动场工地。

现场的情景如同一个颇为糟糕的战场，让他感到心痛而忧伤：墓室三分之一悬挂在山壁上，古墓的封土堆已不存在，墓口距地表约1米余，是个偏南北向的长方形砖圹墓。很明显，该墓已不能再保存。

大家经过简短的商量之后，决定立即进行清理。经测量，墓室长6.95米，宽3.3米，高1.98米。大家拿着工具，小心翼翼地进行发掘。经过大家5天半的艰辛付出，古墓清理完毕，出土随葬品大小共126件。其中，就包括这件东汉"汉有善铜"博局四神纹铜镜。

后来，经过仔细清洗和测量，发现这件东汉"汉有善铜"博局四神纹的铜镜，直径为19厘米，整件铜镜呈对称的博弈状，自外往里数，有9个层次的纹饰：第一层是圆形的双线边框，线与线的距离很近；第二层是动感很强的连弧纹，似石榴蒂，又似飞鸟，有的足或翼跨入第三层；第三层是双线圆点环，因为有足或翼的跨入，使得圆点有了依托感，更显美丽；第四层是半斜纹环，内外两环之间的空间处，靠里面的一半有密织斜纹，不仅增加了镜面的立体感，而且增强了中间镜钮的凝聚力；第五层是文字环，为小篆，内容是"汉有善铜出丹阳，左龙右虎辟不祥，昭爵玄武利阴阳，八子十二孙治中央，法象天地，如日月之光，千秋万岁长乐未央兮"；第六层是柿蒂纹，夹有四神，这件铜镜就是以此纹饰而命名；第七层与第八层均为正方形，没有什么装饰，两框之间是有12个圆钉，其中一钉损毁，每两个乳钉纹之间铸一个铭文，计有铭文12个字："子、丑、寅、卯、辰、巳、午、未、申、酉、戌、亥"，也就是十二地支；第九层是镜钮，圆形的，有孔，用以穿绳，便于拿取。远看，恰似铜镜的心脏，能让人听见它的心跳。

这是一件精美的瑰宝，也是东汉时期青铜器的一张底片。通

东汉"汉有善铜"博局四神纹铜镜背面局部图

过它，可以感知那个时代的余温，还有五彩缤纷的光环。它像一扇时光隧道之门，只要你推开它，沿着隧道走下去，就可以抵达1000多年前激情燃烧的岁月。

铜镜，是中国古代人的生活用品。据《说文》载"鉴，大盆也"。又《徐鉴》载："此亦盆盎之类，而施用各异，形制略同。鉴，古只作监，从皿，以盛水，因其可以照形，而监察之义生焉。其后范铜而用以照形者，亦谓之鉴，声转为镜。"从以上文字可以得知，鉴实际上是商周时期的一种盛水容器，装入水，其水面可以照人。铜镜，为其扁平化。就镜本身而言，是作为古人正衣冠、饰面容的生活用具，似乎没有太大的价值。只有镜背后那些精美的纹样，那才是真正的艺术，体现出古人非凡的想象力与创造力。

汉代是中国历史上的大一统时代，生活在盛世之中，社会生产力自然得到飞速发展。汉代铜镜成为汉代金属工艺中一个主要的品种，形制多为圆形。早期的镜钮有沿用了战国弦纹钮的痕迹，此外，便是圆钮。到了西汉晚期，以四神纹为主的规矩镜因为造型精美而成为主流，常见图案有四神、群邪以及各种飞禽走兽，栩栩如生。进入东汉，纹饰推陈出新，以连弧纹镜、变形四叶纹镜、神兽镜等为代表的纹饰成为时尚。这件"汉有善铜"博局四神纹铜镜，便是那个时期的产物。

"汉有善铜"博局纹镜，目前学界已有公论，其年代多为东汉早期，整体风格沿袭了新莽时期铜镜的特征。铭文中"汉有善铜出丹阳"一句，值得玩味。丹阳，就是今天的安徽铜陵，是汉代主要产铜地之一。汉时中国虽有不少地方产铜，然而却以铜官山所产的丹阳铜最有名。《古今图书集成·铜部艺文》中记载：

"古鉴铭：汉有善铜出丹阳。"又载梁简文帝诗云："戈镂荆山玉，剑饰丹阳铜。"由此可见，丹阳是先秦时期重要的铜产地之一，丹阳镜凭其优秀的质地和精湛的铸造工艺名冠天下。据《汉书·地理志》记载，在汉代的103个郡国中，丹阳郡设有全国唯一的铜官，监管铜矿生产。

至于博局纹，源自于一种游戏——陆博。陆博又名六博、博戏，是一种古老的棋戏，起源甚早，在战国时期已经相当流行。秦汉时期，博局成为官家和大众喜闻乐见的棋戏之一，因此，博局纹镜也成为汉代最流行的镜种之一。博局纹镜，又叫规矩镜，是西汉时期兴起的新镜种，盛行于新莽和东汉早期。历代都称铜镜上有"TLV"纹饰的为规矩镜，因为这种纹饰很像工具中的"规"和"矩"。并且"TLV"纹在铜镜上安排得非常有规律，一般在钮座外有一方框，方框的每一边中间是T，其对面是L，方框的四角则对着V。其实，六博戏又与古代占星术有关，反映了秦汉时期方术思想的流行。

四神，是4种被神化的动物：青龙、白虎、朱雀、玄武，它们是守卫四方的神灵。在中国传统民俗文化中，四神有祛邪、避灾、祈福的作用。春秋战国时期，由于五行学说盛行，所以《周易》中的"四象"（太阳、太阴、少阴、少阳）被对照龙、虎、雀和龟蛇，分别配色为青、白、朱和玄武。到了汉代，"四象"被道教神化，奉为神灵，所以"四象"也被称为"四灵"。

应该说，四神最初只是古人观察星象的方位划分（青龙的方位是东，代表春季；白虎的方位是西，代表秋季；朱雀的方位是南，代表夏季；玄武的方位是北，代表冬季）。后来，随着与人们日常生活的关系日益密切，四神也逐渐具备了生活空间地域的方位概念。其方位意识如诸多自然现象一样，慢慢融入中国传统文化的系统中。古人将四神纹应用在用铜镜上，不但使铜镜有一定的神圣性，还能更好地表达出人们的象征思想。尤其是作为祥瑞符号的四神，还有驱邪避凶、理顺阴阳的功能。古人将其神秘化，用在于军事上，就是一个布阵的方位图。

"汉有善铜"是个响当当的品牌，旗下的铜镜在国内出土较多，比如，1954年，长沙黑门槽2号墓就出土了东汉鎏金博局纹铜镜，马王堆西汉古墓也出土过博局纹铜镜；而甘肃省庄浪县永宁乡苏家河湾村于1980年出土一件新莽尚方博局四神纹铜镜，形制、铭文与零陵出土的这件十分相似。

除了考古界对博局纹铜镜很感兴趣，历代文人对此也有收藏雅兴。那位差一点就到永州任职的苏大学士苏东坡，也曾收藏过"汉有善铜"镜，《苏轼文集》"书陆道士镜砚"条目下也有记载。

如今，俯视这件东汉"汉有善铜"博局四神纹铜镜，如同俯视一个微缩的青铜镜世界，也如同俯视一个神秘的阵法。须知，九为最大数，也是古代兵阵中的常用数，变化多端。在九道层次之间，或者说在那些花纹、圆点、圆钉之间，似乎埋伏着千军万马，保卫着核心部位——镜钮的安全，无论外界力量从那里突入，都很难直抵核心。

在我看来，这件铜镜的亮点就在于镜背精美的纹饰。而镜面，因为长时间在地宫里遭受的腐蚀，变得有了几条纵横交错的线痕，好像因缺水而龟裂的土地。也许，就在那龟裂的缝隙里，藏有墓葬女主人年轻时的娇媚容颜。

从在这个角度来讲，这件东汉"汉有善铜"博局四神纹铜镜就是一位零陵古城记忆的收藏者，没想到她在地宫里一睡就是千余年。而在这千余年的时间里，地方官员又凑巧把零陵文庙移了过来，置于她的头顶，似乎起到了一定的保护作用。

文庙，在封建社会里是一县的最高学府，每年要在这里举行岁试和科试。然后，将选出来的优等学生送去参加在省府举行的会试。我不知道乾隆四十年（1775年）文庙复迁到城东这个位置以后，有多少在文庙里来来往往的足音，惊扰了文物们在地宫里的清梦。我甚至不敢想象，那些文物被施工者揭开头顶封土时的模样，是否显得十分慌张和不安？

而今，昔日的发掘情景早就成为渐行渐远的记忆。只有这件东汉"汉有善铜"博局四神纹铜镜的微笑表情，才是零陵古城永不凋谢的鲜活青春。

东汉刻神兽纹带盖铜樽

中国酒文化源远流长。尽管当今社会，由于交通工具特别是汽车的普及，加上各地创建文明城市，政府为了保障人们的生命财产安全，出台文件对饮酒进行节制，这是很有必要的。但在古代，诗与酒却是难解难分、浑然若一体的。对于豪饮的人，特别是豪饮的文人来讲，可能是倾注了更多的热爱。传说酒的发明者是杜康，后人为纪念他，把一种酒命名为杜康酒。三国时期的曹操，就有"何以解忧，唯有杜康"的诗句。其子曹植，也在《七启》诗里云："盛以翠樽，酌以雕觞，浮蚁鼎沸，酷烈馨香。"至于唐代的酒仙李白，自然有更多与酒有关的诗句了。不过，我留心了一下，发现李白在饮酒时常用一种酒器——金樽。不信你看，"人生得意须尽欢，莫使金樽空对月"（《将进酒》）"唯愿当歌对酒时，月光长照金樽里"（《把酒问月》）"金樽清酒斗十千，玉盘珍羞直万钱"（《行路难三首》）等等，就是最好的证明。

或许，自从问世那天起，樽就是酒具。考古发现，樽有木樽、陶樽、金樽、银樽和铜樽等。从材质来讲，木樽易朽、易毁于水火，而金樽银樽大多为皇室贵族和豪华饮酒场所拥有，铜樽虽然较为普遍，但时隔千年，今人也是难得一见。

不过，我们要感谢上苍的恩赐。因为永州人有幸，竟然出土了一件东汉时期的刻神兽纹带盖铜樽；因为永州人有幸，可以在市博物馆一览2000年前铜樽的绚丽风采。

铜樽正面图

1993年2月19日，对于世人来讲，这是一个非常普通的日子。但对于永州文物工作者来讲，却是一个值得铭记的日子。这一天，在距离江永县城60里外的上洞乡新宅村，村民钟基生在自家的责任田里挖鱼塘。挖着挖着，突然挖出了一团硬物。这是一个圆柱状的铜件，大约六七斤重。他用水洗去泥巴，发现是一件很精致的带盖铜器，可以用来装东西。后来，经过文物专家鉴定，这真是一件国宝——东汉刻神兽纹带盖铜樽。

这件浅绿色的铜樽，直径22.5厘米，高25厘米，重3550克，属盛酒器。该樽子母口，筒形腹，有盖。仔细观察，我们可以清晰看见，盖顶有一小半圆纽，纽套一环。盖中部有一道凸弦纹，纹上铸3只卧身反首小羊，盖中饰柿蒂纹。樽腹中部有一道凸箍，箍上有一对铺首含环，环上方饰饕餮纹。腹饰龙纹与云纹，近底部饰几何纹。兽蹄形足，饰熊纹。整体装饰富丽，形象生动，体现了汉代青铜铸造技艺的高超水平。

面对这件如此精美的铜器，我想我们需要分3层慢慢来解读。

先说樽盖。弦纹是古代陶器及青铜器装饰纹样之一。纹样仿佛时光之手在器物的颈、肩、腹、胫等部位绘出的单一或若干道平行线，这也是最原始最简单的纹饰。如果刻在青铜器上，仿佛青铜器凸起的筋脉。而柿蒂纹，如同柿子下部之蒂子，通常为四到五瓣，寓意吉祥。古人云："梦里乾坤大，壶中日月长。"酒器用柿蒂纹，肯定是寓意天长地久了。不过，柿蒂纹流行在先秦和秦汉，汉以后几乎销声匿迹，因为它改以服饰的形式进行流传，明代华服上就有柿蒂纹。羊，是一种动物，其种类很多，其中的麢羊，是古代神话传说中的神兽。传说麢羊跟普通的鹿和现在所谓的羚羊群居习惯不同，它个性独特，奉行独栖，晚上它会找一个安全的地方，把角挂在树木之上，身体悬空，以避天敌，故又叫悬鹿。我们眼前这件铜樽盖子上的3只羊，虽然角很短，但也是寓意吉祥。中国古代阳与羊同音，羊即为阳，3只羊在一起，就是"三阳（羊）开泰"。其实，整个樽盖上，最引起我关注的是三羊反身。它们似在互相关心、关注，且以圆纽为核心，代表一种核心意识。若人用手去提盖子，环的高度超过3只羊，又在盖顶，寓意高高在上。一旦放下，圆纽就低于3只羊。这就带给我一种臆测：圆纽象征刚刚登基的幼皇，而3只羊是忠心耿耿的老臣？幼皇始终为核心，因呵护而成长，最后高于3只羊。环的拎起与放下，影响到圆纽的高度，给人一种成也萧何败萧何的感觉，暗示任何皇权和政府都需要正能量的支持与支撑，否则，就是水能载舟亦能覆舟。

次说樽身。或许，我上面的臆测是有一些道理的。因为这件铜樽的腹中部有一道凸箍，箍上有一对铺首含环，环上方饰饕餮纹。腹饰龙纹与云纹，近底部饰几何纹。兽蹄形足，饰熊纹。外观装饰富丽，形象生动，不仅体现了汉代青铜铸造技艺的高超水平，也同样带给人们诸多启迪。

现代人常说，艺术源自生活并高于生活。而我想要补充一点：任何艺术更离不开想象力。大量的史实已经证明，古往今来，人的想象力无穷无尽，由此创造出了许多优秀的艺术作品和艺术形象。比如，饕餮就是古人发挥想象，把各种猛兽的特征融合在一起，便成了一种罕见的"怪物"。以今人的眼光来看显得颇为荒唐，因为世上不可能存在只有头而没有身子的动物。但古人就是这么想象的，饕餮没有身体，只有一个大头和一个大嘴，十分贪吃，见到什么吃什么，由于吃得太多，最后被撑死。饕餮由此成了贪欲的象征，故人们在制作青铜器时把它的面部设计得巨大而夸张，装饰性很强，并作为器物的主要纹饰。但是大家是否注意到了，它原来张开吃东西的口居然衔着一只坏，是否也有人类囚禁了它欲望的寓意呢？

铜樽俯视图

铺首衔环最早出现在商代，汉代的陶器、青铜器以及画像石、墓门以及棺椁上均有继承。它与祭祀有关，旨在与神灵沟通。很多时候，我十分钦佩东汉这件铜樽的设计者，他通过这种表现手法，仿佛在跟神灵进行对话：饕餮胃口太大，而且贪婪，我们有些害怕，还是把它的嘴锁起来吧。

这件铜樽腹部刻饰的龙纹与云纹，也是祥瑞的象征。龙，是四圣兽之一。中华民族自称龙的传人，龙纹也自然成了中华民族最吉祥、最神圣的纹饰。据考证，龙纹作为青铜器纹饰，最早见于商代。而云纹，是古代中国的吉祥图案，象征高升和如意，几千年来，被广泛装饰在古代建筑、雕刻、服饰、器具及各种工艺品上。至于几何纹，在青铜器饰纹上可谓后来居上。

再说樽底。这件铜樽的下面为3只兽蹄形足，饰熊纹。3只脚与盖上的3只羊，上下呼应。老子《道德经》曰"道生一，一生二，二生三，三生万物"，可见三有旺盛的生命力。而在几何学中，三点成一面，"三足之稳"乃是无条件的绝对之稳，任你凹也稳，凸也稳，平也稳，斜也稳，只要物体重心不离此三角形，即可处处得稳。这也是至今大地测量、长焦摄影都用"三脚架"的原因。关于兽蹄形足，既有图腾的成分，也有坚强的象征。至于熊，班固在《汉书·武帝纪》中记载，汉武帝说他在中岳嵩山亲眼看见了"夏后启母石"。颜师古给汉武帝的话加注解说："启，夏禹之子也。其母涂山氏女也。禹治鸿水，通轘辕山，化为熊，谓涂山氏曰：'欲饷，闻鼓声乃来。'禹跳石，误中鼓。涂山氏往，见禹方作熊，惭而去，至嵩山下化为石，方生启。禹曰：'归我子。'石破北方而启生。"《太平御览》卷五十引《山海经》曰："熊山有穴，恒处神人，夏启而冬闭。是穴若冬启夏闭，乃必有兵。"所以，在中国古代，熊更多是男性特质，代表着忠诚或对家族的拥护。

总的来说，江永出土的这件刻神兽纹带盖铜樽，如同一块新的里程碑，矗立在东汉青铜铸造史上。汉风吹拂，青铜器身上那些商周时期的诡异、神秘、狰狞色彩纷纷坠落成历史尘埃，取而代之的是注重写实、人性、自然、简约、质朴的艺术风格。不仅如此，制作工艺也摒弃了商周和战国时期的繁缛、华丽，彰显出复古色彩很浓的细线錾刻工艺，孕育成东汉颇为流行的祥瑞图。

必须承认，由于工艺的不断进步，中国汉代的青铜器实现了从装饰到实用的华丽转身。而类似永州江永县出土的这种刻神兽纹带盖铜樽，对后来盛酒器具的发展，起到了一个很好的推动作用。时至今日，即便在永州博物馆里，只要人们轻轻揭开它的盖子，仿佛就能闻到2000年前的酒香。那种甘甜醇厚的感觉，让人回味不已，久久难忘。

东汉潘利作半圆方格神兽纹铜镜

　　这世上的许多奇迹，都是偶然发现的。

　　1987年3月，当时零陵地区祁阳县大忠桥乡胜利村，一个名叫蒋绍宝的村民在俯身挖墙基时，赫然挖出一块铜镜。乍看，这块直径只有14.5厘米、重量只有475克的圆镜并不起眼，好像乡村人家屋脚一件常见的破铜烂铁。不过，经过清洗，人们惊讶地发现，这块铜镜呈圆形，中间有个半圆纽，根系在一个圆座上。座的周围，饰有人兽等纹，镜的边缘饰有雷纹。最令人惊奇的是，围绕仙人、神兽，居然还有12枚图章，每一枚图章都有铭文，连起来的内容是：潘利作镜，幽炼三商，周刻无极，配象万方，白牙禺乐，众神见容，百吉并存，服者吉羊，神福佑从，保子宜孙，位至三公，其师命长。

　　若干年后，当我在祁阳浯溪文物管理处欣赏这块古老的铜镜时，如同品尝一坛子陈年佳酿，竟然看得如痴如醉。特别是那些精美的纹饰，仿佛是一簇簇蹿腾的火焰，一下子就把我的思绪点燃。

　　我首先想到的是，这个名叫潘利的人，究竟是何许人也？他长得什么模样？身材是高还是矮？体型是胖还是瘦？与我们永州市祁阳县是否有联系？如果没有直接联系，那么又是谁把这块精致的半圆方格神兽纹铜镜带到永州来的呢？是官还是商？途中有什么样的故事？

遗憾的是，到目前为止，我们还没有发现任何相关记载。

或许，这一切，永远都是历史留下的悬念，永远都是后人无法解开的一个谜。

不过，从铜镜铭文的内容来看，我们可以想象到潘利制作铜镜的水平是很不错的。他是一个深藏不露的铜镜制作高手，在三商一带的知名度很高。至于这个三商，究竟在今天的哪个地方，也是很值得探讨的。例如：河南的商丘、商城、商水，陕西的商南、商州和商洛，山东的商河，等等。

据历代文献记载，商是中国大地上最古老的地名之一，最早出现在五帝时期至夏朝，因此也是华夏文明的发祥地。因为商朝的建立，

铜镜正视图

它也成为中国最早的建都地。尽管4000多年前的舜帝最终归葬于我们永州之野的九嶷山，但在尧舜时代，聪明的先民们发明了以火纪时的历法，那个名叫阏伯的人因为卓越表现而得到了一块封地——"商"，负责在那里祭祀火神。他在搞好本职工作的同时，曾筑了一个台子用来观察星辰，居然能测定一年的自然变化和年成的好坏，彰显出非凡的能力。阏伯死后，人们因为他很了不起，出于敬重，把他就地埋葬，称为"火神"。因他的封号为

"商"，世人也就称他的墓冢为"商丘"。时过境迁，成为河南省的一座古城。

中国的古地名和历史人物都充满传奇色彩。商的由来源于阏伯，他的后代叫"商族"。我想，大约是在阏伯死去2000多年后，东汉时期的铜镜制作大师潘利才刚刚出生。他对阏伯的好奇与追慕，就跟我们今天追慕他一样，只是一种远隔时空的精神仰望。

根据短短的48个字铭文，追根溯源，似乎颇为有趣。如今，我们虽不知潘利出身何处师从何人，但铭文已经载明：他喜欢在铜镜周边刻上无极图，并配上象征各地团结在一起的万方图。

"无极"，出自《老子·二十八章》："复归于无极。"本是道家的概念，指无形无象的宇宙原始状态。无极，也就是后来的太极。周敦颐《太极图说》一文里说得明明白白："无极而太极。"只不过，无极比太极更早。

根据历代各种文献记载，太极图旧传约有3种，按照诞生的顺序依次为："先天太极图""周子太极图""来氏太极图"。

传说伏羲氏用最简单的直线作记录，用一横（—）代表白色鱼为天名阳爻，用两条分开的横线（— —）代表黑色鱼为地名阴爻，运用这两种最简的符号按图画爻，创造出《伏羲先天太极八卦图》。天禧元年（1017年）出生于道州营道楼田堡（今永州市道县楼田村）的周敦颐在前人的基础上，结合月岩奇观悟道而绘成的《太极图》（后人称为《周子太极图》）排序第二。至于明代理学家、易学家来知德（1525~1604）所绘制的《来知德八卦四正综四正临尾二卦图》则排序第三。

让人感到蹊跷的是，后来的研究者居然没有一个人知道东汉时期的制镜名师潘利，更不知道他习惯在铜镜的周边刻上无极图。按说作为一代名师，潘利制作的铜镜应该较多，至少在他享誉的三商地区比较普遍，为什么其他地方却没有出土呢？

不过，由此可见，明末清初黄宗炎在所撰《太极图说辨》中所言："图学从来，出于图南……"和曾任福建师范大学教授、副校长的著名易学专家黄寿祺在其《周易译注》所说"宋以前的《易》注，未尝有图。自周敦颐传陈抟太极图并为之说之后，渐开《易》图之例"的观点，都是值得商榷的。

"万方"，出自《汉书·张安世传》："圣王褒有德以怀万方，显有功以劝百寮，是以朝廷尊荣，天下乡风。"潘利制作的铜镜，刻有各地诸侯朝拜图像，显然带有象征中央政府凝聚力的感情色彩。

至于"白牙禺乐，众神见容，百吉并存，服者吉羊"，我想，则体现了东汉时期的道教信仰。道教原本是先秦时期的一种学说，主要祈求是人们两种最突出、最普遍的愿望：一是成仙，二是长生不老，故而"众神见容"。至于仙人长得什么模样，当时的人们可以大胆设想。正所谓"一千个读者就有一千个哈姆雷特"，所以"百吉并存，服者吉羊"也在情理之中。

铜镜侧视图

东汉潘利作半圆方格神兽纹铜镜　　**143**

"神福佑从，保子宜孙"，似乎彰显了东汉时期崇尚孝道。须知汉代统治者提倡孝道，并奖励孝悌之行。《孟子·离娄章句上》中说："不孝有三，无后为大。"所以，类似"保子宜孙""长宜子孙"之类的祝福语，也就出现铜镜上，具有明显的时代痕迹。

"位至三公，其师命长。"彰显出一种官本位思想。试问：自古至今，有几个人不想高官厚禄呢？到了汉代，朝廷需要吸收更多的新鲜血液进入管理机构。虽然武帝时代的察举制度比较科学，但汉景帝曾采纳晁错建议实行入粟拜爵的举措，却导致当时人际交往中具有明显的功利色彩，许多人喜好与权贵往来。人们追求高官的思想意识在汉镜铭文中有很多反映，如"君宜高官""位至三公""长保官位""其师命长"等，就是汉代人们向往高官意识的直接体现。

毋庸置疑的是，无论从哪一个角度来看，人们都会被潘利所做的这块半圆方格神兽纹铜镜工艺所震撼。据近现代考古专家研究发现，两汉时期的铜镜铸造制作工艺，大致是将纯红铜和锡，或铅或锌，通过严格配比，进行冶炼溶化，再灌入模具。冷却后取出毛坯，再进行表面加工，特别是对表面进行涂锡汞，方可成为可照容的日用品。

如果用我们今天的技术来铸造铜镜，自然不会有什么困难。但是，我们想象那个名叫潘利的人早在2000多年前就能制作出如此精美的铜镜，就不得不让人佩服他的匠心独运。

我不知道，潘利是否像后来的曹操一样豪爽好酒，但我更倾向于潘利的节制与谨慎，否则，只要因为他醉酒失误，让某一道工序发生缺陷，不仅影响到铜镜的质量，更会影响他潘大师如日中天的名誉。

经验告诉我们，青铜作为一种合金，与纯铜相比，它的优点是硬度高、光泽好，能发出青光，可照容，以及抗腐蚀性能好。成书于春秋战国时期的《周礼·考工记》上记载："金有齐：六分其金而锡居一，谓之钟鼎之齐。五分其金而锡居一，谓之斧斤之齐。四分其金而锡居一，谓之戈戟之齐。三分其金而锡居一，谓之大刃之齐。五分其金而锡居二，谓之削杀矢之齐。金锡半，谓之鉴燧之齐。"这清楚地向我们传递了一个信息：当时的工匠不比现代人智商低，他们不仅知道青铜中的锡含量越高，质地就越硬，还能根据材质的硬度、韧度和光亮度，进行特殊制作。

　　还一点不能忽视，那就是铜镜一经刮磨后，便会获得一定的映照能力。我国两汉之前铜镜一般都是直接使用的，故映像效果

铜镜局部图

并非最佳。后来，聪明的工匠们对铜镜进行了一道特殊的表面处理，在其镜面涂上一层锡或者汞，让铜镜的表面成分变成含锡（汞）量较高而含铜量相对降低，并经打磨致光后，镜面变得明亮起来，光彩照人，顿生无限神妙处。

所以说，不管当今社会的科技如何飞速发展，古人的某些智慧，依然足令我们心服口服。

伫立在展柜前，仔细观察这块东汉铜镜，我惊讶地发现，潘利竟然大量地运用了圆规。从外沿往里数，至少有10个圆圈，分成四五个层次。此外，仙人之间有9个小圆圈，还有与图章数量对应的12个半圆。

中国人都知道一句老话："无规矩不成方圆。"其实，规与矩是两种不同的测量工具，前者用来测量方形物，后者用来画圆。"矩"，就是角尺，相传为伏羲发明。木工凭借矩，可以做出各式各样的桌椅板凳。至于"规"，是什么时代的什么人所发明的呢？《墨子·法仪第四》中有云："子墨子曰：天下从事者，不可以无法仪。无法仪而其事能成者，无有也。虽至士之为将相者，皆有法。虽至百工从事者，亦皆有法。百工为方以矩，为圆以规，直以绳，正以县（平以水），无巧工不巧工，皆以此五者为法……"

墨子，生活在春秋与战国之交。通过各地出土的文物及历史文献看来，圆规的应用至少不会晚于战国早期即公元前476年左右。

这块东汉铜镜名曰半圆方格神兽纹铜镜，图案结构十分复杂，非短时间内可以绘就。一般来说，方格和整层次的圆比较容易绘制，难点就在于等分的半圆。

146

众所周知，一个圆为360°。如果在制作铜镜时等分成12个内向连弧，则每两弧之间的夹角为30°。假如说，潘利所处的时代已经有了某种分度仪，用以在镜模上进行分度，自然不难。问题是，至今我们尚未见到任何文献有类似记载。

因此，我臆测潘利使用的是一只较简单的圆规。透过铜镜饰纹，我仿佛看见潘利用原始规，最初在一个圆上做出十字线。然后，他在十字线与圆的交点上再分出4条十字线出来。如此成倍复制，也就做成了12分点，每个分点画出一个小圆。然后，在铜镜核心画一个大圆，圆的周边刚好取了12个小圆的一半，使其内虚，形成内向连弧。再在每个内虚的半圆之间，饰以正方形铭文。这样一来，整个铜镜最难部分的雏形就出来了。

至于那一层又一层的圆圈，那边缘上的雷纹，那环形层次间虚实相生的V字形花纹，还有那些仙人和神兽，在潘利的精心构图和一丝不苟的绘制下，也就变得栩栩如生起来。

感谢东汉那个伟大的时代，感谢那个名叫潘利的人，为我们永州留下了一块如此精美的铜镜。在我看来，这块铜镜不仅可以照见人的容颜，还可以照见历史的背影。如果允许我以手抚摸，我想我一定能感觉到当年炉火淬炼的余温。

东汉滑石兽面具

1987年的某天，当时的县级永州市（今零陵区）一个考古现场，文物工作者正在小心翼翼地扒开古墓中一层又一层的黄土，那些旁观者的心也随着墓葬泥土的越来越薄也变得越来越紧张。终于，当一个鬼怪式的面具破土而出时，工作者和旁观者的心都一下子变得激动起来。

仿佛是一场千年的约会，一件近2000年"高寿"的国宝穿越时空，赫然落呈现在众人的面前。

该面具宽17.3厘米、高16.5厘米、厚1.9厘米，重843克。白褐色，兽面头插三个珠纹锯齿状和两个方柱状饰物，面形方正，面颊微隆，鼻梁瘦削与剑眉相连。双眼近三角形，两眼突出，阔口，上唇平直，口与面等宽，有9齿，两侧各有一犬牙，整个面部有4个圆形小孔。其面部表情夸张、肃穆、狰狞。

后来，据专家考证，这是一件东汉时期的滑石兽面具，而且极可能是永州本土的产品。

滑石，是一种常见的硅酸盐矿物，硬度较低，一般呈乳白色，让人感觉亲切。

自古以来，湖南就有丰富的滑石矿藏，而道县尤甚。清光绪《湖南通志·食货志》记载："道州出滑石。"道州就是今天我们永州市的道县，该县所产的滑石被前人载入了典籍。

　　其实，在我们湖南，除了道县之外，还有一些县市也产滑石。由于这种石质的硬度低，容易加工雕琢，用它来制作明器，是最理想的材料之一。凡是接触过滑石的人都知道，滑石经打磨抛光后，简直跟白玉一样，让人爱不释手，所以，聪明的古人常采用这种石头制成冥器，作为陪葬品随葬。

　　汉代是中国滑石雕刻的黄金时代。从新中国成立以来各地的考古发掘和调查来看，已经出土了大量汉代滑石雕刻艺术品，而湖南又是汉代滑石雕刻出土最多的省份之一。湖南的滑石兽面，多出土于湘西的溆浦、湘中的常德和湘南的永州一带。例如：1973年，常德郭家铺出土一件灰色滑石兽面；1977年，常德南坪

东汉滑石兽面具正视图

出土一件东汉时期的面具；1978年在湘西溆浦出土14件滑石兽面；2010年，在常德南坪再次出土一件面目狰狞的滑石面具。

当我把湖南出土的滑石兽面图片放在一起进行比较时，就发现这些滑石兽面虽细部稍有差异，但有一个共同特点：形制大体相似，且表情夸张，面貌狰狞。

为什么古人对兽类如此顶礼膜拜？甚至把它们作为图腾的象征呢？

这让我想起了2003年9月的一次采访。那次，我与长沙的几个专家学者奉命到怀化采访，在新晃、麻阳、芷江、沅陵、靖州、通道等地看了很多傩戏，自己从傩戏的面具中，产生了许多联想。后来得知，在怀化的一些县区，还存在着神秘的盘瓠文化。这也是上古流传下来的一种独特文化，最初与傩有关，后来慢慢渗入一些少数民族的精神深处，成为该民族的精神图腾和中华文化的重要组成部分。

傩，是中国一种古老的传统民俗及民间宗教信仰，最初的形式是傩祭，古人以自己特有的方式，表达自己对天地的敬畏之情。随着时间的推移，傩祭的形式不断变化，内容越来越丰富，特别是加入了一些具有浓郁民族特色和地方特色的表演之后，这就产生了傩戏。而为了维护傩祭的神秘与尊严，主祭者与谋划者就商议在傩戏的表演过程中，让那些参与者把面蒙上，也就产生了傩面具。

民俗研究者认为，傩面具起源于远古的中原祭祀，是一种驱鬼除邪仪式。其造型往往因角色的不同而有差距，通过对面具五官的装饰和变化来表现人物的凶猛、狰狞、威武、深沉、奸诈、滑稽、和蔼、慈祥等性格。后来，随着中原文化的南移，傩面具也就扩大到了江南地区。再后来，随着经济社会的发展，傩面具市场渐渐萎缩，仅存在于湘桂黔滇川一带的少数民族之中。

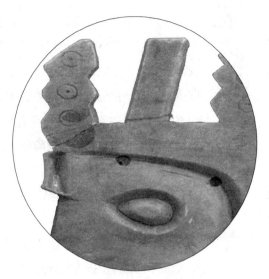

我国古代诸多的历史文献中，有不少关于傩戏的记载。《古今事类全书》载曰："昔颛顼氏有三子，亡而为疫鬼。于是以岁十二月，命祀官时傩，以索室中而驱疫鬼焉。"颛顼（前2342~前2245），是中国上古部落联盟首领，也是上古"五帝"之一，姬姓，号高阳氏，他是黄帝的孙子，昌意的儿子。颛顼生有一个儿子名叫虞幕，是虞舜的五世祖。由此可见，早在4000多年前的上古时期，颛顼身边就有了傩祭。《周礼·夏官》记载："方相氏掌蒙熊皮，黄金四目，玄衣朱裳，持矛扬盾，帅百隶而时傩，以索室驱疫。"也就是说，早在商周时期，为了在祭祀中获得强烈的效果，主持傩祭的方相氏佩戴"黄金四目"面具，用来驱邪。这可能是关于傩面具的最早记载。而宋代的高承曾编撰了一部专记事物原始之属的书，名曰《事物纪原》，书中载曰："周官岁终命方相氏率百隶索室驱疫以逐之，则驱傩之始也。"在他看来，驱傩活动最早是从周代开始的。

虽然以上3部典籍关于傩祭之始的时间有所差异，甚至是很大的差异，但有一点可以肯定，傩祭在上古以前就出现了。

永州本土德高望重的老作家李长廷先生在其新近出版的长篇小说《南巡志异》中，也记载了一些上古时期人们对鸟兽的顶礼膜拜。如："当初帝尧在位时，远方一个叫摭支的小国，特意来向帝尧进献一种瑞鸟，这鸟的长相有点怪，它有四只眼睛，因而叫重明鸟，又叫双睛鸟，外形看起来像鸡，鸣叫起来却似凤凰。据说它能搏击猛兽，还能驱除鬼怪，人们听说有这种鸟，心里都非常期待一见，有的人家甚至用木头刻了这鸟的形状，纳吉除凶。" "封豨氏是一个纯粹靠饲养猪发达起来的族团，也是一个奉猪为神灵的族团。"

由此可见，傩祭在中国的存在可谓历史悠久。

当时间的脚步迈入春秋战国时代，傩祭已经非常盛行，《论语·乡党》载曰"乡人傩，朝服而立于阼阶"，意思是说，孔子有一次路过某地，看见一群人正在寺庙行傩，孔子出于敬畏，就穿着朝服恭敬地站在台阶前观看。连大名鼎鼎的孔老夫子对傩祭尚且如此恭敬，至于平民百姓就更不用说了。

不但古文献有颇为详尽的记载，新中国成立以来，不少地方或出土或发现的面具实物和图像，也成为最佳证明。除了前面提到的湖南省滑石雕刻出土品，1959年，四川巫山大溪64号墓出土一件距今6000~5000年前的浮雕石刻人面；1973年，甘肃省永昌县鸳鸯池古墓出土一件距今4000年前的石雕镶嵌人面。此外，甘肃天水柴家坪出土陶塑浮雕人面、山东滕县岗上村出土的玉雕人面、陕西汉中地区曾发现一批商代青铜傩面具等，都是古时面具的代表。

综合上述文献的图片，从造型上来看，这些兽面的起源应该与傩面具有一定关系，因为傩面具与滑石兽面在造型上十分相似。

由此可见，面具丰富多彩、源远流长。它是伴随傩祭而产生的，也是傩戏中最早、最朴素的道具，更是傩戏的典型标志。这些面具大多为鬼面，脸呈椭圆，面目凶煞，眼中有通孔，可供舞者窥视。耳有穿，鼻有孔，五官位置与人面相近。有的造型更为怪诞，不仅有长角、大眼，还张嘴、露齿，面目狰狞，表情夸张。

记得那年在怀化采访时，当地的一位傩文化研究者告诉我们，跟方言一样，受地域、民族、文化等方面的影响，傩戏面具的造型、材质、色彩意象等存在许多差异。

或许，上古时期由于生产力落后，人跟动物相处相争的时间很多，在这个过程中，一些部落和族团出于自身的精神寄托，往往会将一些罕见的鸟兽或在争斗中有助于有恩于本部落和族团的鸟兽作为本部落和族团的图腾，因而视为神圣。有的则把几种鸟兽（例如：狮虎、鱼龙）的长相融合在一起，以求怪诞，达到恐怖吓人的效果。后来，兽面具被延伸到庙宇和官衙，甚至一些重要建筑的门环，旨在令人们对神灵、祭祀和官府、法律产生敬畏之心。

造型怪诞的面具，用于傩祭或傩戏都好理解。可是，为什么古人要把它们随葬入墓呢？我想，大概也是为了保护墓主人的威风与尊严，让他的灵魂不为鬼神所侵犯吧。

滑石雕刻是中国古代的传统艺术，有数千年悠久历史。而汉代，因为国家富强经济繁荣，而促成了艺术的繁荣，也成了滑石雕刻的黄金时代。永州出土的这件东汉滑石兽面具，就是那个黄金时代的杰出作品之一。

根据各地的考古记载，出土滑石兽面的墓葬一般规模较大，而且随葬品也非常丰富。按照常例，一座墓葬仅出土一件滑石兽面，但也有同时出土两件的。永州在西汉时期，曾建有泉陵侯国，鹞子岭一带曾发现大量的汉墓，这件东汉滑石兽面具的出土，似乎是水到渠成的事情。

东汉滑石兽面具局部图

仔细观察永州这件东汉滑石兽面具，不难发现，它至少融合了龙角、虎耳、豹眼、犬牙等多种兽形。乍看，它的外观似兽非兽，似人非人，或者说人兽兼得。因为它的鼻子、眼睛和嘴巴是人的模样，而头上所插的3个珠纹锯齿状和两个方柱状饰物，还有耳朵、犬牙，以及狰狞的表情，却是兽的模样。因此，你不得不佩服设计者的匠心独具。让人感到惊讶的是，它上面有4个不对称的小圆孔，估计是滑石兽面原本钉在棺椁的一端或两档上的，其用途是辟邪、防止妖魔鬼怪侵入到棺内来，以保护死者亡灵。须知，随葬镇墓兽保护墓主人不为鬼神所侵害，这种习俗在春秋战国楚墓中就非常流行。

我曾多次尝试从这件东汉滑石兽面具中寻找更多的秘密，无奈它身上所散发出来的阴气令人不寒而栗。但可以肯定的是，它是楚地遗风的一种延续。

大家可能熟悉佛教中的"开光"仪式，殊不知傩戏面具亦然。传说古时取用和存放傩戏面具，要分别举行"开箱"和"封箱"仪式。此外，还有许多讲究，比如不让女性触摸和佩戴，而男人一旦戴上傩戏面具，意味着已被神灵附体，不得妄动和妄语。另外，还有许多禁忌，显得颇为神秘。由此看来，制作一件兽面确实不易。

当然，任何艺术品的发展跟人的成长大抵相似，总是从蒙昧到萌芽，从发展到完善（成长到成熟），从完善到提升（成熟到提质）。滑石雕塑品也不例外。即便在某个阶段，一些雕塑作品显得粗劣，但也是一个时代的见证。后人从中可以发现那个时代的宗教信仰，图腾崇拜等历史痕迹。

毋庸置疑，永州这件东汉滑石兽面具为我们带来雕塑艺术审美的同时，也为我们研究那个时期的政治经济、社会发展和民俗等提供了真实的历史材料。透过这一件颇为夸张怪诞的兽面具，似乎让我们看见了近2000年前傩祭场上的精彩表演。那种表演，要么在豪奢的庭院，要么在简朴的乡间，但在我眼里，他们的精彩远远胜过当今社会那些明星的走场演出。

东汉白瓷碗

东汉白瓷碗正视图

　　与朋友到永州市博物馆参观，在整体光线较暗的国宝展厅里，透过射灯凝眸那一件件精美的文明瑰宝、文化结晶，看看它们的文字简介，再想象它们的沧桑历程，我心里就涌起一种与时间对话、与历史握手的感受。

　　让我感到惊讶的是，有的国宝乍看起来貌不惊人，或者说十分平凡，但它价值连城，身份令人感到震撼。比如，我后来在永州文物档案中看见的一只东汉白瓷碗，就属于这类。如果用常人的眼光来看，它可能是一只瑕疵颇多的碗：材质貌似平常，碗身色泽不匀，有色差，有近似人体老年斑的斑点，还有一条斜着的两指多宽的流水纹，似乎是烧制时火候控制不好所致，且碗底有4个小点（支钉痕）。如果隐瞒它的身世，以它这种"长相"而搁在乡下，很可能被老百姓用来喂鸡鸭。因为在农村暴殄天物之举司空见惯的，据说10多年前，一些爱好收藏的人到永州之野的某些古村以仅仅几元、几十元的价格收得了许多颇为珍贵的古董。幸运的是，这只同样来自永州之野蓝山县城郊的东汉白瓷碗，从它重见天日的那一刻起，就受到了文物部门的关注与呵护，从而免去了再度沦落民间之苦。

蓝山是永州市的一个辖县，与广东连州交界。这个县虽然面积小，产值也小，但你千万不要小看它。如果你说在许多地图上难以找到它的存在，它会说它拥有2200多年的建县历史，并且留有虞舜南巡的足迹；如果你说它资历浅，它会说竹管寺横江岨出土的石斧、石凿、石箭和陶片等文物可以证明，早在夏商前，县境已有先民在此生息繁衍；如果你说它履历简单，它会说它春秋战国时期属楚，汉高祖五年（前202年）建县，南平是它最早的姓名；如果你说它姓名和户籍单纯，它会说唐玄宗天宝元年（742年），以境内"山岭重叠，荟蔚苍萃，浮空如蓝"而更名为蓝山，隶属桂阳郡。之后，自宋至清，先后属桂阳路、郴州、桂阳府、衡州府桂阳州、桂阳州……中华人民共和国成立后，蓝山先隶属于郴州专区、湘南行政公署，后划归零陵专区、零陵地区和永州市。

是的，在永州现有的9县2区中，蓝山是一个规模很小的县。

但是，它地下所藏有的文物和历史秘密却不少，是我们不能忽视的，甚至可以说在永州文物史上占据着重要地位。

让我们把镜头往回倒推，还

东汉白瓷碗的流水纹

原一些它的惊人发现吧。据新浪网湖南新闻报道，2012年11月中旬，当年的初冬时节，一群考古工作者赶到蓝山县塔峰镇五里坪，对一处古墓群进行现场发掘。即便在初冬，有的人额上还冒出了些许汗水。原来，这里新近被规划为工业园区，施工时居然共发掘西汉早期至魏晋时期的古墓葬48座，这个数字在湖南考古史上是比较少见的，而且所发掘的墓葬和出土文物都有鲜明的湘南地方特色，似乎可以看出大约2000年前楚越两种文化在此碰撞交融的背影。

中国古代的地名很有意思，三里、五里、七里后面带店、铺、坪、坡之类的名字在全国许多地方都有。五里坪，这是一块貌似很普通的一片平岗丘陵，位于蓝山县城东北3公里外，因油茶松林连片、横直有15里而得名。所发掘出来的汉墓群，主要分布在原县氮肥厂和县变电站周围，以及附近村皮毛峰、凤凰拖尾等几处山林中。

再把镜头继续往回倒推到1984年，这是最早揭开古墓面纱的时间。那一年，五里坪的一个村民为了建房子，在挖基础时忽然

158

发现古墓，文物工作者得到线索，从中发掘出土陶屋等8件陶器。1987年6月，全地区进行地下历史文物普查，专家们在这里找出的古墓达11座，数量惊人。特别是9号墓室的墓砖文上有"熹平元年"字样，这就把墓葬的时间定格在汉灵帝熹平元年，即公元172年。

据昔日参与现场发掘的文物专家回忆和考古记载，在对这11座墓葬的清理发掘中，共出土文物81件，以陶器为主，有陶罐、陶钵、陶权、陶屋、铜镜、铁插、五铢钱等物。其中，一件白釉陶碗脱颖而出，显得格外引人注目，这就是本文的主角——东汉白瓷碗。

后来，经文物专家最终鉴定，这是一只瓷质碗，胎釉白中闪褐黄色，属早期白瓷。口径16厘米，底径10.2厘米，高8厘米，重645克，属盛贮器。碗圆唇，口微敛，鼓腹，圈足，内外均施黄釉，胎釉白中显黄，是白瓷初创时的佳作，最后被定为国家一级文物。碗底尚有4个支钉痕，仿佛是东汉时期的邮戳。邮差背着它，骑着驿马在石板路上平平仄仄穿越近2000年的风霜，才投递到了今天。

这是蓝山的荣幸，也是永州的荣幸，更是我们的荣幸。

面对这突然而至的汉代文明碎片，有人惊喜，有人赞叹，有人惋惜。而我为了追寻这只东汉白瓷碗的前世今生，费时查阅了许多文献。在追寻过程中，我几度迷惘，几度困惑，轮廓时而渐清晰，时而又模糊，由此进入了梦里寻他千百度的如幻境界……

大约是汉代的某些日子，在中国南北方一些为官方制作陶瓷的窑洞里，无数工匠正在围绕一些瓷器胎胚进行反复研究，而且表情显得颇为焦虑。他们之所以这样紧张焦虑，是因为前不久宫里传出了这样一句话："每年送进宫来的瓷器，都是千篇一律的色彩斑斓,真让人感到眼疲劳,难道你们这些工匠就不能动动脑子推陈出新?"宫里传出来的话未必就是圣旨,但至少代表了上层的某些意思。因此,如何改良技术烧制出新的陶瓷并把它们送到皇宫里去,就成了当时官窑工匠们的首要任务。他们由此进入了或团队合作、或独自钻研的竞争时代,他们都在绞尽脑汁力求创新,都想抢先博得圣上的赞赏与嘉奖。

花开花落,冬去春来。不知道过了多少时间,不知愁白了多少工匠的头,不知皇宫里更换了多少位主人,更不知大汉是否迁移了都城。反正,就在人们似乎渐渐淡忘这件事、工匠们对这个任务也逐渐麻木之际,一个或几个经验丰富的官窑工匠经过多年的探索,终于找到了一条陶瓷发展得新途径——白瓷。

这一发现,如同在茫茫黑夜突然看见了皎洁明月,让人眼睛为之一亮。原来,这位或这几位工匠通过大量比对,先是选择了一些含铁量较少的优质瓷土,制作出一批陶器胚子,放进窑炉里进行第一次烧制。等陶器定型后,取出来上釉,一种铁元素含量小于1%的透明釉,然后再放进窑炉里进行第二次烧制,而且温度达1200℃以上。这时候的陶器胚子,如同凤凰涅槃,经过高温大火的淬炼,脱胎换骨成一种高贵的瓷器新宠。

在我看来,白瓷的问世,带有一种返璞归真的味道,它如同一位田径健将,凭着自己的奔跑速度在很短时间内就把平时那些高贵典雅的青花和色彩艳丽的彩瓷甩开了一大截距离。虽然看上去没有彩绘瓷的斑斓花纹和艳丽色彩,但在朴实无华中,带给人们一种自然天成的美。

很多时候我在想,这位或这群发明白瓷的人究竟是谁呢?为什么各种文献中没有具体记载?假如当年有人像记录蔡伦改进造纸技术一样，记下改良陶瓷技术并发明白瓷的人或人群，把发明者的故事及其发明过程全部记下来，就会成为弥足珍贵的文献资料，今天的研究者也不用费劲脑筋去揣测了。

遗憾的是，没有，什么都没有。各种典籍关于白瓷的记载，都如同一张任画家发挥的白纸，令人无限遐思。

东汉白瓷碗俯视图

或许，由于各种原因，当时的文人视野和交往比较狭窄，像长期窝在山野窑炉的工匠一类的人，除非别有用心，一般是很难闯入文人视线的。好像那些人类历史上许许多多伟大的无名英雄一样，他们为人类的解放和进步付出了毕生精力和心血，最终没有留下自己的姓名。尽管如此，广大历史研究者和后人还是很感恩他们的。因为他们就像一粒粒碎石，铺成了人类前进的平坦大道；像一块块结实的砖块，叠成了人类眺望远方的万丈高楼；像一朵朵雀跃的浪花，簇拥成了波澜壮阔的美丽海景。

东汉白瓷碗仰视图

截至目前，永州境内发现的只有冷水滩窑（也称"永州窑"），存在于南朝至宋代之间。显然，蓝山县变电站施工时出土的这只东汉白瓷碗不是永州"土生土长"的。那么，它究竟出自于哪位能工巧匠之手？它烧制于南方官窑还是北方官窑？又是通过什么途径来到永州蓝山的？途中经历了什么样的波折？有哪些逸闻趣事？这一切都是谜。正因为这样的谜，就更增添了它的神秘魅力。

或许，它出自于汉代的某个著名官窑，也曾进入皇宫或王侯将相之宅，被一些贵族用来盛装米饭或白酒，最后因为"皮肤病"（碗身色泽不匀，有一条斜着的两指多宽的流水纹）被清了出来，由此落入民间。或许当时，碗身有一条斜着的流水纹就像今天的服饰一样，属于前卫、时髦，它属于高品位的种类，因为种种原因追随着主人到了永州之野的蓝山。

当然，这仅仅是我的臆测。也许，它的来历还有N种可能。

归根结底，天底下的事物总是不断变化的。文物也好，财富也好，江山也罢，每一次朝代的更替，就像一次地震，总会毁灭一些古旧的东西，也会催生一些崭新的东西。可能就在这一次次的"地震"中，那些雍容华贵的瓷器纷纷从历史的展架上坠落，跌入历史的裂缝中。个别幸免于难的瓷器，就像一片片落叶，被历史的风雨吹打得不知去向。其中，这只东汉白瓷碗，不仅盛装过汉时的白酒和米饭，也曾盛装过汉时的明月和风霜，兴许还盛装过汉时的欢乐和忧伤，而它最后像一片浮在湖面的落叶，被时光之水冲洗到了蓝山。

遗憾的是，它的主人把它当做了陪葬，从而让它一睡就是千余年。如果南平（蓝山）当年就把它戴在头上，它完全可以成为一顶光芒四射的皇冠。

晋人物马牛羊多格陶盘

晋人物马牛羊多格陶盘正视图

　　古老的村庄，绿树如茵，溪水流淌，一座石拱桥横卧溪上，光亮的青石门槛上，一群孩子在一起玩耍，一双双稚嫩的小手，在玩弄着黄色的泥巴。那些原本干硬的泥巴，被小手握着锄头从陡坡上挖下来，运到这里，再被浇上水，揉和成大小不等的泥团，继而被捏成一个个泥人和一只只的泥牛、泥猪、泥马、泥狗，当然还有一座座的泥房子、一棵棵的泥树，等等。这些都是孩子们最熟悉的身边风景，也是他们最初的记忆。捏好之后，小手把它们放在阴凉处吹干，然后拿起来静静欣赏，仿佛那泥土里散发出比糖果还要诱人的芳香……

对于40岁以上、出生在农村的人来说，大多数人都有玩泥巴的经历。尽管因为地理位置的差异和生活习俗不同，导致儿童玩泥巴的条件和方式也不尽相同，但玩泥巴带来的乐趣却是大致相同的。想想当年，我们虽然出生在那个物质匮乏的年代，但儿时的游戏花样百出，很多游戏至今回味起来还充满甜蜜。遗憾的是，我们玩泥巴时图的是一种开心，极少有人能想到把它变成艺术品，尤其是在穿越时空之后身价陡增的国宝级艺术品。

也许有人会惊讶地发问：泥巴能变成国宝？

是的，这世上很多国宝的本身材质并不值钱（如泥塑、木刻之类），而一旦经过能工巧匠的加工，就有可能变成价值连城的艺术品。比如，始建于唐贞观十年（636年）的天津独乐寺，其观音阁内须弥座上矗立着一尊高16米的彩色泥塑观音菩萨像，是我国现存最高、塑造时间最早的一尊泥塑佛像，风格古朴，举世无双，堪称我国古代雕塑艺术中的稀世珍宝。

而此刻，我眼前就有这样一个托盘，托盘有8个格子，格子里装着的就是由泥巴演变而来的人、马、牛、羊，还有勺子四类工艺品。根据文物专家的测量，托盘的通长为16.7厘米，通宽12.4厘米，通高2.7厘米，总质量大约600克，是晋代的陶器，专家们把它命名为晋人物马牛羊多格陶盘。由于人畜有些残缺，最后被评定为国家二级文物。而这套文物就珍藏在我们永州。

仔细观察，可以发现，这是由一个人物、一个牛头、一头牛、一匹马、两只羊和一只勺组成的"拼盘"。底部的"拼盘"像一座横在溪流之上的桥，跨度不大，弧度不高，好像保证水能从底部流过。而"拼盘"上面，就值得费些笔墨来描写了。那个人物，看起来是头小身子大，耳朵也大，手臂粗壮，而且是跪着的，双手似乎在捧着什么，像官府的仆人在喂牛喂马。虽然陶土显得有些许粗糙，但容易让人联想

晋人物马牛羊多格陶盘侧视图

到道县鬼崽岭的早期石俑，彰显出一种粗矿之美。奇怪的是牛，一头牛倒好理解，它的身高体重明显不同，比两只羊要高大威猛，还有角，居左手边，好像是整个方阵的领队。只是那一个牛头，有些让人难以琢磨。它只有从头到颈部，但又很大，甚至堪比那个陶人，好像被砍了头一样。它单独搁在一个方格内，似从地宫里冒出一个头来，在观察周边情况，而又突然遭遇不测，不知道有什么寓意，值得专家学者去揣摩。两只羊居中，造型各异，但都像山羊，颌下及颈部有一条肉垂，薄而弧，像半个扇面。一只羊的角微卷，目光看着前下方，似乎在寻觅可口的嫩草。另一只羊四腿叉开，尾巴下垂，有夹着尾巴逃跑的姿态，身上有伤痕，似被刀砍一样，让人感觉出它活着的不易。而那匹马，居右，比较瘦小，仿佛营养不良，或者说因长途跋涉而显得有几分疲惫。至于勺子，造型也很怪异，像一个烟斗，又像一个连接天池的拱桥，带给人无限想象。

令人惊讶的是，这么多的组件，总质量只有600克，其匠心可想而知。

其实，这套文物并不是永州的"土特产"，在永州的考古文献中委实找不到关于它的任何蛛丝马迹。馆藏记载显示为：采集。也就是说，它很可能曾是一个被文物贩子夹在腋窝下四处漂泊的"流浪者"，有幸来到了潇湘大地，并撞入了永州温暖的怀抱。当古老的永州以宽阔的胸襟将它接纳时，它好像一个流离多年的浪子见到久别的亲人那样，扑进亲人的怀里忍不住号啕大哭起来，那是一种辛酸，也是一种喜悦。良久，它还是保持着一副惊魂未定的表情，直到春去秋来，几度更替，它才感觉到永州古城的博大和包容，心中的那块石头终于落地，并在脸上露出幸福而陶醉的笑容。

可以说，这是一组微缩的精品，尽管它们的肤色有些斑驳，那些马和牛羊仿佛从历史的荆棘中奔突而出，导致身上伤痕累累，甚至有些残缺，但总的状态还是很稳定的，不需要进行修复，那股大无畏的英雄气概依然宛在，那种按照自己意愿而自由奔跑的精神依然宛在，于是给人们带来些许安慰。

晋人物马牛羊多格陶盘中的人物图

这组文物，乍看起来，真像一个微缩的盆景，娇小可爱。仔细一看，到处都凝聚着诗情画意的气息。那个托盘，制作十分巧妙，原本是笨拙的一体，可是工匠却有意识地把它一分为二，上面的方格似从底座削减出来的，切除了外面的边框，使之内陷。下面把底部掘出两条漕，制成金水桥似的，给人的感觉底部很薄。这样一来，既化腐朽为神奇避免了托盘的笨拙，又增添了整体的空灵与生动。特别对于上面众多的人马牛来讲，看起来底子薄弱的托盘就有了一种举重若轻的象征。

看见这套文物，我首先想起了晋代的大画家史道硕。在我看来，史道硕就跟这组"拼盘"一样，充满了悬念，没有人知道他是哪里人，不知道他在哪里。他有兄弟四人，都是以擅长绘画而出名。传说史道硕年轻时曾师卫协、荀勖，能得其似，善画人物及牛、马、鹅，有《金谷图》《七命图》《蜀都赋图》《三马图》《八骏图》《服乘箴图》《王骏戈船图》《梵僧图》《鹅图》《田家十月图》《燕人送刑轲图》等传世。江陵龙宽寺、剡中本纪寺皆有他的绘画。史道硕悟性很高，又勤于修炼，导致绘画水平直追二位师父，达到以假乱真的地步。后人评价他"意与神超出乎丹青之表，形与似未离乎笔墨蹊径"。

看着这组陶器，想起大画家笔下的马牛羊，让人感到无比的惊奇。我一直在想，是不是当时的工匠们出于对史道硕的崇拜，因而把他绘画中的某些人物和牲畜用泥塑的形式表达出来，再通过窑炉高温烧制，最终蜕变成高雅的陶器，承载着那个时代的温尔风雅。

晋人物马牛羊多格陶盘中的勺子图

当然，看见这套文物，我更想起了晋代著名的田园诗人陶渊明，并且坚信这套文物与他有些关联。

陶渊明是一个众所周知的人物，用当今世人的眼光来看，陶渊明确实有点傻乎乎的。他出生在浔阳柴桑（今江西省九江市西南）一个没落的官僚家庭，天赋颇高，从小爱好经书，29岁时曾出任江州祭酒，不久就辞官归隐。此后，反反复复做官辞官，让人云里雾里，搞不清他究竟图什么。如此玩世不恭地混了十几年，经济却每况愈下，甚至靠体力干活来养活自己。后来，在亲友的劝告下，他41岁时再次出仕，但官运如同昙花一现，他只做了80多天彭泽令。按道理他这个县令是可以做长久一点的，可是被他的牛脾气给毁了。在他做彭泽令时，上面派来一个巡查官，他的手下劝他束带迎接，以示敬意。他听了之后，大笑道："我不愿为五斗米折腰向乡里小儿！"年过40的他，如同孩子般任性，没有人想到，更没有人相信，他当天就挂冠回乡。一般人回乡就回乡吧，而他陶渊明不同，回乡之后立马写下了著名的《归去来辞》，表示归隐的决心。从此，他躬耕自资，一直到去世，成了精神上的高贵者，生活上的窘迫者，让后人既钦佩，又叹惋。

陶渊明的诗歌，对后世影响很大。通过陶渊明的一些诗歌，我们可以感觉到他为人的真诚与耿直，也能感觉到他辞官后的自由与洒脱。比如，他的《饮酒》第五首写道："结庐在人境，而无车马喧。问君何能尔？心远地自偏。采菊东篱下，悠然见南山，山气日夕佳，飞鸟相与还。此中有真意，欲辩已忘言。"又如《归园田居》第二首中写道："时复墟曲中，披草共来往；相见无杂言，但道桑麻长。"在《移居》中写道："农务各自归，闲暇辄相思，相思则披衣，言笑无厌时。"一首又一首的田园诗歌，不仅表达了陶渊明对污浊的社会的憎恶和对纯洁的田园的热爱，也表现了诗人和农民的亲切交往和真诚的友谊。我曾反复品读陶渊明的一些诗歌，眼里依稀出现了一个清瘦中年人背影，他头一天在南山种豆，第二天在东篱采菊；他一会儿除草浇水，一会儿跟老百姓交谈；他一会儿与朋友喝酒，一会儿独自品茗。种种迹象表明，陶渊明的生活似乎进入了他的理想状态……

其实，只要留心观察就不难发现，陶渊明的诗歌中还时常流露出委运乘化、乐天知命、人生无常和万事皆空等消极思想。因为他脑海里的理想人格是儒佛道三者合一，但他在人生实践中把道家之忘怀得失融入到了儒家进得修业之中，加上佛家思想的熏陶，便形成自己独有的刚正不阿、执着淡化的哲学思想，成为老庄思想的传承者。

辞官隐居后的陶渊明表面上是潇洒的，田园生活充满了诗意，但在他的内心深处，实际上是很纠结乃至有不少痛苦的。因为这世上很多事实，与他的想象差距太远太远。好在陶渊明能够及时总结，并进行自我升华。在明白自己无法变成当代庄子式的人物之后，只好将儒家的心志化为独善其身的品格。他像一个极度饥饿的旅行者，近乎贪婪地汲取儒释道三家的精华。经过不断地萃取、发展至矛盾冲突，他先是出世，后来入世，仿佛一个孤独的智者，端着一杯香茗，独自品味，独自感受，让心灵散发人品之美。后人评价，陶渊明的哲学思想是魏晋时期及流传后世的真正体现。此外，陶渊明与"竹林七贤"一起开辟出一种新的人格范式——魏晋风度。

理想的生活自然有理想的投影，陶渊明的田园生活被当时的能工巧匠以陶器的形式充分表达出来。那些马和牛羊，似乎就是曾经伴随陶渊明耕种和骑行的，最后被巧匠定格在托盘的格子里，并衍化成精美而又令人叹息的国宝。

南朝青釉覆莲纹兽首流瓷壶

　　如果隐瞒它的身份，仅凭外观来判断，我想大多数人可能会说它土得掉渣；如果把它置于乡下农户，很可能被老人家用来装酒或浇花；如果把它拿到都市里商场豪华的柜台上一摆，大多数人可能会说老板吃错了药，谁会买这破玩意。

　　是的，它似乎就是这么不耐看，不显眼，不吸引人，浑身沾满了腐朽的泥土气息。它像一个瓷器家族的弃儿，因为在外面流浪而导致衣着破烂；它像一个从战场归来的将军，浑身上下都是血迹斑斑的伤痕；它更像一个饱经沧桑的老人，脸颊上尚有一道道干涸的泪痕……

　　仅凭略显粗犷的外表，你固然有千万个理由抛弃它，然而，只要你将它清洗干净，像梳理受伤鸟儿的羽毛一样梳理它悠久的历史，你就会有亿万个理由珍惜它，并为它简陋的外表下所散发出的贵族气息而感到震惊。

　　你看它，白色的瓷质，才34厘米的通高，11.8厘米的口径，12.5厘米的底径，21厘米的腹径，体重更只有3460克，跟一个刚出生的婴儿的体重差不多，甚至就是小人国里的成员。但是，你会发现它那青釉开片是那样的美丽，还有喇叭一样的口、细细的颈、圆润的肩、收缩的腹、较大的平底和长柄。最有趣的是，长柄为实心，壶为圆形，上小下大，柄首与壶口连接处为爪形。流为兽首，腹部为刻化覆莲纹，属盛酒器。

后来，文物专家把它命名为"南朝青釉覆莲纹兽首流瓷壶"。

一位长期从事文物工作的朋友告诉我，兽首壶因器身饰兽首得名，最早出现于西晋的鸡首壶，由越窑首创。到了东晋时期，兽首由装饰性演变为实用性，兽首与腹相通可出水，短尾变成曲柄，以便捏拿。之后，兽首壶的器形多次变化，在唐初时被执壶代替，仿佛一个步履蹒跚的老人，被年轻强壮的小伙子推倒在地，再也没有爬起来……专家们断定，此器便是南朝时期的代表。

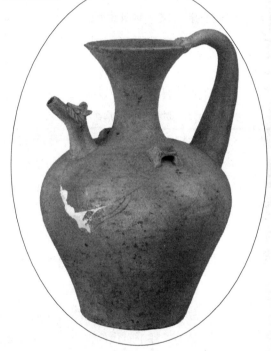

南朝青釉覆莲纹兽首流瓷壶正视图

如果把"人不可貌相，海水不可斗量"挪移至此来形容它，似乎没什么不妥。因为你根本不敢相信，就这么一把并不显眼的瓷壶，居然有那么大的来历！

翻开中国的历史长卷，我们可以得知，南朝存在时间大约169年（420~589年），它不是一个朝代，而是东晋灭亡之后隋朝统一之前存在于中国南方以建康（今南京）为都城的4个朝代的总称，有宋、齐、梁、陈4个政权。在我看来，那是一个风起云涌、兵荒马乱、战火连天的时代。因为4个

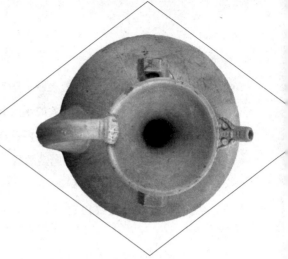

南朝青釉覆莲纹兽首流瓷壶俯视图

政权存在的时间都不长，都是在你争我夺中更迭的。短短的100多年间，就走马灯一样更换了4个王朝，老百姓的苦难可想而知。由于遗存的历史文献不多，相关的文艺作品也不多，故而造成了今人对那个时代的模糊印象。

提起南朝，人们恐怕首先会想到晚唐诗人杜牧的诗句："千里莺啼绿映红，水村山郭酒旗风。南朝四百八十寺，多少楼台烟雨中。"南北朝是佛教发展的一个高峰期，但大多寺庙毁于战火，故而杜牧有了"南朝四百八十寺，多少楼台烟雨中"的喟叹。只是关于那个时代的瓷器，到目前为止，似乎还没有找到什么确切的文字记载。

故而要想正确认识这件南朝青釉覆莲纹兽首流瓷壶的历史价值，还有艺术价值，真的不容易。因为人们对唐代之前的瓷器发展过程了解比较有限，而对唐代以后的瓷器似乎更加熟知。其实，从汉代烧制出真正意义上的"瓷器"到唐代"南青北白"格局的形成，三国两晋南北朝的瓷器发展历史是一段十分重要的过渡阶段，在这段时间里，瓷器的烧制技术不断发展，得到了质的

飞越，为唐代之后瓷器工艺的成熟奠定了坚实的基础。所以说，这件南朝青釉覆莲纹兽首流瓷壶是唐代瓷壶的爷爷的爷爷，甚至是往上N辈的爷爷，是它们的"老祖宗"。

在一个悠闲的下午，当我在零陵文物所里独自面对这件唐代瓷壶的"老祖宗"时，我突发臆想：假如它跟人一样有生命，而且能够说话和行走，在众人眼里，一定是一位历尽沧桑的老人。至于老到什么程度？众人可能有N种猜测，在我看来，至少是老掉牙、口齿不清、瘦骨嶙峋、走路不稳的地步。

也难怪它，能够孤独地穿越1500多年的风霜雪雨，能够越过那么多的沟沟坎坎，能够穿透那么多的日日夜夜，从南朝跟跟跄跄地走到今天，实在是一件很不容易的事情。至于墓葬的主人与它和其他出土文物是否有着错综复杂、千丝万缕的联系，只有岁月知道，星月知道，而我们无从知晓。我们所知晓的，仅仅是它重见天日的时间和地点，那就是2005年12月4日，在零陵学院（今湖南科技学院）南门附近的建设工地，施工人员发现几座南朝古墓，从中发掘出土一些文物。其中，就包括这件南朝青釉覆莲纹兽首流瓷壶。

也许，那个初冬原本是寒冷的，却因为南朝古墓的发掘和一些文物的出土，在那一瞬间居然就多了几分暖意。

据张泽槐先生《永州史话》记载：南北朝时期，零陵郡所辖范围与东晋时期相同，为泉陵、祁阳、应阳、永昌、零陵、洮阳、观阳7县。由于战乱，零陵郡仅剩下25100户，为东汉永和五年（140年）的11.8%。而且在刘宋永明元年（483年）、萧齐永元元年（499年）、萧梁大同年间（535~545年），零陵郡境内农民起义接连不断。就是在这样的背景下，前人居然还为我们留下了如此珍贵的一件青釉覆莲纹兽首流瓷壶，这不能不说是一件大好事大喜事。

而今，要想追溯这件青釉覆莲纹兽首流瓷壶的前世今生，感觉比较棘手。因为文献的缺失，我们只能根据当年的时代背景，描绘出一个大概轮廓。

既然文物专家已经确认它是南朝的青釉瓷器，而前面已经讲了南朝，那么我们现在就来谈一谈青釉瓷器。

青釉瓷器是中国古代瓷器中祖母级的产品，历史最为久远、体系最为庞大。在很长的时期内，青瓷等同于瓷器。直到那个跟它唱反调的白瓷出现并发展成熟，它在瓷器中的霸主地位才开始动摇。

讲瓷器必须言及"窑口"，窑口就是瓷器的产地，好比人的户籍出生地。考古专家根据历代文献和考古发现推定，2000年来，我国大江南北出现了众多窑口，这些窑口的崛起、发展和衰落各有早晚，各个窑口出产的瓷器也特点鲜明、各有千秋。我们熟悉的宋代"五大名窑"、江西"景德镇窑"，还有湖湘本土的"长沙窑""永州窑"，指的都是窑口。从这些窑口走出来的产品五花八门，丰富多彩。如果仅仅追溯青瓷，那么，只有浙江才算得上是青瓷真正的故乡。

浙江位于中国东南沿海，自古交通便利、经济繁荣。它是我国瓷器的重要发源地和主要产区之一，在中国的陶瓷界的地位举足轻重，不但瓷器种类齐全，有青瓷、白瓷、黑瓷、青白瓷4种，而且窑口有"越窑""婺州窑""瓯窑""德清窑"等几支派系，所生产出来的青瓷产品极具典雅、端庄、古朴、青淳之特色；白瓷产品瓷质细腻、釉面柔和、透亮皎洁、似象牙又似羊脂白玉，闻名遐迩；黑瓷产品釉面乳浊感强，发色偏灰暗，或偏褐色，或偏黄绿，让人爱不释手；青白瓷产品则为浅处泛白，层次感很强，令人遐思万千。

零陵出土的这件南朝青釉覆莲纹兽首流瓷壶，是越窑品牌产品鸡首壶的延伸。

越窑产地在今浙江省上虞、余姚、慈溪、宁波一带，其历史可以追溯到自东汉，至宋代才偃旗息鼓，时间跨度很大。经过三国、两晋的初级发展，到南朝时越窑已成为当时窑场众多、分布地区很广、产品风格一致的瓷窑体系，也是全国的主要窑场。以至于发展到唐朝，论工艺精湛，越窑居全国之冠。

南朝青釉覆莲纹兽首流瓷壶局部图

如果再梳理一下越窑青瓷，我们就可以发现它是青瓷中最具有代表性的种类之一，质量最优、影响最广，产品覆盖了茶具、酒具、餐具、文具、容器、盥洗器、灯具、卫生用具和殉葬用的冥器等，绝大多数用具种类繁多，样样齐备。

写到这里，我眼前忽然出现了一系列画面：一艘艘扬帆之舟，满载着精美的青瓷，从上虞、余姚、慈溪、宁波等地出发，沿着大大小小的河流溯流而上，或从宁波经海上运输抵达长江口，再沿长江溯流而上，抵达长江两岸的诸多城市，比如建康（南京）、浔阳（九江）、江夏（武汉）、巴渝（重庆）。其中，就有一些经洞庭湖进入湘江，抵达湖湘腹地，包括湘江上游的零陵郡……

从越地到楚地，虽然路途遥远，且在运输的途中有很多艰险，有可能造成倾覆损毁和人员伤亡，但再远的路途，都阻挡不了人们对美的追求和向往；再高的山和再茂盛的森林，都阻挡不了那些精湛艺术品太阳般的光芒；再长的江河，也阻挡不了舟楫奋进的风帆。

或许，就是在南朝的这个背景下，一艘船从长沙转运来了一部分甚至是很小数量的越窑青瓷产品。这些产品抵达当时的零陵郡时，就被官员商贾分享完毕。由于种种原因，它们绝大多数随着主人的消亡进入了土地深处，成为了古郡的历史记忆。

而2005年12月4日，注定是一个值得铭记的日子。随着挖机在零陵学院（今湖南科技学院）南门附近建设工地的挖掘，几座南朝古墓从睡梦中睁开了惺忪的双眼，它们抖了抖身上的尘土，便掉下一些诸如瓷器、铜器之类的随葬品。而零陵古城许多尘封的南朝记忆，都随着这些殉葬品尤其是这件青釉覆莲纹兽首流瓷壶的出土而被激活。

仔细察看它，发现它的确具备那个时代的瓷器特色。南朝时佛教盛行，莲瓣纹成为瓷器的主要装饰，而且釉色偏黄，开冰裂纹，容易脱落。我赞赏它腹部的刻花覆莲纹，把直线和弧线的变化演绎得那么完美。我赞赏它由下而上弯曲类似蜗牛头的长柄，可以感觉出它托起壶身的举力。我更欣赏的是壶嘴上的兽首，栩栩如生的它，仿佛在凝眸张望那个远去时代的背影，仿佛侧耳聆听那个远去时代的余音，仿佛张嘴叙说那个远去时代的秘密……

小小的一把瓷壶，应该见证过当时零陵古郡的风云雷雨，听到过农民起义军此起彼伏的呐喊，目睹过官吏的镇定自若或惶恐不安，还有战争所导致平民百姓妻离子散的苦难。

　　面对这件南朝青釉覆莲纹兽首流瓷壶，我为它出土时遭受的肌肤创伤感到惋惜，也为它的整体幸存感到高兴。我想，如果我们现在用这把青釉覆莲纹兽首流瓷壶，泡一壶茶来慢慢品味，从壶嘴里流出来的不仅仅是茶的浓郁芳香，更有1500多年前南朝当时的徘徊与惆怅。

唐瑞兽葡萄纹铜镜

唐瑞兽葡萄纹铜镜正视图

那天，与两个好友在永州街头散步，路过某酒庄，我们进去逛了逛。老板是个年轻的小伙子，见我们上门，十分热情，便指着架子上的各种葡萄酒和酒桶介绍起来，说这是法国最古老的罗曼尼·康帝酒园产品，这是法国最卓有声誉的酒庄之一拉图酒庄的产品，那是意大利最好的、也是最昂贵的葡萄酒之一阿曼罗尼，云云。听了他的介绍，另一个朋友忍不住地问："为什么都是欧洲的葡萄酒呢？难道我们中国的葡萄不能酿酒吗？"老板笑道："你讲这种话肯定是不喝酒的外行了！欧洲是葡萄之乡，所以也是葡萄酒之乡。"跟着，他又滔滔不绝地为我们介绍起葡萄的来源，说葡萄是常见的一种水果，而且"葡萄"一词是外来语的译音，是从希腊语"botpus"的发音演变而来的。葡萄酒最早出现在五六千年以前亚洲的叙利亚、伊拉克等地区，后来向西传入非洲的埃及和欧洲的意大利、法国等国，又向东传播到东亚。我忽然打断道："你好像扯得太远了，其实我们中国的葡萄远远早于西方的葡萄，不说别的，就拿我们永州市道县的玉蟾岩来说，它的植物遗存中就有野生水稻和葡萄。因此，我们永州不仅是水稻的故乡，而且还是葡萄的故乡。"那个老板听了，顿时语塞，而我们也笑着告辞了。

用专家的话来讲，永州之野道县玉蟾岩的葡萄是野生葡萄，西域的葡萄是人工栽培葡萄。说实话，对于这个观点，作为非专业人士的我并不太认可。众所周知，我们现在常见的或者常吃的一些动植物，基本上都是由野生被人类驯化过来的。尽管《诗经》里早就有"南有樛木，葛藟累之；乐只君子，福履绥之""绵绵葛藟，在河之浒""莫莫葛藟，施于条枚"之类的记载(葛藟，就是指葡萄)，但大多数专家认为，中国大地上现有的各种葡萄，都是汉代张骞出使西域带回来之后培育出来的。只不过由于时间和地点、土壤、气候等方面的变异，导致舶来品葡萄在中国也发生质变，并形成若干系列。

作为水果的葡萄，当然是可以吃的。可是，我还曾见过不能吃的葡萄，它是以艺术的形式出现的，就在永州博物馆的展厅中。它的名字叫唐瑞兽葡萄纹铜镜，是文物部门征集购买而来的。它不是永州的"土特产"，户籍至今还是一个谜。但它与永州的结缘时间却很清晰：那是1991年的某天，当时零陵地区文物部门的工作人员在文物市场与它偶然邂逅，被它独特的气质所震撼，它浑身精美的花纹，像恋人眼中的一道道电波，撩得人春心荡漾，工作人员心里一震，便花钱将它从市场买回，安置到后来建成的博物馆里。

这件唐瑞兽葡萄纹铜镜，重量375克，直径9.6厘米，厚度1.1厘米，为青铜质地，圆形，伏兽钮，外缘凸起，镜背中心钮为一伏卧的瑞兽，镜背以凸弦纹分隔为内外区，内区近钮处一周为海兽葡萄纹，其中4只海兽环绕镜钮，姿态各不相同。外区饰以姿态各异的禽鸟飞翔于葡萄叶蔓之间。由于采用浮雕技法，画面高低起伏，立体感极强。该镜保存完好，铸工精细，构图完美，纹饰清晰，瑞兽禽鸟生动活泼。造型生动，富有装饰性。

看见它时，我曾一度感到惊疑：一种来自西域的水果，是怎么被

唐瑞兽葡萄纹铜镜侧视图

工匠们运用到物件上而成为精美艺术的呢？

其实，这也是一种入境随俗的嫁接。随着时间的推移和中西文化的交流，葡萄纹饰像一个旅行者通过丝绸之路传到了中国。而中国的艺术家、工匠们把它与老百姓崇尚的瑞兽纹样巧妙结合起来，洋为中用，推陈出新，创造出一种新的装饰图案，并形成了自己民族风格的纹饰，并由此揭开唐代铜镜以花鸟为主题纹饰的序幕。

180

既然提到了瑞兽，那么，中国人崇尚的瑞兽究竟是什么？与西域的瑞兽有什么不同呢？

应该说，中国古代的瑞兽有很多，大致可以分为上古神兽、四神、四灵、九子等种类。上古神兽包括：水麒麟、赤焰兽、重明鸟、毕方、应龙，等等。四神包括朱雀、玄武、白虎、青龙。四灵包括麒麟、凤凰、龟、龙。而九子，是指龙生九子，包括赑屃、螭吻、蒲牢、狴犴、饕餮、趴蝮、睚眦、狻猊、椒图。这些瑞兽，无论是在官方建筑（比如说皇宫、王府、寺庙、塔、亭、台、楼、阁）还是在民间建筑（比如说私宅、祠堂、乃至墓葬）中，都可以见到。由此可见，中国的老百姓对神灵是充满敬畏的。而西方的瑞兽有独角兽、蛇、狮子等，它们主要表现在制作的小物件上，而建筑形式虽然有人面狮身等，但没有中国这么普遍。

回顾历史，葡萄的旅途却充满了艰辛。想象当年那个名叫张骞的人，带着百余人原本是奉汉武帝之命去西域联系大月氏共同夹击匈奴的，哪知道他们在经过匈奴时不幸被俘，张骞被羁押长达10年之久。后来辗转大宛、大月氏、大夏，才回到长安。虽然他没有完成政治使命，却在沿途结交了很多朋友，并对行经路线进行了详细记载。后来，他再次奉命出塞，带着人把大汉的丝绸卖到西域，又把西域的葡萄、核桃、苜蓿、石榴、胡萝卜等带回大汉，阴差阳错地形成了经贸联系和文化交往，后人沿着张骞的足迹频繁往返于汉唐与西域之间，便形成了著名的"丝绸之路"，一直影响到今天。

梳理那段历史，我的眼前常常出现这样的臆想场景：一支驼队行走在茫茫大漠中，疲惫的张骞带着他的上百随行，在向导的带领下，把一箱箱丝绸运往西域。他们一边走，一边询问，一边记录，对沿途的乡村、城镇和都城，还有民族风情等进行详细记载。当他们把丝绸卖掉之后，又从市场买回他们从未见到的葡萄、核桃、苜蓿、石榴、胡萝卜等物品（或者以物易物），然后原路返回。这些原本属于西域的物种，带着一脸的惊奇和迷惘，蜷缩在皮袋里，被搁在骆驼背上，随着叮叮当当的驼铃声，一步一步走向大汉。进入大汉辖区后，细心的张骞把一小部分物种拿出来，交给当地的民众种植。回到长安之后，汉武帝命令人将西域之物分散到各地进行种植，经过数代人的努力，于是有了新疆吐鲁番的葡萄、甘肃成县的核桃、新疆于田的苜蓿、安徽怀远的石榴、河北永清的胡萝卜……

出生于永州之野的理学鼻祖周敦颐有一篇传世名作《爱莲说》，里面写道："自李唐来，世人甚爱牡丹……"殊不知，唐人同样甚爱葡萄。在我看来，整个唐朝，是葡萄的唐朝；整个唐朝的味道，就是葡萄的味道；整个唐朝的光芒，也是葡萄的光芒。尽管有"一骑红尘妃子笑，无人知是荔枝"的传说，但在那个时代，却没有看到荔枝纹和关于荔枝的建筑。而围绕葡萄，竟发生了许多惊心动魄的事件，一些地方还以葡萄作为地名。《唐会要》载曰："破高昌，收马乳葡萄实，于苑中种之。并得其酒法，帝自损益造酒，酒成，凡有八色，芳辛酷烈，味兼醍醐，既颁赐群臣，京中始识其味。"可见葡萄是唐皇征战中的战利品，被带回宫廷种植并酿制成酒，犒劳群臣。而且，据统计，唐诗中写到葡萄的有64首，作者达37位，包括陈子昂、岑参、崔颢、王维、王绩、李白、杜甫、韩愈、柳宗元、刘禹锡等一代杰出诗人，"葡萄美酒夜光杯，欲饮琵琶马上催。醉卧沙场君莫笑，古来征战几人回？"（王翰《凉州词》）"西园晚霁浮嫩凉，开尊漫摘葡萄尝。满架高撑紫络索，一枝斜亸金琅珰。"（唐彦谦《咏葡萄》）"野田生葡萄，缠绕一枝高。移来碧墀下，张王日日

唐瑞兽葡萄纹铜镜局部图

高。"（刘禹锡《葡萄歌》）"筐封紫葡萄，筒卷白茸毛。卧暖身应健，含消齿免劳。"（姚合《谢汾州田大夫寄茸毡葡萄》）都是脍炙人口的诗句，是有力的例证。

至于铜镜，本来起源很早，殷商时期就有，到了唐代，由于太宗赞扬魏征，说："以铜为镜，可以正衣冠；以古为镜，可以知兴替；以人为镜，可以明得失。"因而更加流行。我们仔细观察这件唐瑞兽葡萄纹铜镜，不难发现，它由瑞兽和葡萄构成主体纹饰，高线圈分为内外两大区域：内区中为镜钮，周边4只各种姿势的瑞兽攀援葡萄蔓枝叶实；外区构图严谨，葡萄蔓枝叶与飞鸟、蝴蝶三者相间。另用三叠云纹、流云纹作为边缘纹饰，前者在内，后者在外。你看那柔长而富有弹性的枝条，缓缓舒展的花叶，硕大的果实与那栩栩如生的瑞兽、鸟蝶构成一幅魅力四射的图案。那葡萄，似有晶莹泛绿之态，那飞鸟与蝴蝶，栩栩如生，似乎要从铜镜中飞出来，让人赞叹不已。

在中国的文化史上，瑞兽象征吉祥，飞鸟象征自由，蝴蝶既象征爱情又象征福分，葡萄因果实繁多而象征"多子多福"。工匠们把中国传统的瑞兽纹与葡萄纹结合起来，大量地运用到铸镜

纹饰中，这是唐文化兼收并蓄特点的一个写照，也是大唐盛世时代精神面貌的直接反应。

如果我们从艺术审美的角度来审视这件唐瑞兽葡萄纹铜镜，应该还可以理解为：它彰显的是大唐盛世气象，蕴含着大唐的开放气魄和创造精神，并闪耀着人性的光辉。

唐朝是我国封建社会的顶峰，唐代瑞兽葡萄铜镜呈现出来强大的艺术表现张力，可谓厚积而薄发。其纹饰理性内敛和感性张扬兼备，既表现出一种务本求实的秉性，又为后人勾勒出一个盛世如何开创的宏大场面。在唐代，因为丝绸之路的延伸和玄奘西游，加上周边附属国的朝拜和西域的交往，使得唐朝的社会文化环境充满开放气魄和创造精神。而汉代以前的神兽纹饰及其衍生出来的唐代瑞兽纹，被赋予图腾化和符号化的气质，表达了人们的恐惧和膜拜的心理。

馆藏材料显示，这件唐瑞兽葡萄纹铜镜，最初被命名为唐海兽葡萄镜，我觉得更加名副其实。遗憾的是，瑞兽是哪一种，专家们并没有具体说明。乍眼一看，我原以为它是中国老百姓喜爱的狻猊，可是拿它跟铜镜图片对比时，发现它跟宋代《博古图录》中的"海马葡萄镜"十分相似。铜镜上的海马似狼似虎，似豹似狮，似马似狐，似羊似鼠，令人有一种扑朔迷离之感。尽管有的外国学者认为，中国人心目中的"海马"是古代伊朗与祭祀有关的一种神圣的植物——"Haoma"，但中国人却固执地认为，海马就是海里的马，代表大洋深处的神秘与福音。

唐代佛像折枝花纹金冠

唐代佛像折枝花纹金冠正视图

在中华民族五千年的历史长河中，有许多东西能穿越时空而光芒四射，有许多东西能自古至今造福于人们，有许多东西脉络清晰可以追根溯源。同时，也有许多东西因为记录的缺失而变得神秘莫测。

比如，我们永州就有一件国宝，至今还是笼罩着一层神秘的面纱。

众所周知，零陵古城东郊5里许，有一个行政村叫长古岭。却鲜有人知道，这个村里有一座山，由于土质原因导致树木比较稀少，宛如和尚之头，故名和尚岭。和尚岭虽然草木甚少，平时无人在意，没想到有朝一日它居然出土了一件顶级宝贝，并且由此载入永州文物史。

据文物工作者回忆，那是1991年农历八月初的某天，天气还比较热。他们忽然接到一个电话，说东郊的和尚岭发现一个古墓，里面有一副石棺，当地老百姓已在那里淘宝两天了。线索就是命令。文物所的工作人员不敢懈怠，立即出动，赶往现场。原来该村时任支书见此山比较光秃，于是承包下来种柑橘。在请人挖水沟时，无意之间就撬开了一扇通往大唐艺术宫殿之门。村民听说挖到了古墓，于是纷纷赶去，掘地三尺淘宝，挖出了一些文物。考古人员恪尽职守，对现场进行了保护并迅速拿出逐步发掘方案，从中挖掘出两枚乾元通宝和一块残缺的铜镜。根据工作经验，大家分析应该不止这些，于是决定从民间去寻找。时任永州市（县级）考古所所长化妆成普通百姓，走村串户，在一个村民家里找回一顶金光闪闪的头冠。文物所的人将它捧回去之后，放在文物中间，感觉如鹤立鸡群，格外引人注目。

根据同时出土的乾元通宝推测并经考证，这件金冠属唐代装饰品，黄金质地，黄色。口径15厘米，底径9.8厘米，重223.95克。该金冠由冠体与金钗两部分构成，钗素面无纹。冠体略呈银锭状，前部稍高，后部微低，上缘饰凸起细串珠纹一道，下缘两道细串珠纹之间饰由凹串珠纹组合而构成的卷草纹一圈。上下串珠纹之间饰繁缛的折枝花以及佛像和浮雕人物纹样。冠之前后部均饰一佛像居中坐于莲花座上，两边各有一组人物捧物侍立。

27年后，当我在零陵区文物局见到这顶金冠时，忽然想起两个字：缘分。

是的，作为一个市民，能够见到1000余年前的金冠，确实是一种缘分；而这顶金冠在地宫里沉睡了那么久，能够重见天日，也是一种缘分。

缘分带给我惊喜，带给我赞叹，也带给我遐思：佛教源自于西域，这顶颇具西域色彩的金冠到底是什么来路？

据现有文献记载，中国跟西域的最初联系始于汉武帝时代。在汉武帝执政时期，西北方向的匈奴颇令朝廷头疼。因为匈奴是一个游牧民族，擅长骑术，机动能力强，战斗力也强，曾多次将汉武帝曾祖刘邦派去的部队包了"饺子"，大败汉军，伤了汉

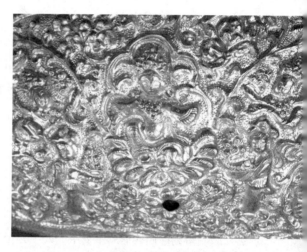

唐代佛像折枝花纹金冠局部图

朝的元气。由于连年征战，耗空国库，汉武帝就想恩威并施彻底解决西北方向的威胁。获悉本朝侍郎官中有一个名叫张骞的汉中郡城人，十分富有开拓和冒险精神之后，就任命他为领队，带领翻译甘夫和100多随从，携带大量丝绸，于建元二年（前139年）出使西域，历时13年而返，对西域各国有了初步了解。元狩四年（前119年），汉武帝再任张骞为中郎将，率300多名随员，携带金币丝帛等财物数千巨万，牛羊万头，第二次出使西域。张骞一行

不辱使命，偕乌孙使者数十人于元鼎二年（前115年）返抵长安。张骞是个值得铭记的伟人，因为他的两次出塞，踏出了一条汉朝与西域的商贸大道——丝绸之路，他的行为，也是中国最早的对外贸易。

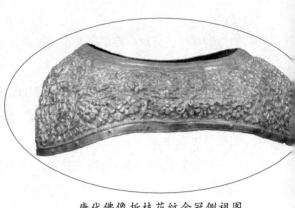

唐代佛像折枝花纹金冠侧视图

丝绸之路的畅通，不仅促进了汉朝与西域的经济往来，同时也促进了双方的文化往来。百余年后的汉哀帝元寿元年（前2年），一个名叫景卢的博士弟子奉命出使大月氏，其大月王派人对他口授《浮屠经》，这是中国人最早接触佛经的记载。又过了65年，到公元67年，汉明帝于某个晚上梦见了一个金光闪闪的活佛从西边走过来，他醒来之后就派人去西域，果然迎来迦叶摩腾与竺法兰两位高僧。高僧用白马驮着许多佛像和佛经来到洛阳，汉明帝见他们的形象跟梦中的人十分相似，于是下旨建房给他们居住，让他们一心一意翻译《四十二章经》，这就是现在洛阳的白马寺。

又过了600多年，到了唐贞观二年（628年），大唐高僧玄奘与弟子西行，历时15年，行程一万余里，终于从印度将657部佛经带回中土。本来跟佛教有些渊源的唐太宗，接见了玄奘，并下旨"度僧立寺，广事弘持"。

由于跟西域的贸易往来，唐朝的金银流通也很广泛。白银不用说，上至达官贵人，下至平民百姓都有。黄金除了装饰皇宫、在佛教场所用金粉涂装佛像和制成货币之外，更多的则是应用到了首饰上。在金首饰中，常见的有金簪、金钗、金耳环、金手镯，而且其制作加工技术变得复杂而精妙。有的装饰工艺技术已达到很高水准，并穿越时空一直沿用至今。

话又说回来，尽管唐代的金银首饰广泛流行，而金冠似乎很少见的。因为按照隋唐律令，金代表至高无上的权力，所以只有皇族、藩属国的国王或者对朝廷有重大贡献被朝廷奖赏的人才有资格佩戴金冠。

根据考古记载，中国出土的金冠并不多，除了1958年由中国科学院考古研究所在发掘北京市昌平县明代定陵时出土的万历皇帝金丝冠，2001年11月至2003年6月，考古人员在西安（西安理工大学曲江校区校园内）发现唐高祖李渊的第五代后人李倕墓，出土了一顶奢华的金冠之外，似乎没有看见其他记录。再仔细观看出土于

唐代佛像折枝花纹金冠仰视图

我们永州的这顶金冠，不难看出，其整体上不及皇冠那么庄重大气。从外观来看，像是女性头冠，让人想起过去那些大户人家信奉佛教的老婆婆，她们头上有的就是这种款式的帽子。不过，其工艺也算是相当精湛的了。

乾元（758年农历二月至760年闰四月）是唐肃宗李亨的年号，共计3年，是大唐的一个疼点，也是唐代由盛转衰的一个转

折点。在改年号的头一年，暨天宝十六年（757年），郭子仪率领军队收复长安，把唐肃宗李亨请回京城。由于中国古代帝王有这样的习惯，遭遇大灾大难之际认为年号不好，需要更改。于是到了第二年，李亨就把自己的年号改为"乾元"，希望图个好兆头。同时，为了筹措军费，填补财政亏空，肃宗根据御史中丞兼铸钱史第五琦的建议，下令铸造了"以一当十"的乾元通宝。

按理说，在那个战乱年代，连皇帝都被吓得四处逃窜了，极少有人敢享受如此奢华的生活的。问题是，铁证如山，与乾元通宝一起重见天日的还有这顶佛像折枝花纹金冠。

仔细欣赏这顶花冠的局部，我们可以看到，冠之前后部均饰有的那一佛像，面相饱满，体态丰腴，比例舒展匀称，结构合理，有血有肉，具有"环肥"的盛唐特色。就连两边那组捧物侍立的人物，也是面相饱满的，让人有一种梦回唐朝的感觉。

至于折枝花纹，是唐代出现的一种丝绸纹样。我想，这与丝绸之路有关。因为中国传统的云气动物纹样到魏晋时代已经僵化并衰退，当人们看见那些从西域来长安朝拜的使者和商贾时，从他们的服饰中受到启发，于是吸取了各种植物纹样的图案开始进行变化，并由此分出两条支流，其一就是向折枝花纹（另一支流是缠枝穿枝）。由于它带有写生型，容易被人们认可，所以终于成为唐代艺术的主流。正因为这样，所以不少唐代诗人在诗词中也提到了"折枝"，例如杜秋娘的《金缕衣》云："劝君莫惜金缕衣，劝君惜取少年时。花开堪折直须折，莫待无花空折枝。"李白《宣城送刘副使入秦》末句为："无令长相忆，折断绿杨枝。"唐彦谦有诗句曰："寻芳陌上花如锦，折得东风第一枝。"元稹《辛夷花》末句为："折枝为赠君莫惜，纵君不折风亦吹。"

郑遨《撷言》："抛芥子降颠狒狒，折杨枝洒醉猩猩。"

　　永州历来被称为南蛮之地，也是一个著名的贬谪地。只是在乾元之前，既没有荫封谁到永州为王，也没有著名的唐代人物被贬谪至永州。根据现有文献记载，最早来永州的官员也是广德元年出任道州刺史的元结（次年五月到任），再后来就是杨炎、阳城和柳宗元。这些官员都很清廉，不可能携带金冠，更何况他们都是在乾元通宝和金冠被埋入和尚岭之后才来永州的，所以，这顶唐代佛像折枝花纹金冠的出土，就让我产生了一个疑窦：如此珍贵的金冠，出自何人之手？怎么会埋在永州之野和尚岭呢？那个墓的主人又是什么样的身份？她凭什么能够佩戴如此珍贵的金冠？她跟京城长安和佛教有什么样的渊源？为什么永州的古籍中没有记载？长古岭，长古岭，究竟有多古？其地下还有多少秘密？

　　我以为，这顶金冠就是一件神美之物。它所折射出的光芒，不仅仅是金属本质的光芒，更是永州文化艺术的光芒。

宋代日月星辰八卦镜

提起诸葛亮，天下谁人不知？谁人不晓？

他头戴纶巾，身披八卦鹤氅，坐在四轮车上，手里挥着羽扇的形象；他娶黄承彦的丑女为妻和刘备为他而三顾茅庐、进行隆中对的传说；以及他舌战群儒、智辱仲达、草船借箭、三气周瑜、巧借东风、火烧赤壁、智算华容道、火烧博望坡、七擒孟获、智收姜维、七出祁山、遗计斩魏延等众多的计谋与智慧，传说他还发明了木牛流马、孔明灯，并改造连弩，使之一弩十矢俱发，死后显圣……诸葛亮的名字，如雷贯耳！

然而，就是神仙般的诸葛亮，居然与我们永州（原零陵）也有一段缘分。尽管时间过去将近2000年了，但透过历史文献的罅隙，我们似乎还能看见一个遥远的历史场景：

建安十三年（208年）的某月某天，一支玄甲长矛军纪井然的队伍快马加鞭从东北方向直逼零陵城。随着得得马蹄声，扬起一路沙尘。坐在队伍中马车上的是一位身高7尺5寸、手长耳大、双耳垂肩、双手过膝、年约47的异乡人。他就是刘备。在他身边的四轮车上，则是一位身长8尺、面如冠玉、头戴纶巾、身披鹤氅、手持羽扇、飘飘然有神仙之概的"参谋长"——军师诸葛亮。

八卦镜正视图

原来，赤壁大战之后，刘备取得荆州、南郡、襄阳，与众人商议久远之计。马良建议南征武陵、长沙、桂阳、零陵4郡，积收钱粮，以为根本。马良还建议，4郡之中先取湘江之西的零陵。刘备就调兵遣将，差张飞为先锋，赵云殿后，自己和军师诸葛亮为中军，率领人马15000浩浩荡荡攻打零陵来了。

抵近零陵时，诸葛亮率部迂回到城南10里处。零陵太守刘度之子刘贤与上将邢道荣率兵万余出城8里，准备拒敌。谁知双方一交锋，邢道荣就不敌赵云之勇，败退回城。诸葛亮挥兵追至潇水边，但见过河舟桥已拆，遂在南岸安营扎寨。后来，诸葛亮让粗中有细的张飞带着10多个扮成渔民的士兵，趁着夜色从濒临潇水的城墙脚下的一条水沟爬进城里，又派赵云率兵涉水过河，与张飞里应外合，攻入了零陵城。赵云斩邢道荣于马下，俘虏刘度之子刘贤。刘度见状，爱子心切，举旗投降。入城后，诸葛亮整顿秩序，严肃军纪。他走后，人们就在他曾经屯兵的地方建了一座庙宇来纪念他，叫诸葛庙。后来，这一带集聚了不少人，并形成了一个村子，叫诸葛庙村。

中国历史上有很多令人难以理解的东西。比如说，有的历史人物和古建筑、古石刻、古诗文之类的东西在一些地方文献中找不到记载，但这并不意味着它们不存在。以零陵古城周边的寺庙来说，诸葛庙就是被遗忘的一个。尽管它的传说很久远，但直到清代，在《康熙零陵县志》才出现记载："诸葛庙：在城南三里百家渡。易三接曰，不知侯何年入零陵郡，零陵人祠之到今不衰。祠制甚朴，有古意。庭堂楹桷不雕不饰，民思德而为之，无暇高羡也。后人因其制而弗敢更。祠在古樟树下，荫可数亩，而一枝远出舞如龙状。"同时，《康熙零陵县志》还载有两首诗，一首是蒋本厚的《谒武侯祠》："一江晴练泊寒川，祠宇萧森野岸边。怪石巉屼当水立，古樟拨濯与天连。纶巾握扇飞青羽，木马排门累绿烟。割去零陵成狡计，潇流遗恨自溅溅。"一首是蒋本生的《城南武侯祠》："古庙荒寒画亦孤，潇江风雨浸菱蒲。老樟酷似夔州柏，乱石如留鱼腹图。几叶灵旗颓画壁，十年蛛网冷村巫。知公曾作南阳隐，为问南阳似此无？"

八卦镜局部图

从以上记载可以看出，诸葛庙在古樟树下，规模不是很大，而且简朴。该村的老人回忆，以前诸葛庙坐东朝西，有山门、主殿、后殿和两间偏殿，主殿里有一个很大的诸葛亮塑像，诸葛亮的两边有高大威武的两个将军塑像，大殿里有牌匾楹联，还有好几块石碑。偏殿里还有一个木质诸葛亮像，是活动的，有机关，远远看去，诸葛亮端坐在那里，手里握着一把羽扇。香客若踏上像前的木板跪拜，木像就会嘎嘎嘎地站起来。人一离开，诸葛亮就会坐下去变成坐像。可惜，好好的寺庙在1973年"破四旧"时被拆除了。

20世纪80年代中期，零陵地区决定引进奥地利伊林公司的水利发电机组建设南津渡水电站。在修建电站进站公路，施工人员在诸葛庙遗址上推土时，发掘出一块日月星辰八卦镜。

后来，经文物专家考证，这是一块宋代的铜镜，黑褐色，直径达32厘米，厚1.1厘米，重3055克。镜圆形，半圆钮，绕半圆钮饰日、月、星辰图案，其外八卦图案环列一周，又一细弦纹绕其外。该铜镜为湖南迄今出土大直径铜镜之一，国内也仅广州南越王墓考古出土的铜镜直径（41厘米）超过它。

日月星辰八卦镜的出土，可以证明至少在宋代零陵就有诸葛庙存在。

其实，八卦阵是由太极图像衍生出来的一个精妙阵法。古人云："太极生两仪，两仪生四象，四象生八卦。"传说伏羲为天下王，他向外探求大自然的奥秘，向内省视自己的内心，终于推演出了太极八卦图。后来，黄帝从《易经》中得出的"握奇阵"，其实也是八卦阵的雏形。战国时期的孙膑，也曾研究并运用八卦阵，他按休、生、伤、杜、景、死、惊、开设立8门。只有从正东"生门"打入，往西南"休门"杀出，再从正北"开门"杀入，才能破阵。而到了三国时期，诸葛亮创制的"八阵图"，不仅吸收了孙膑和道家八卦的排列组合，还兼容了天文地理。他创新的八卦阵有8个独立的阵法，既可独立，又可以合一。每阵8

队，8阵共64队。8阵之外，另有少部分兵力为游军，也就是机动兵力。他在阵地中间加上了指挥使台，由主将居高临下随机应变指挥。8阵中4阵即为正兵，其余4阵为正兵之中的奇兵，而且不断变化，正兵可以变为奇兵，奇兵也可以变为正兵。这样一来，整个八卦阵变得更加灵活与复杂，无人能破，成为古代不可多得的作战阵法。

即便八卦阵如此神奇诡秘，除非到了万不得已的地步，诸葛亮也不会使用八卦阵。据说历史上他仅仅用了这个八卦阵两次。第一次是在刘备入川的时候，第二次是他北伐时与司马懿对战、两人打赌斗阵时，结果都令对手损失惨重。

由此可见，经过诸葛亮改良的八卦阵，确实太厉害了，无人能破。所以，杜甫诗曰："功盖三分国，名成八阵图。江流石不转，遗恨失吞吴。"元稹也赞曰："凛凛出师表，堂堂八阵图。"

只是让人感到蹊跷的是：八卦阵既然有如此威力，为何后来没有人敢用了呢？

八卦镜侧视图

原来，八卦阵的最终核心是讲究协调与速度，其难度在于训练和使用上。你想想看，让几千乃至几万人熟练掌握众多队形的变化技巧，并且在战斗中有条不紊地执行，可以说是相当难的。除了依赖于长时间的娴熟训练，还必须依赖严明的纪律、高效率的通讯和灵活正确的指挥，缺一不可。所以，唐代军神李靖一语道破玄机：八卦阵是一门奇阵，它是变化多端的，虽然它很容易布置，但是却不容易被指挥，能够指挥八卦阵的人，必须具有非常高的军事素养和临场应变能力，同样还要具备极高的局势预判能力。

千百年来，神奇诡秘的八卦阵，曾带给许多人揣测、沉思与感慨。

2017年，当我站在永州博物馆展柜前俯视这块数百年前的铜镜时，感觉如同站在高山之巅俯瞰平地上的一个偌大战场。那些由冰凉石头摆成的八卦阵，在日月光华的映照下，表面上显得十分平静。凝眸处，忽闻马蹄声声，从远处一前一后开来两支队伍。前面逃跑的队伍人数不多，十分狼狈，旗号是蜀；后面追赶的队伍颇为庞大，旗号是吴。两支队伍相距较远。当蜀兵穿过阵地时，一切安然无恙。而吴兵进入时，位于八卦阵中的指挥台上，突然显现一位头戴纶巾、身披鹤氅、手握羽扇的人，他看见贸然进入的吴军，脸上微微一笑，将手中的羽扇轻轻一挥，众多石头顿时化成千军万马，将吴军团团围住。吴军陷在阵中，左冲右突，找不到方向。那人手中羽扇又一挥，顿时狼烟四起，金戈铁马，各种刀枪剑戟自烟雾里杀出，更有如雨矢箭，打得吴兵鬼哭狼嚎，四下逃串。

偃旗息鼓，烟消云散。那挥扇者的笑容最终化作蓝天上的一朵绚丽白云，随风渐渐远去。而那些折戟沉沙的历史记忆，则长成一朵朵鲜艳的山花，在阳光下显得格外美丽。

俱往矣。或许因为长期潮湿的缘故，这块宋代日月星辰八卦镜的表面有些生锈了，给人一种沧桑感。但我想，诸葛亮的智慧不会生锈，中国的传统文化也不会生锈。这世上只要有太阳的光芒，就会有文化的力量。

宋"宝祐三年"铜锣

　　一个春光慵懒的下午，在电脑前爬格子爬到有点眼疲劳的我关掉电脑，走到阳台上远眺了几分钟，然后回到客厅的沙发上坐下小憩。朦胧间，就听到了一阵铜锣声。

　　循着铜锣声，我眼前蒙太奇般地呈现出一个气势恢宏的战场：在鼓角齐鸣的声音中，交战双方穿着铁甲，拿着武器，策马扬鞭，摇着旗帜，混战在一起，马上马下，斗得你死我活。随着时间的推移，其中一方鼓衰力竭，将士纷纷倒下。于是，统帅决定撤退，指挥旗一摇，就将衰竭的鼓声变成了洪亮而强烈的铜锣声，而己方将士在听到铜锣声之后，依次撤出战场……

　　循着铜锣声，我眼前又出现了一个乡村场景：在湛蓝的天空下，在清清的潇水之滨，在一个临水的古村，忽然传出一种敲锣打鼓的声音，同时还有鞭炮声和唢呐声。伴随着这交汇在一起的立体声，一群穿蓝色印花布衣裳的农家女搀扶着一个头顶红色头巾的新娘，从她的家门走了出来，跨上久候在门口的轿子，随着骑马的新郎缓缓走出村庄……

　　循着铜锣声，我仿佛突然置身于一个剧院，欣赏祁剧表演：

我看见舞台上的演员在柔和的灯光下，在铿锵激越的铜锣中，把唱、做、念、打发挥到极致，因而获得台下一阵阵喝彩声……

然而，当我循着这铜锣声，追寻到30年前零陵古城南郊的油山岭时，我的心灵才为之深深地感到震撼。因为在这里，我看见了一道穿越时空的艺术光芒。

油山岭是一座大山的乳名，她在《永州府志》和《零陵县志》等典籍中的书名叫崴峰岭。那是1989年一个普普通通的晴朗日子，一群当地的老百姓兴高采烈地在修建水利。当大家挥着铲子、铁镐、锄头之类的工具在挖渠道时，一个村民的锄头突然碰到了一个圆形的金属物件，"哐啷"一声，他感到有些奇怪，便俯身用手指小心挖掘。当一层层泥土在他的好奇心之下被双手轻轻扒开之后，于是，在永州文物史上占有重要一席的这面宋代宝祐三年 (1255年) 铜锣，在泥土之下沉睡了数百年之后终于重见天日。

铜锣正视图

据文物工作者考证，此锣属实用乐器，铜质，褐色，基本完好，口沿处有两孔，口径39.4厘米，高8.1厘米，重4.026千克。介于古代大锣（锣面直径50~100厘米）和小锣（锣面直径8~23厘米）之间，是低音锣的一种。该锣口微敛，圆形高边，边有三孔，近口沿处有针刻铭文一圈"福辰置罗会……宝祐三年八月"，锣面和边均有捶打痕迹，底缘微残。

从泥土中脱胎而出，转为在永州博物馆静静地展示。时间像静流之水，虽然洗尽了它面部的铅华，但无法安抚它内心的寂寞。通过展柜的玻璃，我看见它像一个孤独的老人，一直在渴望有人跟它对话。别看它容貌朴素、结构简单，其价值非同一般，因为它是迄今我国出土年代最早的宋代铜锣，也是研究我国古代乐器史最珍贵的实物。

站在展柜前，仔细端详它的面容，仿佛有一种低低的倾诉在陆续传来。循着这种倾诉，我仿佛看见了这面铜锣的前生今世：

765年前的阳光，照在一道道阡陌之上，照在一座座古老的村庄之上。穿过一片树林，有两排青砖瓦屋，屋顶炊烟袅袅，鸡犬相闻之间，夹杂着叮叮当当的打铜声，很清脆的。一群人分成若干组，在进行铜锣制作的流水作业：第一组在将铜、锡等按比例熔化，铸成锡青铜坯；第二组紧跟其后，将熔铜倒入模具之中，按需要规格铸成铜锣坯；第三组将冷却后的锣坯高温加热，经人工锻打成粗型；第四组则用特制的溶液将锣坯浸泡，然后加温至所需温度后，再入水淬火，使之成为真正的响铜；第五组将粗坯经过反复几次热锻修剪成型后，换成木锤进行锻打，有的还再次进行补充淬火。然后将它交给第六组刮、刨、削、修，进行外观表面处理，把锣边剪齐，将锣面锤平锤圆，并划出锣面环绕纹理使铜锣变光变亮。在这些工序完

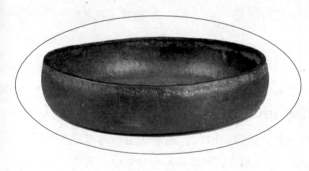

铜锣侧视图

成之后，最后交给领班头匠（相当于现在的总工程师）进行定音。定音，是整个铜锣制作工序中技术性最强的一道，必须举锤娴熟，轻重有致，特别是最后一锤，用力恰当，才能定音准确，"一锤定音"。当领班头匠一锤敲下去，听到锣声并脸露笑容时，就标志着这面铜锣领到了"出生证"。

铜锣的制作固然如此复杂，而它的用途却较为广泛。在古代，铜锣常用于礼仪和战争，曾称为"金"。《荀子·议兵》："闻鼓声而进，闻金声而退。"官员出行，前面也有衙役敲锣，要民众避让，故有"鸣锣开道"和"鸣金收兵"之说。除了这两个成语，带"锣"字的成语还有"敲锣打鼓""敲锣放炮""锣鼓喧天""当面锣对面鼓"等，锣在这些成语中的含义主要是鼓劲、热闹、决定之类，渲染气氛，与"鸣金收兵"含义截然相反。到了宋代，锣在民间音乐逐渐使用，成为一种打击乐器。而后来的明清时期，就被广泛应用于戏曲、音乐当中。

随着时代的变迁，尤其是进入当今这个快节奏时代，铜锣的运用也发生了许多外延。原本只列队于中国打击乐器之中的铜锣，到了近20年，居然逐渐被一些人用作精神医疗和心灵医疗。因为科学家研究发现，铜锣因为敲打而发出的声音，如同林间溪水，能渗透人的心灵，冲走人们脑海里那些落叶般的杂念，让人的精神得以放松，并且还可以刺激提高内分泌系统的功能。

而眼前这面铜镜，确实带给了我许多遐想。宋代分北宋和南宋两个阶段，共历18帝。老天爷好像很公平，让南北宋各拥有9个皇帝。理宗赵昀，列全宋第十四，南宋第五。他是宋太祖赵匡胤之子赵德昭九世孙，在位40年（1224年9月17日至1264年11

月16日在位）。"宝祐"是他的年号，宝祐三年，也就是公元1255年。

说起这个赵昀，也让人颇多感慨。他原名赵与莒，嘉定十五年（1222年）被立为宋宁宗弟沂王嗣子，赐名贵诚。嘉定十七年（1224年）立为宁宗皇子，赐名昀。宋宁宗死后，赵昀被权臣史弥远拥立为帝。前10年，他都处在权相史弥远挟制之下，不敢勤政，只好纵情酒色。直到绍定六年（1233年）史弥远死后，赵昀才开始亲政。应该说，他起初也是一个颇有抱负的皇帝，立志中兴，光复宋室大业，因而采取了一系列改革措施，诸如罢黜史党、亲擢台谏、澄清吏治、整顿财政等，取得了不少成绩，史称"端平更化"。在我看来，他最伟大的一点，可能要算在端平元年（1234年）的派兵联蒙灭金。那一次，他下令出兵攻占邓州、唐州，并与蒙军联合围攻蔡州。蔡州城被攻破后，金哀宗自缢而死，南宋彻底洗刷了"靖康之耻"。

其实，还有一点了不起的是，赵昀本人仰慕程朱理学，一直希望使理学成为正统官学，为此还采取了一些行动。比如，宝庆三年（1227年），他下旨封朱熹为信国公。尔后，在他的授意下，朱熹和周敦颐、程颢、程颐、张载陆续被入祀孔庙。为了进一步提高理学的地位，淳祐元年（1241年），赵昀又分别加封周敦颐为汝南伯、程颢为河南伯、程颐为伊阳伯、张载为噉伯。二十年后的景定二年（1261年），赵昀亲自排定的入祀孔庙的名单包括：司马光、周敦颐、程颢、程颐、张载、朱熹、邵雍、张栻、吕祖谦共计9人。大家看这个名单就一目了然，除司马光外，其他都是理学代表人物！

可是，让人感到惋惜的是，就是这位颇有胆识、颇有文人情

202

怀的宋理宗赵昀，到了执政后期，居然又沉湎于醉生梦死的荒淫生活中，让朝政相继落入丁大全、贾似道等奸相之手，导致国势急衰。鄂州之战，宰相贾似道屈膝投降，居然以皇帝赵昀的名义向蒙古称臣，并将长江以北的土地拱手割让，将皇帝气得要死。景定五年（1264年），身心俱病的赵昀在临安去世，享年60岁。谥号建道备德大功复兴烈文仁武圣明安孝皇帝，庙号理宗，葬于永穆陵。

历代关于赵昀的评价，有褒有贬。《宋史全文》曰："四十一年之间，日恒月升，谨终如始。"南宋马廷鸾评曰："远几仁祖，视民若保。时和屡格，敌难坐消。"明末王夫之评曰："故理宗虽闇，早岁之设施，犹有可观者。理宗无君人之才，而犹有君人之度。"清康熙皇帝爱新觉罗·玄烨评曰："天下之大，待理于一人断，宜读书明理，使万几洞察于中，可以当前立决，自然权不下移。若中无定见，不得不委任臣下，渐致乾纲解弛，太阿旁落，鲜有不败者，如宋理宗可以为鉴。"当代刘子健评曰："南宋虽然没有暴君，而从孝宗以下，多半昏庸。最大的例证是理宗。理宗是常常溺于酒色，并未改善当时的政局。"

作为一个永州人，我想我们对赵昀的褒奖成分应该要大于贬斥。为什么？就是出于对赵昀的感恩。众所周知，永州的前身是零陵。史载：汉武帝元朔五年六月壬子，即公元前124年农历六月二十六日，封长沙王刘发之子刘贤为泉陵侯，置泉陵侯国于此，辖今零陵、冷水滩、双牌、祁阳、祁东、东安县地。泉陵侯国都城在城北二里（《永州府志·城池》），今零陵城内泉陵街一带，传为泉陵城故址。在湖南，零陵的建城历史仅次于长沙。汉唐以来，零陵城累经修筑。特别是南宋景定年间，进行了一次规模宏大的筑城活动。这次筑城起于景定元年，到景定五年即公元1264年工程才告结束，历时5年之久。新城落成，参与其事的教授官吴之道特作《永州内谯外城记》，以纪其盛。零陵宋城的规模形制，在荆湖南路，除长沙城外，其他州郡望尘莫及。

零陵城修缮竣工之年，也是宋理宗赵昀在临安去世之年，这似乎又是一个巧合。而我们眼前这面"宝祐三年"铜锣，它是谁设计铸造的？究竟诞生于何地？被哪些人敲打过？是否见证了零陵城修缮大功告成的庆典？是否见证过战争或者永州之野阡陌上那些年轻人的嫁娶？此外，它的心里究竟藏有多少鲜为人知的心事？等等。

这都是一个谜。

对于谜，我想我们不必急着去揭开。

因为，无论对于历史，还是文物，有谜才更有魅力。

幸运的是，在潇水河畔，在永州之野，我们曾听到了一阵来自南宋的铿锵之声。

宋代青釉瓜棱形瓷执壶

　　某一天，孔老夫子在河岸上看着浩浩荡荡、汹涌向前的河水，说出了一句令后人很有感触并十分赞同的话："逝者如斯夫，不舍昼夜。"

　　是啊，时间就像我们所看到的奔流河水，它们一直在不分白天黑夜地流逝。而我们的人生是那样的短暂，从懵懂童年到垂暮老年，仿佛是转眼间的事情。不但是人，就连一个朝代，哪怕是汉唐盛世，放之历史长河，也显得匆匆，太匆匆。中国曾有一个让世界刮目相看的时代——宋代，主张文人治国，文人雅士待遇优厚，因而导致文化艺术独具一格的繁荣。尽管宋代离我们已渐行渐远，现代人难以嗅到那个时代的气息，但从大量温婉的宋词里，我们依然可以感受到那个时代的风雅。

　　此刻，在我眼前，就有一件烧制于宋代的青釉瓜棱形瓷执壶。我与它对视良久，仿佛看见它的壶嘴里依然可以倒出时光对岸的那些沉寂了近千年的香茗或烈酒。看见它，我首先想到的是《大宋宫词》《杨门虎将》《水浒传》《少年包青天》《岳飞》等诸多宋代题材影视中的一些镜头，那些摆在富贵人家或高档酒

肆餐桌上的执壶，尽管它们不及影视人物那么引人注目，但它们与人物身份十分契合，代表的是当时的一种社会地位和生活层次。然后，我看见它们像一群身着旗袍的女子，从银屏中款款而出，徐徐朝我走来……

1981年，国务院下发了关于开展全国文物普查的通知，根据湖南省人民政府的部署，当时的零陵地区于1985年到1987年进行了全国第二次文物普查。就是在这个普查过程中，考古人员于1985年在零陵县冷水滩镇（今永州市冷水滩区）钱家洲征集到了一件执壶。

由于钱家洲有古窑址，考古人员十分重视，马上对其进行研究，发现该壶为盛酒器，瓷质，青黄色。通高26.4厘米，口径9.8厘米，重1194克。该壶造型秀丽典雅，器形稳重大气，风格古朴深沉，线条流畅，实用性强。侈口，喇叭形长颈，流为管状略外弯，流口略高于壶口，瓜棱形腹，上腹部有3圈阳刻弦纹，圈足，长立把，把外侧有6道阴刻弦纹，呈带状分布，施影青豆黄

宋代青釉瓜棱形瓷执壶

釉，上有"癸酉年"3字为纪年，属宋代之物。再后来，这件执壶被省考古研究所和省文物局被评定为国家一级文物。

执壶又称"注子""注壶",是隋代出现的酒具。在中国几千年的历史上,隋朝是一个昙花一现般的朝代,仅存在了38年。然而,它又是中国历史上承南北朝、下启唐朝的大一统朝代。因为隋朝在政治、经济、文化和外交等领域进行了大刀阔斧的改革,许多政治制度和政治福利都被后来的唐朝继承下来。比如,隋文帝开创的三省六部制,被后来的李唐皇朝加以完善,用来巩固中央集权;隋文帝开创的科举制,也一直延续到了清末。隋朝还兴建了隋唐大运河以及驰道改善水陆交通线,在全国实行均田制并加强军事建设,因此,出现了万国来朝的局面。当时周边国家如高昌、倭国、高句丽、新罗、百济与东突厥等国皆深受隋朝文化与典章制度的影响,以日本遣隋使最为著名。到了唐朝,这些国家的进贡与来访更加频繁。

关于执壶,传说与隋炀帝杨广有关。众所周知,杨广被后人称为暴君,他为夺得太子位,与张衡等人密谋,勾结皇叔杨素、皇后独孤氏不断陷害太子杨勇,最终导致隋文帝废杨勇,改立杨广为皇太子。杨广即位后,诛杀亲弟弟汉王杨谅以及8个侄子。此外,还密诏江、淮南诸郡从民间挑选姿质端丽的童女送到皇宫,下令修运河,造龙舟、楼船等各种船数万艘,分别用于自己数次幸江都(扬州),在各地大修宫殿范围、离宫别馆,等等,导致隋朝大厦岌岌可危。传说就是在他下扬州的时候,为了与妃子、宫女在船上淫乐,下旨地方官员为他烧制出了执壶。

其实,执壶最初的造型脱胎于商周时期的青铜器。南北朝早期,已出现执壶的造型。如果我们翻阅中国绘画史,可以发现执壶作为一种酒具已出现在唐宋绘画上。直到现在,还有宋代青白瓷的执壶流传下来。我曾在中国国家博物馆和故宫博物院看到过不同时代的众多执壶，有的貌似粗犷，却似威风凛凛的大汉；有的精雕细琢，恰似大家闺秀或小家碧玉。无论是粗狂美，还是精细美，都美得让人见了不忍离开。

汉晋以来，文人喜欢作赋、写诗称颂酒德。永和九年（353年）三月初三上巳日，是国人耳熟能详的日子。那天，贵族出身的会稽内史王羲之，邀请了谢安、孙绰等42位全国有名的人物，在刚刚修葺一新的兰亭举行饮酒赋诗的"曲水流觞"活动，风靡全国。之后，历代文人竞相效仿，唐代表现尤为强烈。而酒具的制作越来越讲究，成为一种雅器，导致酒注（执壶）、酒杯大量出现。

在执壶出现之前，人们一般用酒樽与酒杓饮酒，据唐李匡义《资暇集》"注子便提"条云："元和初，酌酒犹用樽杓……居无何，稍用注子，其形若罂，而盖、嘴、柄皆具。"由此可见，执壶从诞生到普及，是经过了较长一段时间的。后来，执壶得以发展，形成一个庞大的族系，到了明清时期，其功能除了饮酒，还延伸到了饮茶。

梳理一下执壶的发展史，可以看出它不同时代的特色和演变过程：唐朝初期，执壶大多是口子较小，颈脖子很短，壶体较矮，而且大腹便便，体形呈圆筒形或六角形，手柄是曲线的，假圈足，有点像人群中的"矮冬瓜"。唐中晚期，由于民间大量流行，基本取代了鸡首壶、凤首壶，这时期的执壶式样繁多，有短流、长流、曲柄、直柄等数种。唐五代时壶颈加高，腹部椭圆形或瓜形，壶流与柄加长，壶嘴变成较长的管状曲流；柄稍稍变窄，柄与壶身之间距离比之前变大一些。到了宋代，执壶器身变得瘦长，以瓜棱形最为常见（宋代瓜形腹比五代的拉长很多），部分制品常有配套的温碗，与执壶合称注碗。这时候的工艺越来越讲究，以瘦长为多，柄较长，壶身跟各部位的比例更为合理实用。而元朝的执壶又是另一番风貌：弯流与壶颈之间以S形饰件相连，手柄与嘴流对称，下端贴附在腹部上，高度与流相同或稍低，因而更显妩媚。明清执壶器形基本沿袭元代，也是柄高、流长，壶身如玉壶春瓶，造型较为清秀。至于清代，基本上沿袭明代风格。明、清之后，造型增多，多用作茶具。

宋代青釉瓜棱形瓷执壶局部图

除了执壶的特色，再谈执壶的出身，也就是产地。唐宋时期，执壶的身份上的地址以越窑、长沙窑、耀州窑、景德镇窑、繁昌窑、磁灶窑为主。元明清时期，好像集体移民到了景德镇。不过也有些特例，龙泉窑也产青釉制品。据考证，我们永州之野的永州窑（主要集中在今冷水滩河东三多亭至黄阳司一带的湘江岸边），也曾助力执壶的烧制。这件宋代青釉瓜棱形瓷执壶，从它征集到的地点来看，附近正好有永州窑遗址，如果它不是长沙窑的子女，便极可能是一件永州"土特产"。

仔细观察这件宋代青釉瓜棱形瓷执壶，发现它的流口、壶口、壶颈和壶身均有斑驳的脱落痕迹，导致原本光泽亮丽的执壶，像一个清纯女子变成了患有皮肤病并长有老年斑的老妪，不禁让人感到些许惋惜。尽管如此，依然掩饰不住它本身的精美和富贵气质。壶身上有"葵酉年"3字，颇令人费神。因为宋代共有5个葵酉年，分别是973年、1033年、1093年、1153年、1213年。前三者是北宋时期，后二者为南宋时期。所以，我们无法确定它究竟诞生于哪一年。从永州相关文献的大事记来看，北宋仁宗明道二年（1033年），宰相丁谓由崖州内徙道州。其他4个葵酉年，均无本地大事记载。

这世上有很多东西，看似微不足道，却又蕴含着丰富的内涵。比如，此刻我眼前这把小小的执壶，就盛装着诸多的秘密，散发出无穷的魅力。我们除了可以仔细欣赏它刻划工整、线条流畅的精致纹饰，还可以欣赏它制作讲究、美观大方的造型。它身上装饰与形体的巧妙结合产生的良好艺术效果，更增加了它的独特美感。特别是形制敦实稳重，灵巧别致，让人遐思邈远。

据考古文献记载，宋元两代，执壶特别流行，不少场合并且还给执壶配备了温碗。古人喜欢饮热酒，这时候执壶就被派上用场。他们将酒倒入执壶里，再把执壶放入注碗的热水中温热。因为配套使用，导致执壶与注碗常以联姻形式出现。这一形象，较早见于五代顾闳中所绘《韩熙载夜宴图》中。考古发现，执壶与注碗成套出现，多为北宋遗物。宋孟元老《东京梦华录》曰："大抵都人风俗奢侈，度量稍宽，凡酒店中不问何人，只两人对坐饮酒，亦需用注碗一副，盘盏两副，果菜碟各五片，水果碗三五只，即银近百两矣。"这是北宋时使用执壶和注碗的剪影。

"解貂换美酒，半与美人醉。留半伴山翁，深夜谈世事。"想象重文轻武的宋代，文人是十分幸福的。很多文人都是有美人陪伴、醉酒品茗、潇潇洒洒过一生的。比如，苏轼与朝云，辛弃疾与田田、香香，等等。或在庭院之中，或在花前月下，有美人执壶注酒倒茶，再加上古琴弹奏，实乃人生一大乐事。

作为现代人，从养生的角度出发，我们不必去艳羡古代文人执壶里的酒，却值得去羡慕执壶里的茶。试想一下，置身烟雾缭绕的山林中，于草堂静坐，在鸟语花香中让内心清静下来，然后煮茶听风，一把茶壶在手，投茶、注水、品茗，那一抹茶的本色、本味，喝来温香满口，岂不可忘世间繁杂，悟出人生禅意？

宋青瓷印花杯

在我看来，永州的中心城区有两大文物堆积层，或者说文物集聚区域。一处是零陵古城中心的鹞子岭，也就是现在的永州监狱和原市木材公司那块方圆一平方公里的区域，是有大量的西汉古墓，曾出土了大量文物；一处是冷水滩区河东三多亭片区，那一带是永州窑遗址所在，曾出土了大量的瓷器。这两大文物堆积层，仿佛南北呼应的两个文物堡垒，也像是一只哑铃，彰显出永州历史文化名城深厚的文化底蕴。

冷水滩区三多亭最早发掘于2002年5月中旬，当时在江边某单位宿舍门口一带修建马路。施工人员在挖地基时发现大量陶瓷器残片，便立即报告文物部门。永州市文物管理处获悉，立即组织市文物管理处和零陵区文物管理所的考古专业人员赶赴现场进行调查和紧急清理。后来，又邀请湖南省考古研究所专家到三多亭古窑址现场进行实地考察，发现该区域有3处古代陶器文化堆积。2005年，永州市文物管理处和零陵区文物管理所两个单位在原遗址东100米处进行探沟试掘，出土了大量生活用具和窑具。在出土的1000余件生活用具中，就包括这只宋青瓷印花杯。

后来，经专家鉴定，该杯属宋代盛酒之用，瓷质，施影青釉。口径9厘米，足径4.2厘米，高5.4厘米，重110克。直口，折腹，矮圈足，内外通施青釉，内底印莲花纹，属国家一级文物。

众所周知，中国和瓷器的英文名都是China，很多人甚至简单地理解为中国就是瓷器，瓷器就是中国。虽然，这样的认定值得商榷，但由此可见，瓷与人们的生活息息相关。作为世界上四大文明古国之一，以陶瓷为代表的中国艺术，是人类文明的重要组成部分。然而，千百年来能将自然风韵之美发挥到极致的，非宋瓷莫属。

我不是历史学家，对中国历史没有进行系统研究，但在我的印象中，宋朝绝对是一个伟大的时代，它的伟大，可以说不逊色于唐朝。

宋青瓷印花杯正视图

首先是宋朝的经济在全球是大哥大，极度发达的工商业，令大宋的GDP占到全世界的六成！宋朝出现了世界上第一次出现的纸币（交子）和银行信用；宋朝是第一个同时开建"丝绸之路"与"海上丝绸之路"的朝代；宋朝城市建设发达，有排列世界前五的长安、洛阳、金陵、汴京、临安5个超过百万人口的城市；宋代主张文治，因而十分重视教育，不但在京师设有两所类似当今北大、清华一样的国子学、太学，另外有专业性很强的高等专科学校，涉及武术、法律、医疗、美术等领域；改变整个世界文明发展进程的三大发明——火药、活字印刷和指南针，就诞生在大宋……

就是在这样的背景下，瓷器也得到了迅速发展，产能和质量都得到了超越。与汉唐时代奢华、雍容、庄重的瓷器相比，宋代的瓷器竟然呈现出另类之美，仿佛一个内涵丰富的乡间女子，不再注重外在仪表，变得温厚而含蓄，带给人们一种心灵的震撼。如同穿着花格子粗布衫的村姑，宋瓷以朴素无华、出水芙蓉般的灵秀，深深地吸引着众人的目光。

也许，正是宋人不尚奢华，不好奇巧，钟爱自然，细嚼生活，对精致生活的执意追求，便成就了宋瓷经世之美！

宋代的名窑有很多，像河北曲阳的定窑、河南禹县的钧窑、河南汝州的汝窑、浙江龙泉的哥窑、河南开封的官窑、陕西铜川的耀州窑、河北磁州的磁州窑、江西景德镇的景德镇窑、福建永吉镇的建窑和浙江龙泉的龙泉窑，等等。我觉得，还应该加上湖南永州的永州窑（考古界又称三多亭窑）。

永州市冷水滩区的三多亭窑址鼎盛于宋代，所制瓷器装饰手法独特，纹样图案丰富多彩。目前已见到的纹样图案数十种，题材广泛，与老百姓的日常生活息息相关。如这只宋青瓷印花杯，内底印莲花纹，应该与理学鼻祖周敦颐有关。周敦颐于宋真宗天禧元年（1017年）五月五日出生于道州营道县楼田堡，宋英宗治平元年（1064年），自虔州通判移任永州通判。永州有濂溪祠，他的《爱莲说》为千古名篇，自这篇文章问世之后，世人就以莲花象征"出污泥而不染，濯清涟而不妖"的高尚品格。

宋代文人秉承了唐代文人的饮酒品茶风格，这可以从宋代的诗词中发现端倪：比如，柳永的"今宵酒醒何处？杨柳岸，晓风残月"；晏殊的"一曲新词酒一杯，去年天气旧亭台，夕阳西下几时回"；苏东坡的"明月几时有？把酒问青天""戏作小诗君勿笑，从来佳茗似佳人"；晏几道的"彩袖殷勤捧玉钟，当年拼却醉颜红"；李清照的"常记溪亭日暮，沉醉不知归路"；陆游的"莫笑农家腊酒浑，丰年留客足鸡豚"；辛弃疾的"醉里却归来，松菊陶潜宅"；欧阳修的"白毛囊以红碧纱，十斤茶养一两芽"；陆游的"山童亦睡熟，汲水自煎茗"；郭祥正的"晚风吹坐忽生凉，旋碾新茶与客尝"；杨万里的"自汲松江桥下水，垂虹亭上试新茶"，等等。

无论饮酒喝茶，都需要一种媒介——器具，而杯子就是当时最流行的。

"杯"字，最早是提手旁——"抔"，意思是用双手合捧的器具。为了引用方便，聪明的先人们把杯子设计成椭圆形，而且在两侧安装了两只"耳朵"，要用双手捏着杯耳来饮酒喝茶。耳杯又叫羽觞，这跟王羲之有关。当年他把兰亭修葺一新，邀人上演了一场"曲水流觞"文人雅会。由于陶瓷和青铜杯子太重，容易沉底，所以，他们把酒倒入木质耳杯，放在木盘上，让它顺流而下，流到谁的跟前，谁就饮酒作诗，所以，后来"抔"字改为"木"字偏旁了。

到了汉唐时代，随着工艺的发展，人们将长着"耳朵"的椭圆形陶杯改成圆圆的。由于汉代人们开始尝试饮茶，到了唐代蔚然成风，饮茶之上，大多是瓷杯，这就让茶与瓷结下了深厚之缘。

在宋之前，人们喝茶和喝酒，器具有诸多演变：在青铜时代的商周时期，人们饮酒用的是铜觚。汉代出现有耳的漆杯，而那个杯耳主要方便提携。令人百思不解的是，直到唐代，瓷杯一直没有手把，好像之前的人习惯双手捧杯而饮。唐朝开始出现一种把盏，就是把杯子的底部做得瘦高，便于喝酒时擎举，故名高足杯。这种杯子的最大特点是适合在马背上饮酒。当年王翰写"葡萄美酒夜光杯，欲饮琵琶马上催"时，应该用的就是这种杯。唐代时期，主流的饮茶方式为"煮茶法"，茶煮好后，准备好"瓢"，将茶汤添入茶碗即可饮用。当时，除了用碗来喝茶外，一盏一托式的茶盏也是主要的饮茶器。进入大宋，盏开始成为喝茶主流工具，因为高雅，同时给饮者带来了精神享受。这时候，酒杯、茶杯和饭碗三者大小基本相当，体现出人们的豪爽。到了朱元璋开创的大明时代，酒杯像失去营养的孩子，个头开始比碗小，这跟酒的度数变化有关。蒸馏酒在明朝十分常见，酒精度比明之前的酒高许多，继续用过去大口径杯饮酒，不醉才怪。为了保持应有的斯文，工匠按需所求把酒杯做小，并且影响到了茶杯。到了满清时期，茶杯和茶壶都变得越来越小，玲珑可爱。因为受茶器的影响，驴饮现场不再常见，而斯文饮茶，这种审美观念一直流传到如今。

再回过头来谈宋瓷。一个考古学家说，古时候比谁家更有钱，比得并不是钱财，比得是谁家的文物，或者是奇珍异宝更多。而宋朝这是这样一个朝代，拥有大量的稀世珍宝。据说宋代曾烧制出一种珍贵的茶碗，这种茶碗采用曜变技术来烧制而成，其花纹就像是浩瀚的宇宙星空，特殊而又迷人的花纹让人深陷其中，无法自拔。更让人称奇的是，这种茶碗在太阳底下照射后，会发出七彩的折射光，十分美丽。令人遗憾的是，这样美丽的稀世珍宝，全世界只剩下3件，但却都被珍藏在日本。更遗憾的是，制作这种茶碗的技术并没有多少人知道它的原理，很少人知道如何制作这种茶碗，随着南宋灭亡以后，这种技术就已经消失了。许多艺术家曾去日本参观，想要制作出和这种茶碗相媲美的艺术作品来，但因无法获得核心的制作理论，都以失败而告终。

宋人用的瓷器丰富多彩，汝窑像象牙塔里的东西，曲高和寡。倒是我们永州窑的产品，才是大众化的产品，才是深受日常百姓家的产品，并影响到了广西的瓷器发展。

这只印花杯很小，与现在我们常用的茶杯基本上相当。它原本是一件很完美的艺术品，遗憾的是，它是与很多瓷器一起出土的。出土的时候，可能因为最早发现的施工人员操作不慎，导致瓷器相互碰撞，以至于它的矮圈足外层釉皮有些脱落。再者，杯子底部与矮圈足相连处，也有一些斑驳痕迹，好似人脸上的皮肤癣，让人感到有些心疼，但这并不影响它在永州文物史上的崇高地位，它依然是一件傲立于世的国家一级文物。

望着这件隔空千年的文化瑰宝，我陷入了无限的遐思之中。如果，我是说如果，允许我们把玩，我想我们一定可以闻到杯子里面遗留的茶香酒醇，一定可以感受到那个时代的脉搏，想象那个时代的幸福。

假如我们能还原宋代永州三多亭一带的窑炉生产场景，我想那一定十分壮观。我们甚至可以想象出当年那些设计师、制陶师、搬运工、火炉工等等，在一个个窑炉前忙来忙去的身影，想象出他们额上的豆大汗水恍若岩洞里钟乳石上的渗水，一滴一滴地滴落下来，顿时便能听到历史深处传来清脆的回响。

在宋代，永州窑（三多亭窑）的发展进入鼎盛时期，那时候的湘江边，一座座窑炉青烟缭绕，一炉炉瓷器通过水运和陆运流向四方。这个时候，瓷器在时空里以其特有的价值折射出来的已不再是瓷器的本质属性，而是一种文化的光芒。

宋"永州官人"铭文陶窑具

永州之野的道县玉蟾岩，原名蛤拐岩。考古人员1993年从中发掘出一批陶片，经测定，大约距今1.2万~1.4万年。这是当时世界发现烧制最早的陶片。

考古界的传统认为，中国瓷器起源于东汉，没想到零陵鹞子岭出土的战国双耳黑陶壶如同一匹半途杀出的黑马，带着明显的原始瓷特征，由此颠覆了他们的定论。较白瓷起源于三国之说，鹞子岭出土的东汉白瓷碗，刷新了人们的认知。特别是随着现场发掘的推进，考古人员发现，永州之野的清塘、黄阳司、三多亭等众多窑址，似乎在为永州是古代华南及长江流域的陶瓷中心提供了有力佐证。

三多亭窑址？也许有人会问。

没错，就是永州市冷水滩区河东的三多亭。

2002年初夏，永州市冷水滩区三多亭江边某单位宿舍门口一带修建马路。5月13日这天，施工人员在挖地基时发现大量陶瓷器残片，便立即报告冷水滩区文物部门。永州市文物管理处和零陵区文物管理所获悉，立即组织考古专业人员赶赴现场调查，对其进行紧急清理。因破坏严重，已经看不出窑址形制，且当时时间紧促，故只清理了一些遗物。发掘出一个陶质火炉，后来经考古专家认为，这是唐代人餐桌上的"火锅"，并将这个发现上报湖南省考古研究所。

2002年6月24日，湖南省考古研究所研究员张一兵及副研究员周能一行赶赴永州，会同永州本土文物专家对冷水滩区三多亭古窑址现场进行实地考察，并对现场获取的陶器实物标本进行鉴定，发现该区域有3处古代陶器文化堆积，估计是一个很丰富的文化宝库。特别是已经发掘出来的连珠纹壶提系的连弧形细颈壶、平口直腹矮足杯、高瘦形盂、拆腹盘和大高圈足碗等这些器形，都是南朝梁时所独有的。另外，与活着的虾颜色近似的虾青釉，开小冰裂的豆青釉等，也都是南朝典型的风格，专家们因此认定：三多亭古窑址属南朝时期梁陈之际（即公元502年）以前的官窑，距今已有1500多年的历史。

这个结论令人兴奋，因为这是迄今为止湖南省发现的最好的南朝窑址，其技术、工艺水平极高，为全省青瓷早期段的研究提供了非常宝贵的实物，为湖广地区湘江漓水流域的制陶业找到了源头。

千呼万唤始出来，犹抱琵琶半遮面。根据推测，专家们相信还有更多的精彩被埋在地下。2005年，永州市文物管理处和零陵区文物管理所两个单位在原遗址东100米处进行探沟试掘，经过大家的努力，初步弄清三多亭窑址分布在南北长50米、东西宽30米的范围内，面积约1500平方米，窑炉形制为馒头窑和龙窑，以馒头窑为主。让人欣慰的是，该窑出土器物均用瓷土制坯，绝大部分经过淘洗，胎质较纯净。由于烧成温度较高，大部分器物瓷胎坚硬致密，瓷胎多为砖红色，少数为灰白色、灰黑色。釉色主要有青色和酱色两种，青釉占大多数。青釉因釉色深浅不同又可分为青灰色、青黄色、青绿色，多数为青灰色。酱釉多为酱褐色。遗物可分为生活用具和窑具，以生活用具为主。在出土的生活用具中，碗居然占绝大多数，其中又以口径达15~18厘米的大碗为多，有1000余件，其次为盘，还有少量杯、盏、盏托、器盖、碟、壶、罐、钵、碾槽。窑具主要有匣钵、支钉、垫圈、窑柱，等等。

宋"永州官人"铭文陶窑具侧视图

在这些出土的文物中，有的窑具上刻有铭文，如"康定二年""熙宁六年""陶六""唐二十作""家书一个不得与人借"等字样。而刻有"永州官人"铭文的这件陶窑具，像一颗星辰脱颖而出，格外引人注目。

其实，这是一件小若茶杯的陶窑具，其"皮肤"为黄色，属模型器。高10厘米，底径6厘米，重410克。平底，束腰。顶呈尖圆形。有"永州官人丁岁大中祥符七年四月初五日作德"、竖状阴刻"唐脱五记使用"等字样。

说实话，我对这件文物的命名感到有些奇怪。看它像一个小小的塔状，或者说有几分类似实心圆钉，却不知作何用途。从其外形来看，又不像日常用具。莫非是祭祀用品？或者其他？确实带给人无限遐想。

核对中国历史，可以得知，大中祥符（1008~1016年）是宋真宗赵恒（968~1022年）使用的第三个年号，北宋使用这个年号共9年，大中祥符七年，即1014年。

宋真宗赵恒活了54岁，在位25年，先后用了咸平、景德、大中祥符、天禧4个年号。前两个年号期间，这位皇帝还显得有所作为，在宰相寇准的建议下，亲率将士抵达前线抵抗辽军，渡河进入澶州城，上城墙鼓舞士气，致使敌方士气受挫。辽军十分狡猾，打得赢就打，打不赢就签订协议。于是，一份"澶渊之盟"将宋辽之间长达25年的战争画上了句号。此后，宋辽边境呈现出一派和平的景象，避免了重兵长年戍边造成的过量徭役和朝廷赋税压力。而后来，赵恒就有些飘飘然了，宠信奸佞，迷信鬼神，大中祥符和天禧两个年号就是来源于此。

大中祥符六年（1013年）十二月，真宗命令兵部尚书寇准留守东京，自己开始考虑东封（泰山）西祀（汾阴）。大中祥符七年（1014年）春，真宗前往亳州（今安徽省亳州市）谒圣祖殿，途经应天府（今河南商丘南），升应天府为南京。

也就是在真宗东游之际，发源于南朝的三多亭窑，此刻正在生产大批陶器。那馒头形状的窑炉里，装满了各种各样的陶胚，而烧窑时的炉火，似乎也煮沸了近在咫尺的湘江水，让大地都感觉到它热烈的心跳。一批又一批的陶瓷产品，被运到附近码头装上船，溯流而上运往广西、顺流而下运往湘北等地，形成了水上流动的异彩……

陶器上的铭文，如同人体身上的胎记。这件陶窑具上的"永州官人"4字，证明三多亭窑址是宋代官窑。此窑具在2006年被定为一级文物，而孕育它的母腹——三多亭窑址也就母以子贵，地位显得崇高起来。

众所周知，永州在隋朝以前称"零陵"。零陵地名的来源，与上古五帝之一的舜帝有关。司马迁《史记·五帝本纪》载：舜"南巡狩，崩于苍梧之野，葬于江南九疑，是为零陵"。隋文帝开皇九年（589年），废零陵郡和永阳郡，置永州总管府，府治泉陵县，同年更名零陵县（治今永州市零陵区），隶属湘州。隋末至唐末，此地曾先后使用零陵郡、永州府、永州零陵郡和永州府之名，隶属荆湖南路。宋代永州隶属荆湖南路，领县三：零陵、祁阳和东安（雍熙元年暨984年析零陵东安场置县）。因此该铭文从考古学上充分表明北宋时期此地已称"永州"，与文献记载遥相呼应，相互印证，意义深远。

再回过头来谈这件陶窑具，虽然它只有保温杯大小，但内涵很丰富，仅铭文中的"官人"二字，就带给人们许多猜想。专家认为，"官人"二字可以证明此窑是官窑。但也有极少数人认为，从三多亭窑出土器物的器形、釉色、胎质来看，与同时期的官窑生产水平相差甚远。因此，仅仅因"官人"二字认为该窑是官窑未免过于牵强。更有人认为，根据文献记载，唐以前唯有官者方称官人，至宋已为时俗通称，明代以后遍及士庶，奴仆称主及尊长呼幼，皆可称某官人，所以，与"永州"一词搭配，官人一词应该是指有一定社会地位的男子。也就是说，这批陶器是为永州某个有身份的人量体裁衣定制的，并不代表它是官窑。

不管怎么样，也就是基于铭文上有"永州"二字的原因，考古专家为了便于世人熟知这个窑址，就将三多亭窑址称作"永州窑"。

据昔日参与现场发掘的考古专家回忆，现场出土的大多是圆筒形匣钵，且多数已变形，内留有叠烧的碗、盘等器物，亦可见单件执壶、钵。根据他们的描述，我眼前仿佛重现了当年的发掘景象：一大堆盖着黄土"被子"在地下沉睡了近千年的陶器，不仅被挖机的利爪粗鲁地掀开了"被子"，将它们的清梦惊扰得杳无踪影，而且将它们的身体也损伤得面目全非，简直像战争年代的一群难民，瑟缩在一团。尽管身上还有彼此拥抱的余温，但毕竟抵不住尘世的风寒。

由此可见，这世上有些东西在某个特殊时刻会显得特别的脆弱。比如，大灾大难下和财色诱惑前的爱情、亲情、友情，它们就会像瓷器一样脆弱，稍不小心碰落在地，就会粉碎。所以，更需要我们小心呵护。

后来，专家们由点及面，分析了永州三多亭窑与其他瓷窑的关系，发现它与湖南郴州窑、汝城窑关系很密切。3处窑址均为北宋瓷窑，主烧青瓷，无论是支烧痕、碗杯里心的支钉痕，还是铭文，乃至釉色、器形、装烧方式、装饰工艺，都十分类似。另外，桂林永福窑的烧制器物类型也与之相似，三多亭窑烧制器形较单一，原始古朴，永福窑丰满而多样，发展比三多亭窑成熟。这些共同点与不同点说明，二者之间有一定的传承关系，三多亭窑为北宋中期，而永福窑为北宋晚期，或许，永福窑是接受了来自三多亭窑的影响。

其实，在我看来，任何艺术的交流与传承都有官方和民间两种方式。"永州官人"铭文陶窑具的价值不在于它的工艺，而在于它的身份填补了湘南一带宋代陶器的空白。退一万步讲，即便三多亭窑属于民间身份，其出土器物的品质与官窑产品有较大差距，特别是不够精细，彰显出一种简约的粗犷之美，但也可以由此知道烧造年代大致在北宋中期，主烧青瓷器，器形以碗、盘、盏等生活用器为主，纹饰简单。此外，窑具外壁等部位常见刻印铭文，内容可分为纪年、地名、窑工生产信息、窑工姓名、吉祥用语及其他5种类型，装烧方式主要是叠烧，具体有匣钵单烧和匣钵叠烧、对口烧和对口套烧4种类型，一定程度上代表了湘南地区民间瓷窑的特征，为我们了解北宋湘南陶瓷生产情况提供了具体依据。

小小的文物，往往存在着巨大的价值。通过这件陶窑具，我们似乎就看到了宋代永州人在三多亭窑前忙碌的背影，听到了那个时代炉火旺盛的呼呼声，还有湘江上运载着三多亭陶器船只远去的帆影……

"至元十八年永州路司狱司"
八思巴文铜印

"至元十八年永州路司狱司"八思巴文铜印印面图

在永州博物馆众多的馆藏文物中，有两件是与八思巴文血脉相通的，一件是元菱花形八思巴文鼎炉纹铜镜，另一件就是"至元十八年永州路司狱司"八思巴文铜印。两件国宝，都是同一个朝代的产品：元朝。都是一样的遭遇：被无知的发现者当做废品卖进了废品回收店，尴尬地踏上了它们的流浪之旅；然后，又幸运地回到文物管理部门的怀抱。但是，它们"回家"的途径不一样：鼎炉纹铜镜被那个有良知的废品回收店老板送到了宁远县文物部门，而"至元十八年永州路司狱司"铜印却是被文物工作者偶然发现并收回。

还是让我们把镜头聚焦到那个令人难忘的时刻吧。

那是1977年的一天，天很蓝，云很白，风很轻，湘南大地一派秀美。湖南省新田县文化局的文物专干张一纯在县城逛街，途经县物资局废旧物品回收站，应熟人邀请进去小坐聊天，不经意间发现桌上有一枚古怪的青色金属件，它是在一块正方形金属上焊接了一枚长方形的柄，既像一枚倒置的方针，又像一枚邮戳。张一纯十分好奇，于是拿起来一看，原来是一方古铜印。他先用手掂量了一下，再看了看印面，感觉很奇怪。因为那印面有三行线条，不是汉字，好像是一种符号，张一纯却不认识，心想可能是一种少数民族文字。出自职业敏感，他意识到这是一件非同寻常的宝物，便与回收站的负责人进行沟通，让对方交给文物部门收藏。在那个时代，破铜烂铁很便宜，通常是几分钱或一两角钱一斤，回收部门的人考虑到都是公对公，反正还在政府部门，便答应了张一纯的要求。这个过程仿佛影视中的特写镜头，十分惊险。如果不是张一纯与古铜印的偶然邂逅，这件价值连城的国宝有可能被送去熔铸，或者被以其他形式毁掉了。

张一纯将古铜印带回单位，对它进行了一番清洗。之后，与同事对它进行了一番审视。考虑到文物的特殊性，新田县文化局的班子成员经过商量，决定将此印交给零陵地区文化局保管。后来，经文物专家鉴定，印面为正方形，每边宽5.8、厚1.5厘米，印重575克，印的正面略显凸起，字迹清楚，印的背面正中有长方形铜柄，高3.8厘米，上窄下宽，上端宽1.2、长2.7厘米，下端宽1.4、长3.3厘米，柄的上方有一阴刻"上"字，柄的右侧刻有两行楷书汉字："中书礼部造至元十八年八月日"。至于印面文字，零陵地区文化局于1985年5月将铜印的正面印模函请中国社会科学院民族研究所照那斯图老师鉴定。照那斯图老师认为，此印系八恩巴文的篆体字，相应的汉字是："永州路司狱司之印"，其中"永"字，八思巴字中的韵全字母n？有笔误，少了一个横（一），印面八思巴字中的"昂"字与汉字的"之"相应，但在印柄右侧刻的汉字则将"之"字省略了。

至元（1264~1294年），是中国元朝第一代皇帝元世祖忽必烈使用的年号名，取《易经》"至哉坤元"之意。从1264年改中统五年为至元元年，到1294年忽必烈驾崩，一共使用了31年。至元十八年八月，即公元1281年8月。也就说，这是一件铸造于元朝开国皇帝时代的铜印。

在永州下辖的9个县中，新田县是一个很年轻的小字辈，元朝初期属宁远县的一部分，明崇祯十二年从宁远县划出乡13里，始建新田县。宁远县元朝初期属永州路管辖，故新田县境当时也应属永州路管辖。如今的地级永州市，或者说40年前的零陵地区行政公署，即是元朝永州路官府所在地，宁远、新田两县，现今也属永州管辖。因此，这枚古铜印的发现，为研究永州地区元朝时期的历史文化提供了重要的依据，其价值不言而喻。

铜印，源于东周，盛于西汉，铜制的印章。官私皆用。官用代表一定的官阶，官阶越高，铜印的制作越复杂、精美。一般来说，铜印的印面以方形为主，也可见到极少数的菱形和圆形铜印。至于印纽的形状，可以说变化较多，有瓦纽、兔纽、兽纽、柄纽、片纽等。汉代时期，俸禄600石以上的官员随身佩戴；到了南朝，一般是诸州刺史使用；到了唐代，诸司用铜印；而后的宋代，规定六部以下用铜印；清朝时期，府、州、县官员皆用铜印。

当我在永州博物馆国宝厅的灯光下，仔细打量这枚将近800年前的古铜印时，仿佛感觉到了它身上散发出来的森森冷气，以至于不禁为之一颤。我从不同的角度来审视它，如同审视一个久违的朋友，似曾相识，却又陌生。我一边观看，一边思考：它的柄和座之间的焊接技术是那样的娴熟，究竟出自哪一位工匠之手？产于永州本土还是他乡？如果是他乡，为什么能结缘永州？

"横看成岭侧成峰，远近高低各不同。"审视一件文物，如同欣赏一座名山，需要全方位地观察。而要想查清这枚古铜印的胎痕，必须先了解"路"的来历和元朝的一些官制。

这里所说的"路"，不是指马路，而是古代中国的一种官职。它始于宋代，是宋元时代行政区域名。宋代的路相当于明清的省，元代的路则介于行省与州、府之间。或者说，相当于现在的副省级省会城市和计划单列市。

忽必烈统一中国后，为了加强对占领区的控制，沿袭了行省制度。但他不懂中原文化，自然也不懂中原的治国之策，不知什么原因，居然简单地将宋代的多个道和路合并为一个行省，赋予了省极大的行政权。后来发现，由于中书省区域太大，管理起来不方便，就在行省与州、府之间设立了路，形成了4级地方行政制度。再后来，为了加强监督，又在路之上设立了肃政廉访司和宣慰司作为监察区域，搞得管理体系越来越复杂。

在我看来，忽必烈是一个比较浮躁的皇帝。大约是对汉文化的陌生，也导致他在政策上的多变。

元朝至元十一年（1274年），忽必烈心血来潮，御笔一挥，就设立了一个鄂州行省。3年后的至元十四年（1277年），他又搞了一个行政区划改革，将鄂州行省并入潭州行省，治所放在长沙。又过了4年，即至元十八年（1281年），他再度下旨，迁省治到鄂州，治所放在武昌（今武汉武昌）。后来，改称湖广等处行中书省，简称"湖广省"。辖区面积在全国10个行中是大哥大，辖境包括现在长江以南的大部分地区和广西、海南两省，还有贵州大部、广东雷州半岛，下辖武昌、岳州、常德、兴国、永州等30路。

在这30个路中，建置的时间不一。其中的永州路，元至元十四年（1277年）升置，治所在零陵县（今永州市零陵区）。辖境相当于今天的零陵、冷水滩、东安、祁阳、祁东等地，是一个物产丰饶的区域。

那么，永州路的治所具体位置在零陵古城的什么地方呢？这也是值得探寻的。

众所周知，零陵是全国出现最早而历2000多年后仍沿用至今的地市级行政区域名称之一。它曾经是泉陵侯城、零陵郡城、永州州城、永州府城以及零陵县城和永州市（零陵地区）治所所在地。《洪武永州府志》卷二"衙门沿革"篇载曰："永州府治在子城门之东北，创自汉唐，其来久矣。前为仪门，中为设厅，左右为廊，列为吏舍。厅之东为经历司，西为推官厅，又西为通判厅。""圣朝混一区宇，改永州路为府。""司狱司在子城内街西。"《康熙永州府志》卷三"公署"篇载曰："府治在城中近北，倚山，唐宋遗址。洪武十四年（1381年）知府余彦诚修。正德十三年（1518年）知府何诏重修……前为大门，门外右越数十步，有亭曰申明，曰旌善。旧有狱司，今改卫前。""府前街，自钟楼至卫前。""司狱司，在卫前大街。"

由此可见，古代的永州府治是有围墙围起来的，相当于故宫在北京城的位置，也就是子城。永州路到明朝改为永州府，其治所一直没有变，就在千年永州府治。也许，当时的湖广省掌权者认为，路治与州治在一起，便于管理和联络，也可以节省执政成本，于是就把它们放在了一起。

"至元十八年永州路司狱司"八思巴文铜印正视图

根据柳宗元《永州崔中丞万石亭记》一文的描写，参照《永州府志》《零陵县志》的记载以及《城厢图》，可以推定永州府治大致包括今零陵区工商银行宿舍（核心区域，内有发珍井）、零陵电业局西部办公楼和宿舍、永州市第四人民医院的东部和北部区域（万石山）。府治附近还有九疑阁、新堂、钟楼、鼓楼、西楼、万石亭等众多公共建筑。

司狱司，是一种机构名称。各省提刑按察使司及府、厅衙门所属内部机构，掌管监狱事务。司狱，就是在司狱司里面掌管刑狱的官员。这个名称出自于汉代扬雄的《法言·告知》："如有犯法，则司狱在。"元大德七年（1303年），刑部设司狱司，掌率狱吏、典囚徒之事。大都路及南北两城兵马司下亦置，正八品（《元史·百官志一》）。

从明洪武和清康熙年间的两部《永州府志》等文献记载来看，我们可以得知，司狱司跟永州卫治一样，都是在府治的西边。

搞清楚"路"的来历和元朝的一些官制之后，我们再来探究一下当时永州路的路官是谁。

其实，只要我们来一次回头看，重新阅读我们手上的府志和县志等文献，就一目了然。

《洪武永州府志》卷一"设官沿革"篇载曰："元制路官，达鲁花赤、总管、同知、判官、推官各一员。"也就是说，明朝至元年间，在永州担任路官的是达鲁花赤，他手下有总管、同知、判官、推官各等人。

这枚印的印面为八思巴文，也有来历。元朝刚刚建立时，官方文字初期是蒙古畏兀字，元世祖忽必烈改元至元后，觉得原来的文字有所欠缺，也应该创新，便命国师八思巴为蒙古汗国创造一种新的文字。八思巴不负重托，用了5年时间，创制了一种新的拼音蒙古文字，并于至元六年（1269年）颁行全国，称"蒙古新字"或"蒙古字"，俗称"八思巴文"。作为元代的官方字体，主要用于官方文书、旨书、牌符、官印等。

至此，我们对整个古铜印的前世今生有了一个初步的了解。至于柄的上方有一阴刻的"上"字，那是刻印的习惯，至今流行，主要是给使用者指明方向，不至于把字面盖反了。

在中国的56个民族中，蒙古族是一个十分强悍的民族。元朝存世时间不长，但它结束了五代以来长期的分裂局面，实现了统一多民族国家的巩固和发展。

所以，每每想起那个时代的永州，我心里总有一种特殊的感受。看见这枚古铜印时，眼前也仿佛出现了达鲁花赤的高大背影，只见他大手一挥，总管、同知、判官、推官等人深入民间调查，衙役们深入各地缉罪犯、维护治安。而且，我们也听到了那来自司狱司的审讯声，还有这枚古铜印落向布告纸面的声音。

元双龙纹铜马镫

元双龙纹铜马镫正视图

仿佛是一个遥远的约会，有一天，我终于到达了那个令人心驰神往的地方：那是内蒙古一望无际的呼伦贝尔大草原，它带给人一种洪荒般的苍茫；天空是那样的蓝，蓝得让人醉心；蓝天之上，还有一种白，那是云朵的脸，白得让人汗颜；地是那样的绿，绿得让人透心；风，是那样的温柔，温柔得让人酥心。更让人惊喜的是，在那蓝绿之间，是风吹动着的草。在风吹草低的瞬间，现出一群群洁白的羊群。

234

没有听见马蹄声，只看见一匹汗血宝马朝我奔来。当宝马抵近我身边时，马上的蒙古汉子一个侧俯，就像老鹰捉小鸡似的将我提了起来，放在他身前。我跟他坐在马上奔跑，鼻子里闻到的是他身上粗犷的

元双龙纹铜马镫局部图

男人气息，眼睛看见的是天上的云朵一片一片从头顶飘过。当宝马奔上一个高坡时，那些云朵仿佛伸手就能摸到。跑了一阵子，我们来到蒙古包。里面一个牧民双手捧起哈达向我走来，领头的牧民则左手端起斟满酒的银碗，右手徐徐挥舞，为我献歌，其余的牧民举着碗里的酒跟着齐唱，让我深深感受了牧民的热情。几首歌诉情、几碗酒下肚之后，开始带我来的那个蒙古汉子就为我表演马术，但见他抓住骏马的缰绳，脚往马镫一钻，身子一纵，就上了马背。在人们的惊呼声和呐喊声中，汉子在马背上滚、倒、立、爬，甚至侧挂，动作十分精彩。当他表演了几圈之后，停下来，让我也试一试，并且将我扶上马。我手握缰绳，眼望前方，他在马身上一拍，骏马就奔跑起来。我心里一急，脚就悬空，身子一滑，就滚了下来。期间，听见他大声呼喊："脚踏马镫！抓住绳子！身往前倾！"可是来不及了，我已经掉在草地上，屁股摔得痛痛的，不禁"哎哟"一声，就醒了。

原来是南柯一梦。

尽管只是一个梦，却让我记住了一个名字：马镫。

1993年，永州祁阳县城关镇唐家岭村村民唐昌栋在挖屋基时，挖出了一对马镫。后来，据文物专家考证，这对马镫高19厘米，底部长6.4厘米，宽13厘米，属实用器。顶部为方形吊环，底部呈凹形踏板，腰饰双龙纹，龙头衔环将马镫连为一体。它铸造于元朝，属于铜质。尽管因为岁月的侵蚀，马镫的器表也布满绿色铜锈，由此带给人一种厚重的沧桑感，但品相完好。它的完整与精致，反映了元朝高超的铸造技艺，是研究元朝统治永州历史的难得实物资料。

在平常人眼里，马镫只是一对挂在马鞍两边的脚踏，除了帮助人上马，似乎没有其他什么作用。只有那些亲身体会了骑马的人，才会发现马镫的作用主要让骑马者的双脚感到踏实，摒弃了悬空的感觉，从而更好地发挥骑术，同时又能保障骑马者的安全。否则，就会像梦中的我，失去马镫的支撑，很容易从马背上摔下来。

这世上的某些事物，有时候就这么不可思议。

乍看那小小的马镫，很像我们南方乡村的一些农具，没有什么了不起的，因为它本是蒙古游牧人生命的起点。但想到它在解放了骑者的双手，骑者无须再用双手紧握马鬃奔驰的同时，还意外地催生了真正意义上的骑兵时，就不由得让我对它充满了敬意。

在马镫出现之前，人们上马的主要姿势为：先用一只手紧抓马鬃，跟着一跃而起飞身上马；或用像撑杆跳高那样用手中的棍棒点地作为支撑，一跃而起靠惯性跳上马；或靠踩住临时安装的横栓上马。那个时候，骑士们的双脚是悬空的，所以在马儿奔跑时骑者必须紧紧抓住马鬃，夹住马肚，才能避免从马背跌下来。马镫出现后，骑兵和战马很好地结合在一起，人和马的力量二合一，骑兵可在马背上弯弓搭箭或手持枪矛冲刺厮杀，从而发挥出最大战斗力。

令人欣慰的是，作用如此伟大的马镫，最早居然是由我们中国人发明的。虽然准确的时间目前学界尚无定论，但中国史学家已经肯定，早在公元3至4世纪，鲜卑人活动的中国北方草原地区就出现了马镫。1965年，考古人员在辽宁省西部与内蒙古赤峰相接的北票县北燕贵族冯素弗墓中，出土了一对木芯长直柄包铜皮的马镫，它们的长24.5厘米，宽16.8厘米。据考证，时间为公元3世纪中叶到4世纪初，是世界上现存时代最早的马镫实物。大约在公元5世纪，马镫由中国传到朝鲜，因为在公元5

元双龙纹铜马镫倒视图

世纪的朝鲜古墓中已有了马镫的绘画。尔后，由中国传到土耳其，再由土耳其传到古罗马帝国。到了公元6世纪，马镫传播到了整个欧洲大陆。可能是有中国工匠到欧洲直接制做马镫的缘故，因此，马镫在那里被称为"中国靴子"，备受人们关注。

而在中国本土，情况似乎恰恰相反。人们最初对马镫并没有怎么在意，好像它是一种可有可无的玩意儿。只有到了南宋末年，忽必烈带着他的铁骑军，南征北战，迁都燕京，改号大元时，人们才意识到马镫的强大作用，并由此惊讶马背上民族的彪悍与勇猛。

元双龙纹铜马镫 237

必须承认，元朝是中国历史上一个伟大的朝代，它结束中国历史上李唐以降3个多世纪的分裂，实现了大一统，版图甚至超过了汉唐。元朝也是中国历史上第一个少数民族建立的君临全国的王朝。更主要的是，元朝对新疆、西藏等地进行了有效的行政管辖，西藏首次进入中国版图。此外，元朝在对外贸易、农业生产、宗教信仰、文化艺术等方面，也颇有建树。

而永州老百姓对元朝的认识，可能大多只停留在元朝大德九年（1305年）元兵派人进入江永（时称永明）千家峒收税之事的层面上。根据瑶族文献记载，那次千家峒里的瑶人，捧出自己家最好的酒，拿出最好的菜，热情款待官府派来的税官，并导致他乐不思归。而官府几天不见收税的人回来，以为他被害，就发兵攻打千家峒，结果千家峒惨遭血洗，12姓瑶人将一只牛角锯成12段，各持一段逃奔他乡，发誓500年后重归故土相聚。

这是一个悲壮的传说。

其实，靠铁骑横扫天下的元军，在统一中国的大业上还是有圈可点的。在元兵攻打千家峒之前，元政府曾于1257年至1258年、1284年至1285年、1287年至1288年3次出兵，想征服大越（越南陈朝），这就是历史上著名的元越战争（或称蒙越战争），但都以失败告终。我想，可能就是在这个过程中，这对元代铜马镫的主人，带着北方的风霜，抵达了湖南，抵达了永州。或者征战失败自南返北时，经过永州，最后落地祁阳。

祁阳唐家岭村是一个颇为美丽的地方，那里离城区比较近，给我的印象是挺不错的。只是我没有想到，居然有一对元代的铜马镫在那里沉睡了700多年、做了700多年的孤独之梦之后，又在一个偶然的时间灿然复活。

而我见到这对铜马镫时，已经在永州博物馆里。在我看来，它醒来虽已长达25年了，却依然是一种迷惘的眼神。

　　或许，自从它复活那日起，就一直没有人来了解它的心事，也没有人知道它心里的秘密。

　　"夜阑卧听风吹雨，铁马冰河入梦来。"按道理，作为战马的配备件，这对元代双龙纹马镫应该是有履历的。可能是因为人们的疏忽，让它把自己的履历写在了山里，写在了水里，写在了路上，写在了主人的征战里。

元双龙纹铜马镫侧视图

　　所以，当我面对它时，心中似乎有一种感应，并由此引起了无限联想：

　　在元代的一间兵工厂，一群人正在制造刀、枪、剑、盾、甲、马鞍、马镫等武器装备。其中两个工匠在炉火前，在铁墩上，小心翼翼地为一对刚从模具中拆出来的双龙纹马镫进行最后的校验和定型。模具设计者已经将镫底制作成平正形，向上为半圆形，在半圆形上方打孔，充分考虑到了镫革穿过和骑马者的脚底平稳舒适，他们只需进行一次校检就可以了。当然，他们知道，在中国人眼里，龙纹是皇权或贵族的象征，使用者的身份可想而知，因此不敢有丝毫的懈怠和粗心。红红的炉火、聚神的眼睛、淋漓的汗水、轻轻的动作，交织成一幅幅美丽的画卷。

　　阳光明媚，一支元朝政府军自北而南，从燕京一路南下到南方的桂越边境。马蹄声声，尘土飞扬。领头的将军神采奕奕，信心百倍，仿佛小小的陈朝，就会像当年的西辽、西夏、花剌子模、东夏、金等国一样，纷纷落入大元的囊中。

在一个寒冷的冬日，一支元朝政府军盔甲铁衣快马扬鞭，趁着夜色攻入今越南境内的陈朝国土。这是元军的第二次或者第三次南征。遗憾的是，元军进入不久，就遭到陈朝军队的包围。元军将领无奈，只好骑着战马左冲右突，张弓射击，率部突围……

一匹健强的战马驮着一个受伤的人，或者一匹受伤的战马竭力驮着一个健强的将军，沿着湘南的石板路往北，往北，时徐时疾的马蹄声，如同舞台上演奏者筋疲力尽的钢琴声，最终把休止符留在了永州之野的祁阳大地。

当然，这仅仅是我的一种臆想，不可能等同历史本身。

我想要说的是，在中国历史上，尽管曾出现过不少的少数民族政权，像北魏、东魏、西魏、北齐、北周、前秦、后秦、后燕、北燕、南燕、前凉、后凉、辽、西夏、金、元、清，等等，它们几乎都是未曾成大气候、偏安一隅的地方政权。而统一了中国的只有后两者——元朝和清朝。元朝的创立者是蒙古族，清朝的创立者是女真族，这两个民族对中原的入侵，完全依赖于战马。我想，马镫在其中间是起了一定作用的。

只是，当历史的烽烟渐渐散去，当金、元这两个少数民族皇朝逐渐成为一种遥远的记忆时，我们不难发现，他们没有输在马背上，而是输在文化上。元朝的疆域堪称世界第一，遗憾的是，成吉思汗跟忽必烈的战马可以迅速占领他国的领土，但无法占领他国的人心，特别是中国。由于元朝的汉化是中国历史上最浅的，连圣旨都是用蒙文下的，翻译过来，大多是我们日常聊天的口水话，所以，最终输给了博大精深的汉文化。这也是近10年来我常跟朋友们说"大到国家跟国家之间、民族跟民族之间的竞争，小到企业跟企业之间、家庭跟家庭乃至个人与个人之间的竞争，归根结底就是文化的竞争"这句话的原因。

元菱花形八思巴文鼎炉纹铜镜

元菱花形八思巴文鼎炉纹铜镜正视图

在永州，曾有一件刚刚重现人世的国宝，还没来得及睁开惺忪的睡眼，抖一抖身上的灰尘，晒一晒久违了六七百年的太阳，看看它身边久违了的山脉与河流，就被无知的发现者焚琴煮鹤当做废品卖进了废品回收店，差点表情十分尴尬地踏上了它的流浪之旅。其情其景，有些像逃出皇宫的还珠格格被恶霸当做民女扣押在大院还挨了打。幸运的是，它被暴殄天物不久，就被那个有良知的废品回收店老板送到了宁远县文物部门。

事情还得从1999年说起。

那年夏天，在永州市宁远县城的一处基建工地上，一群建筑工人在施工时挖出来一个金属块。这个金属块是圆形的，而且边沿有波浪式花纹。关键是，这个圆形金属块是绿色的，锈迹斑斑，很不起眼，上面有4个印章，里面的字，既像符号，也像文字，可惜大家都不认识。其中一人用石头之类的硬物去刮垢，好不容易弄掉一些涂层，才发现里面是铜黄色，估计是破铜烂铁之类的东西，感觉拿回去也没有什么用，不如卖几块钱来买包烟抽。于是，他们就将这个圆形铜块卖给了附近的废品回收店，得到了几包烟钱之后，他们乐滋滋地分享了一阵，就继续干他们的活去了。

世界上许多物质的归属是讲究缘分的。我在想，这块铜镜的回归，一是得益于那4个印章式的字，二是得益于那个有良知和觉悟的废品回收店老板。不然，它很有可能被废品店老板集中卖掉，或投入熔炉熔化，或被转卖的识货者私藏了。也许，那个废品回收店的老板等那几个无知的建筑工人走了之后，曾拿起铜镜来反复察看，当他看到那4个印章式样而又无人能识的字时，估计这应该是一件文物，于是就把它送到了县文物所。后来，经文物专家考证，它是元朝的产物，铜质，其直径19.8厘米，厚0.3厘米，重645克。该镜菱花边造型，背呈铜绿色，露黄铜底色，绿锈土锈杂混于身，包浆熟旧自然；镜面则较粗糙，但被捡拾者刮削。背铸小桥形钮，钮四侧对称式共铸有凸线纹丹炉4个，上下左右炉壁上各铸有两个八思巴文文字，字意待考。于是，文物专家把它命名为：元菱花形八思巴文鼎炉纹铜镜，属国家一级文物。

之所以很快能鉴定那些文字是八思巴文，是因为永州已经积累了这方面的经验。早在1977年，当时的新田县文物专干张一纯，曾从县物资回收部门发现了一方八思巴文铜印，后来，将铜印的正面印模函请中国社会科学院民族研究所照那斯图老师鉴定，照那斯图老师认为，此印系八思巴文的篆体字，相应的汉字是："永州路司狱司之印"。

从新田的八思巴文元代铜印到宁远的八思巴文鼎炉纹铜镜，二者都有相似的经历：价值连城的它们，都是从废品里走出来的。这样的经历，固然让人感到嗟叹惋惜，而它们身上的八思巴文，更让人感到充满了神秘魅力。

假如，允许我们在灿烂的阳光下，把这块元菱花形八思巴文鼎炉纹铜镜高高擎起，也许可以照见一个早已远去的少数民族王朝隐于中国历史深处的苍茫背影，以及一个国师的传奇人生。

800多年前，在中国北方广袤的草原上，那个一直以游牧为生的民族在孛儿只斤·铁木真的带领下，南征北战，东拓西联，建立了蒙古帝国。之后，1260年，忽必烈即汗位，建元"中统"。1271年，忽必烈取《易经》"大哉乾元"之意改国号为"大元"，次年迁都燕京，这就是元朝。

由于元朝在中国历史上存在不足百年，而且其汉化程度很低，所以，在汉人眼里，作为一个少数民族的蒙古族，一直以来笼罩一层神秘的面纱。特别是元朝时期，中国引进了许多外来的宗教文化，为后来的宗教发展提供了重大的发展机遇。历史是本真的，而小说是艺术化的，所以，在诸多小说中，元朝的宗教就被过度神秘化了。也许，读过金庸长篇小说《神雕侠侣》的人都还记得，小说里面有一个武功超群的金轮法王，他是元世祖忽必烈的国师，曾协助忽必烈攻占南宋。实际上，金轮法王只是金庸虚构的一个人物，忽必烈真正的国师却是八思巴，一个来自西藏的高僧。

现今西藏的萨迦县，原名吐蕃萨迦。在那块土地上，曾孕育出一个著名的家族——昆氏家族，这个家族发迹于1200年前。到了公元1073年的时候，一个名叫昆·贡却杰布的家庭成员在本波山下修建了一座萨迦寺，并创立萨迦派。跟着历史的车轮旋转了200多个圈之后，萨迦派茁壮成长为西藏有名的宗教派别。

元菱花形八思巴文鼎炉纹铜镜平视图

公元1235年暨宋端平二年，在桑查索南坚赞和更噶吉的家里，一个聪明伶俐的小男孩诞生了，父母给他取名罗古罗思监藏。当年是藏历的木羊年，父母按照藏族新书，又给他取了一个乳名"类吉"，就是"小羊人儿"的意思。至于八思巴，在藏语里是"圣者"的意思，是人们对当上国师之后的罗古罗思监藏的尊称。

罗古罗思监藏是家里的长子，出生时其父桑擦·索南坚赞已经52岁。父亲老年得子，因此倍加宠爱这个儿子。索南坚赞有一个哥哥，名叫贡嘎坚赞，是西藏的第一位萨迦班智达。班智达的称号来源于印度，意思是学识渊博的大学者。萨迦班智达贡嘎坚赞是西藏佛教史上第一位被誉为班智达者，由于精通五明、智慧无比，后来被称为雪域三大文殊化身之一。

藏族信奉转世轮回。在吐蕃萨迦，传说八思巴由高僧萨顿日巴转世而生，所以他从小天赋异禀，3岁就会口诵真言、心咒修法，至于诗词歌赋、天文地理和星象学之类的东西，居然无师自通。罗古罗思监藏还有一个奇怪的表现，那就是他常说自己的前世是萨顿日巴，这个消息一传十，十传百，后来也传到萨顿日巴的两位弟子那里。他们获悉，深感惊疑：师父果真转世了吗？于是，赶来看过究竟。见到罗古罗思监藏时，他正与几个小孩玩得开心。看见他俩，仿佛一见如故，笑道："你们终于来了！"两位大吃一惊，问："您真的认识我们？"罗古罗思监藏轻轻一笑，就直接说出了两人的名字。两位弟子听了，面面相觑，从此，对罗古罗思监藏即后来的八思巴心生敬仰。

只是，即便八思巴是一个天才，也曾遭遇了许多坎坷，见证了历史的变迁。

八思巴是伴随着中华大地的深刻变化而成长的。1239年，蒙古兵长驱直入，兵临城下。第二年，蒙古大将阔端派兵攻占西藏。当时的西藏，教派林立，尔虞我诈，相互争斗，遇到这种情况，就变成了相互推诿。为了不至生灵涂炭，萨迦派教主萨迦班智达贡嘎坚赞被大家推举出来，去跟蒙古人谈判。

那时候交通不便，书信传递更要时间。所以，直到1244年，萨迦班智达才收到阔端给写给他的邀请信。阔端在信中完全是一副恫吓的面孔，他以居高临下的口吻说：你有本事的话就来凉州（现甘肃武威）跟我商量西藏日后的安排，否则我就让西藏生灵涂炭。

形势紧迫，不容犹豫。年逾花甲的萨迦班智达决断去会一会这个高傲的阔端。一来他不愿见到藏族同胞被蒙古兵大肆屠杀；二来他也有点私心，想借助蒙古人的力量加强自己在西藏的影响力。借力使力不费力，才能在众多教派中出奇制胜。

重任在肩，奋力前行。尽管体弱多病，但是为了顾全大局，萨迦班智达还是带着他的两个侄子，即10岁的八思巴和6岁的恰那多吉踏上了征程。

或许，在萨迦班智达眼里，两个孩子就是他的拐杖，就是他的力量，就是他的希望。

现今从拉萨到甘肃武威的高速公路约2400公里，而古代道路蜿蜒，估计至少在3000公里

元菱花形八思巴文鼎炉纹铜镜局部图

以上，其间有多少高山，多少江河，都靠徒步去完成，需要很大的勇气和坚强的毅力，那才叫用脚步丈量大地。

伯侄三人，结伴而行。那行者的脚步，是那样地坚定；那行者的背影，是那样地伟岸；那行者的方向，是那样地明晰。因为，他们心中只有一个使命：以谈判促和平。

可以想象，他们跋山涉水的艰难；可以想象，他们风餐露宿的艰辛；可以想象，他们滑倒跌倒的艰苦；可以想象，他们饿倒病倒的凄惶……

只要迈步，就能到达。时间定格在两年后的1247年正月，经过长途跋涉的三人终于在凉州见到了阔端。一次开诚布公的会谈，改变了蒙藏历史。在凉州的蒙古军营里，萨迦班智达和阔端进行了多次商谈，双方都很坦诚，目标也高度一致，那就是如何在保证西藏各种势力利益的前提下，使西藏归附蒙古。

没有人知道萨迦班智达及其两个侄子经历怎样的考验，但从后来的一系列结果来看，阔端也应该表现出了足够的诚意和大度。其间，萨迦班智达以自己高超的医术，治好了阔端多年的旧疾，让神奇的藏传佛教令阔端心服口服。尔后，萨迦班智达以诚恳的态度给西藏的民众写了一封言辞恳切的信，促使西藏归附了蒙古。不仅如此，前来会谈的三人还住了下来，扎根凉州。八思巴一心向佛，继续跟着叔叔萨迦班智达学习佛理，而恰那多吉则倾向于蒙藏交流，效仿蒙古人穿上蒙古服装，咿咿呀呀跟着学习蒙古语言。后来，出于政治的需要，按照萨迦班智达的策划，恰那多吉娶了阔端之女，蒙藏贵族之间形成了联姻关系。

1251年11月，萨迦班智达修成正果，在凉州的幻化寺悄然圆寂。他把衣钵传给了年仅17岁的八思巴。由于有恰那多吉的政治联姻，八思巴随着元军的活动轨迹，渐渐步入了中原地区。

说起八思巴与忽必烈的交往，转折点应该就在1253年夏天。那次，八思巴忽然接到忽必烈从贵州发来的邀请，请他到军营一叙。尽管之前两人见过面，但这次见面的意义非同一般，因为八思巴第一次以教主身份会见忽必烈。而忽必烈的军队当时已到达六盘山、临洮一带，正考虑如何派人去西藏摊派兵差、收取珍宝。八思巴一听，大急，于是将吐蕃自唐以来的历史讲给忽必烈听。忽必烈翻看汉地史籍，发现这些是《唐书》里所记载的松赞干布迎娶文成公主的故事，于是心里暗自佩服这位年轻的教主。此后，八思巴又说了一些典故，让忽必烈心服口服。于是，忽必烈拜八思巴为上师，并决定奉藏传佛教为国教。

从此，两人患难与共，经历了许多历史风浪，友谊更加深厚。1260年，忽必烈继任蒙古汗位，他当然不会忘记八思巴，立对方为国师，并赐玉印，八思巴从此成为全国佛教领袖。

1265年，八思巴返回阔别了20年的西藏。重踏故土，八思巴感慨万千，在他的带领下，教徒们对萨迦寺进行大幅度修缮。不仅如此，他还拜20多位大师为师，研习佛理、天文等知识，在家度过了愉快的3年。

西藏距大都很远，忽必烈并没有忘记回乡的八思巴。在他回去之后，忽必烈派人传达圣旨，交给八思巴一个重大任务：创制"蒙古新字"。

接到这个重大任务之后，八思巴不敢懈怠，他冥思苦想，决定在自己母语藏文30个字母的基础上，进行蒙古语嫁接，并扩大创新，于1268年创造出由41个字的新文字，关键是藏文形状蒙语发音。忽必烈龙颜大悦，凡下诏书及公文等均必须使用蒙古新字，国家培养专门人才学习该文字，试图在全国范围内推行这种新文字。1270年，八思巴第二次向忽必烈授予密宗灌顶。由于八思巴为元朝中央创制新文字，为元朝皇帝授予神圣灌顶，深得元朝皇帝器重。忽必烈晋升八思巴为帝师，并更赐玉印。而他所创制的"蒙古新字"，渐渐被人们称作"八思巴文"。

中国有56个民族，而有文字的民族并不多。八思巴文属于拼音文字，有音无义，类似音标，且忽必烈的举措与历史背道而驰，不让人数少的蒙古人学习汉语，反而让人数多的汉人学蒙语，结果，导致八思巴文成为贵族文字。忽必烈见状，只好接受这个事实。不过，这种八思巴文也起到了后来电报中的密码作用。

了解了八思巴其人其文之后，回过头来看看这块元代菱花形八思巴文鼎炉纹铜镜，就会带给我们许多遐想：这块铜镜出自于哪位工匠之手？被什么人收藏或带在身边？其作用仅仅是用来梳妆还是另有其他？它是怎么跋山涉水来到永州境内的？与元代设立的永州路有什么样的联系？与新田县那方八思巴文铜印是否有血缘关系？这铜镜上下左右炉壁上各铸有两个八思巴文文字，究竟是什么含义？等等，还有待于文物专家们进一步揭秘。

不管将来谁先有缘揭开其谜，我始终相信，历史如同一个有情趣的人，它也需要一种生活的温情。

明代葫芦形金耳环

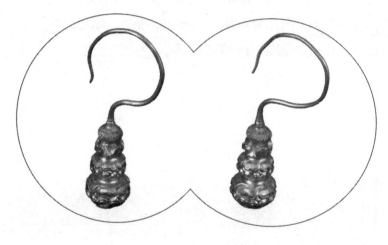

葫芦形金耳环正视图

　　在国人的印象中，葫芦是一种植物，在未成熟之前，可以作为蔬菜食用。成熟之后，可以晒干，掏空瓜瓢，作为葫芦。人们都知道，在很多古代文学作品中，就有腰间悬挂葫芦而豪饮的人物形象，比如济公、铁拐李，等等。却很少有人知道，在中国古代，先人们还曾把它金属化，变成女性美轮美奂的首饰。

1994年，原县级永州市（今永州市零陵区）南津南路建设如火如荼，除了湖南省第一座与外商合资建设的南津渡大桥，还有两家金融机构也在建设新址。其中一家，就是零陵地区工商银行（今永州市工商银行）。当时，工商银行的工地是一片荒山，山上有少量橘子树。建筑工人在施工过程中，居然发掘出一个砖室墓，于是赶紧报告文物部门。后来，经过文物专家现场勘查，认定此墓为明代墓葬，并从墓室中发掘出一面青铜镜、三朵金帽花和一对葫芦形金耳环。经过鉴定，这对葫芦形金耳环为国家一级文物。它属于明代装饰品，黄金质地，底径1.2厘米，坠高2.3厘米，环径1.8厘米，通高4.9厘米，坠高2.6厘米，每只重5克。挂钩呈大耳形，坠为葫芦形，中空，上小下大，由上而下依此分为四股凸出于表面，考古专家称之为四珠葫芦环。最让人惊讶的是四珠葫芦花纹的变化，第一股细刻网络纹；第二股为波状凸棱纹；第三股与第四股均饰6组相向斜对的流云纹。细细查看，不难发现，这对耳环经过浇铸、錾刻、焊接、抛光4道工艺，代表了明代金器工艺的上等水平。

　　金，本是一种金属元素，它可以应用到电力传导、医疗等方面，但是在人们的记忆中，它是一种稀有物品，通常用来制作成货币或首饰。其实，人类对金的崇拜，最早跟我们头顶的太阳有关。在那茹毛饮血的年代，人们对太阳充满了狂热的崇拜。长期栖居在密林和岩洞里，总会被潮湿之气缠绕，因而带来诸多疾病，所以，当他们看见太阳并在空旷地带享受了阳光浴之后，切实感受到了阳光的珍贵，他们也就有了只有太阳才能给人带来光明这样的原始记忆。所以，中国上古时代，就有了夸父逐日的神话传说。我想，大约是在日常劳动中，先人们无意之中发现了一种能像太阳一样发出金色光芒的东西——黄金，于是把它信奉为太阳的化身，拥有了黄金也就拥有了太阳，拥有了至高无上的权力和财富。因此，古代君王都要身披黄袍，用贵重的黄金来装饰自己的殿堂，希望像太阳一样普照大地，一统天下。

大约到了铁器时代，随着黄金在交易过程中的使用，黄金的货币价值开始超过其图腾意义，但无论怎样，黄金仍然是权力和财富的化身。据考证，春秋战国时代有金、银、铜3种金属货币，其中，金质的郢爰（爰金）的流通，只有皇宫里的人和王侯将相等上流社会人士才有权使用。基于这样的原因，黄金白银也就成了一种财富。

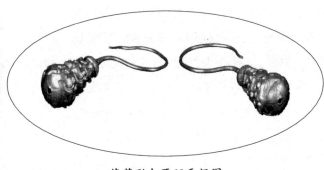

葫芦形金耳环平视图

我跟大多数人一样，曾有过这样的臆测：首饰源自于女性创意。因为女性天生爱美，耳饰则是能体现女性美的饰品之一。当她们看见男子身披黄袍，用贵重的黄金来装饰自己的殿堂时，可能萌生了与夫君分享，用黄金装饰自己脸面的念头，因此要求夫君下令，让工匠用黄金白银为自己制作出了各种各样的首饰。而耳饰，只是首饰家族的一个成员。

较之金簪、金冠等首饰，"耳环"一词似乎出现较晚。唐代的耳饰实物发现较少，敦煌石窟壁画上的女子或各地出土的陶俑耳上也几乎不见耳饰的踪迹。我查询了诸多文献，发现最早的用例是在五代。《旧五代史》卷八四《晋书·少帝纪四》说，开运三年（946年）九月，张彦泽"破蕃贼于定州界……生擒蕃将四人，摘得金耳环二副进呈"。《资治通鉴》卷二八五同年同条记"蕃贼"为"契丹"，可证此处虽记载了"耳环"，但戴耳环的是契丹男子，属于少数民族。这似乎就推翻了我前面"首饰源自于女性创意"的臆测，好像耳饰最早还是来源于少数民族。从现今人们的生活习惯来看，汉族同胞除了戴金银项链和戒指，加上少量的耳环和手镯之外，很少有人在自己头上堆金砌银的。相反，很多少数民族同胞特别是女性，则有不少繁丽的头饰。加上中国历史上曾有两个少数民族统治的朝代——元朝和清朝，这两个时期的首饰特别发达和繁荣，由此，可以推定，中国首饰的繁荣发展，跟少数民族息息相关。

葫芦形金耳环局部图

其实，明代初期对于首饰尤其是金首饰的管理还是很严格的。因为明太祖朱元璋是一个极端民族主义者，他曾颁布了许多极端的命令：比如说，把贪官的人皮剥下来，用人皮制成鼓或者填入稻草制成人皮稻草人，立于衙门门口或者当地土地庙的门口，用以警告下一任官员；比如说，禁胡服、胡语、胡姓。明初洪武三年，朱元璋又发布关于首饰的禁令：庶人初戴四带巾，改四方平定巾，杂色盘领衣，不许用黄色。又令男女衣服，不得冒用金绣、锦绮、纻丝、绫罗，只许绸、绢、素纱，其靴不得裁制花样、金线装饰。首饰、钗、镯不许用金玉、珠翠，只许用银。

"旧时王谢堂前燕，飞入寻常百姓家。"朱元璋去世后，由于经济的发展，政策的放宽，原本皇室贵族才有资格使用的金饰，也就慢慢大众化了。明中期以后，普通人家添置金银首饰的氛围日益浓郁，对于家境殷实、衣着讲究的人来说，一般都会添置一副完整的头面，它由冠、挑心、分心、满冠、顶簪、掩鬓、花钿、簪、耳环等十二三件首饰组成，有的甚至多到二十几件。在耳饰中，葫芦形的坠子就这样脱颖而出。

明代之所以崇尚葫芦形耳环，主要是它带有吉祥的含义。葫芦，传说有护身、避邪祛累的功效，加上谐音"福禄"，故而被人们乐意接受。熟悉中国传统神话故事的人都知道，元始天尊有一件法宝名叫混沌葫

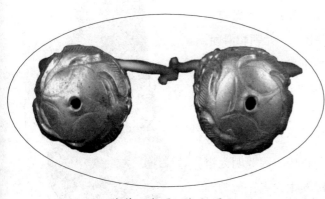

葫芦形金耳环仰视图

芦，太上老君有一个紫金红葫芦，八仙之一的铁拐李五福葫芦，因为这两个人物形象在人们脑海里根深蒂固，葫芦也就成了仙道的标配工具。打开葫芦，可以发现里面有很多葫芦籽（种子），葫芦因此被用来象征子孙繁衍。葫芦的美好内涵依旧为人们深信不疑，在传统风俗中广泛使用。

中国人最早使用葫芦作为一种纹样，可以追溯到元代。上层阶级对葫芦形耳环很是青睐有加。元人熊梦祥的《析津志》中说到蒙古女性的顾固冠（元代蒙古族已婚女子流行的一种高冠）时

提到："与耳相联处安一小纽，以大珠环尽之，以掩其耳在内……环多是大塔形葫芦环，或是天生葫芦……"从元代的皇后画像中也可以看到，忽必烈的皇后纳罕，耳朵上戴了葫芦耳环。这种佩戴葫芦饰物的风气一直延续到了明代。明代的皇后在常礼服的大衫像中配戴葫芦耳环，是一种相当固定的搭配，也很可能是一种官方规制。

福禄为人人所追求。大明王朝，可谓是葫芦耳环流行的全盛时代，各种的葫芦耳环层出不穷，官方和民间争相收藏。曾经到过我们永州，并且写下《寻愚溪谒柳子庙》一诗的严嵩，晚年贪腐被抄家，朝廷在其抄家时开出的名单《天水冰山录》中，就有摺丝葫芦耳环、光葫芦耳环、累丝葫芦耳环等耳环，而材质也包括各色宝石、玉质、水晶等，恍若今日琳琅满目的珠宝商店，奢靡程度令人瞠目结舌。

众所周知，大明时期，朱元璋曾封其子孙为南渭王，王府驻永州，历经荣顺王朱音㙉、怀简王朱膺鈏、安和王朱彦滨、庄顺王朱誉㮆四代。在这四代王孙家族中，应该有追求时尚佩戴葫芦形耳环的女性。从这对葫芦形耳环的工艺来看，不像民间普通人家所有，应该出自王室贵族之家。作为荫封之王，南渭王家族应该拥有较为可观的财富，他们的墓葬应该相对奢华，只是目前还没有发现。永州古城及其周边，目前所发现的明代墓葬较少。而市工行现址距离古城东门大约两三里，建设前是一片山地，有不少柑橘。也许，那个墓葬是一个在南渭王府被冷落的妃子，或者因疾病夭折的妃子。但有一点似乎可以肯定，她生前十分爱美，并且颇为讲究。不然，墓室里不会同时出土一面青铜镜和三朵金帽花。至于这对葫芦形金耳环出自于哪位能工巧匠之手，是否在永州本土铸造，它在铸造过程中发生了哪些有趣的故事，恐怕只有天知地知了。

我不知道1994年那天，建筑工人掘开古墓时是否感到过惊讶。在他们眼中，那是一个古墓。可是，当我执笔写此文时，却分明看见那是一个十分温馨雅致的卧室，里面睡着一个很有气质的明代女子。当年，她可能是因为跟夫君闹情绪，一气之下蒙头大睡，却被一群奴仆抬着轿子吹吹打打送出永州古城，安置到东门外这个地方住下。当挖机惊醒了她500多年的睡梦时，她从卧榻上坐了起来，抖了抖身上的灰尘，取下头顶的帽花，摘下耳环，丢下铜镜，沿着台阶从地壳深处、从历史深处走出来，走到地面，看了看这个她曾经熟悉的都市，如今已经变成十分陌生，特别是那高耸入云的大厦和川流不息的车辆，让她感到迷惘与困惑。于是，她选择了一个方向，认定那是王府众人的迁徙所在，并朝着永州之野他们的气息追风而去。

明天启元年 "张孝书" 上湖南分守道
题名记石碑

零陵古城曾有很多令人艳羡的温暖记忆，比如隔水对峙的东西二山、蜿蜒北去的清清潇水、井然有序的大街小巷、巷道中巍然耸立的牌坊、临水而建的青石古码头、众多香火缭绕的寺庙、汩汩流淌的井水，等等。当然，更值得一提的还有千年不变位置的永州府治。

今天的零陵城，最早是泉陵侯国所在，然后是泉陵县、零陵郡（唐代一度称永州零陵郡）、永州府、零陵地（专）区、永州市所在。不管怎么称呼，自东汉之后，潇湘二水交汇处这一带的政治核心一直就在零陵古城。

最近这些年，零陵大力发展文化旅游，建设了东山景区和零陵古城两个拳头项目。只是，我发现除了少数对历史文化感兴趣的人，就连众多土生土长的零陵人，也不知道永州府治所在何处。

其实，永州府治一直在今零陵区人民路（原名府正街）东端，也就是现在的零陵区工商银行宿舍和永州市第四人民医院东边区域。清《康熙永州府志》卷三建置篇载曰："永州府治，在城中近北，倚山，唐宋遗址。洪武十四年（1381年）知府余彦诚修。正德十三年（1518年）知府何诏重修。中为正堂，堂之后曰穿堂、曰和夷堂，为知府廨。列厅于堂东者二，曰清军，曰理刑；于堂西者一，曰捕盗。捕盗厅右，旧有管粮厅，今废。堂左为兴济库，为经历司。右为照磨所。吏六房则列序两翼。前为仪门，仪门内左为土地祠，为经历廨，为知事廨。右为灵孚祠，为照磨廨。左右僻地为吏舍，仪门外有迎宾馆，土地祠对峙焉。前为大门，门外右越数十步，有亭曰申明，曰旌善。旧有狱司，今改卫前。"从记载来看，府治的规模还是比较大的，因为零陵地处潇湘二水交汇处，在以水上交通为主的古代，地理位置十分重要，所以也是最早建置之地，城廓周长在整个湖南曾仅次于长沙。

府治在坐北朝南，前面临街，后面原本是荒芜的万石山，比东山略矮。元和七年（812年），韦宙出任永州刺史，他到任一个月，认为永州虽然地处南蛮之地，但在"元和中兴"的背景下，呈现出国泰民安的大好形势。身为刺史的他平时没有多少事情可理，闲暇之余东转西转，便发现了府治后面这块山地，感觉很不平常。于是叫人铲除荒草，挖去污泥，居然现出一处微波荡漾的湖水，而且曲折萦回。更让他感到惊讶的是，山上还有不少怪石，森然繁密，有的排列成行，有的如同跪拜，有的站立，有的卧倒。石洞曲折幽深，石山突兀高耸……韦宙觉得这一切都是天然之美，便在此建造了一间厅堂，作为观赏游玩的地方。谪居西山脚下愚溪之滨的柳宗元闻讯，前来祝贺并写下了《永州韦使君新堂记》。3年后，崔能出任永州刺史，见万石山风景不错，而且前任在此修建了一间厅堂，他心想自己也该留下一点痕迹，于是

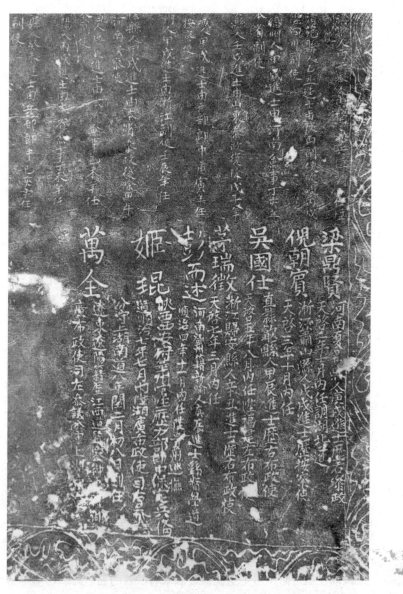

明天启元年"张孝书"上湖南分守道题名记石碑拓片（局部1）

效仿在山上建了一座亭子，同样找来柳宗元，让他为自己写了一篇《永州崔中丞万石亭记》。由此可见，经过历任刺史的建设，永州府治后院是一个很适合休闲散步的幽雅之处。这里曾有屡建屡毁的厅堂楼台若干，因为慕名吟咏，留下了不少诗文或碑刻。

新中国成立后，零陵行署就设在万石山以东、东山以西。行署坐西朝东，原来的大门比零陵地委的大门还要气派，门口有解放军站岗。20世纪80年代中期，地委行署为解决东风大桥的交通瓶颈问题，决定将行署搬迁到几百米外的东山东麓，从大桥东端劈开万石山经行署原址，修建一座立交桥跨越中山路，再修建一座有楼台的隧道穿越东山，经行署新大门往东外延。行署搬迁新址后，一条新路（今潇水中路）开始动工兴建。1987年的一天，施工人员在原零陵地区卫生学校附属医院（今永州市第四人民医院）北侧的万石山推土时，发现了一块石碑，它为明代石刻，石质，灰白色。长255厘米，宽105厘米，高35厘米。碑上所刻文字分为上下两截，上截刻天启元年（1621年）湖南按察使副使兼布政司参议分守上湖南道张孝所撰的题名记序言，500多字，介绍了朝廷设立上湖南分守道的由来及题刻此碑的原因、意义。下截刻了自明嘉靖二十六年丁未（1547年）至清顺治八年辛卯（1651年）之间的104年里，历任上湖南分守道的道员名单，共43人，约有1200多字。石碑出土后，为了不影响施工，文物部门的工作人员将它运到了零陵文庙内进行保管。若干年后，经专家鉴定，它被定为国家一级文物，成为零陵古城的宝贝。

新世纪之后，我曾多次去零陵文庙参观。当我在零陵文庙大成殿前左边台阶下看见这块被玻璃罩呵护着的石刻时，心里不禁感慨万千。追溯它的前世今生，也有这样那样的喟叹与惋惜。

众所周知，隋文帝杨坚开创了通过考试选拔官员的科举制度，唐代在隋朝基础上进一步加以完善。由此，读书人通过科举考试改变个人和家庭命运，建功立业，光宗耀祖成为普遍的现象。当时，流传着雁塔题名的习俗，即科举考试得中后，把自己的名字题写在大雁塔上，以示夸耀。这应该是中国文人题刻的最早起源。

永州地处湘南，在以水路交通为主的古代，这里是荆楚至岭南的必经之路，大量的贬谪政客、文人墨客因留恋这里的水清石秀，纷纷吟咏刻石，因而形成了历史线条完整、内容丰富、数量庞大的摩崖石刻群。至于活碑石刻，为数也不少。关于官员题名，文献上也有些许记载，比如《康熙永州府志》就载有永州知府赵儒（号渭北，华阴人）于明嘉靖年间写的《永州府职官题名记》。对比赵儒和张孝的题名内容，应该说，赵儒的文采不输于张孝，遗憾的是，尽管当时有勒碑的习惯，但我们不知道赵儒有没有叫人将该文刻成石碑。所以，到目前为止，永州境内出土的题名碑刻仅有张孝的上湖南分守道题名记这一块。

分守道是明代的一种官职。明朝把全国划分成10多个省份，每个省划分成为若干个府和直隶州，州府下辖若干数量的县。由于一个省的面积辽阔，对于各地官员的实际情况，省级官员并没完全清楚。所以，每个省份又建立了布政使、按察使、都指挥使相互制约的模式。其中，布政使负责全省的经济、民政、人事任免等工作，按察使负责全省的治安和司法工作，至于都指挥使，则负责全省的军队管理工作。明朝的道台非常复杂，分为很多类型，例如分守道、分巡道、兵备道、督粮道、提学道、清军道，等等。在所有的道台中，分守道、分巡道和兵备道最常见，它们介于省、州之间，分别隶属于布政使司、按察使司和都指挥使司。一个布政司（相当于省政府）里要划分出好几个监察区"道"来，而一个"道"有可能要管辖与监察好几个府。通常来说，凡是由布政使司里的左右参政、参议等佐官分管与监察几个"道"的钱谷粮税之类的，这类专业的"道"叫"分守道"，凡是由提刑按察使司（相当于现代省检察院或省法院）里的副使、佥使等佐官分管与监察几个"道"里的刑狱之类的，这类专业的"道"叫做"分巡道"。由于是监察官员，而不是行政官员，对于道台的选拔有很高的标准，一般选择清流进士担任。此外，在地位上，监察官员也高于行政官员。这种设置，有点像20世纪50年代初，湖南设立的湘南行政区，介于省、地之间，一个区管了衡阳、郴州、零陵3个地区。

明天启元年"张孝书"上湖南分守道题名记石碑拓片（局部2）

262

文献记载，湖广按察司下辖武昌府、郧阳府、永州府、岳州府、汉阳府、荆州府、衡州府、黄州府、承天府、常德府、襄阳府、辰州府、长沙府、德安府、宝庆府、黎平府，共计16个府，其分守道一般要分管几个州府，手中的权力也可想而知。

张孝的这块题名碑，在下半截题名处还给我们透露了他的个人信息：四川巴县人，甲辰（1604年）进士，泰昌元年（1620年）十二月任升本省武昌道。根据这段记载，我竭力查询当时与他打交道的永州官员，从《康熙永州府志》卷四秩官篇查得：永州知府林士标，福清人，进士，万历四十五年（1617年）任；同知沈续科，云南临安人，四十七年（1619年）任；通判杨世华，云南人，四十七年（1619年）任；推官黄克俭，仁和（今杭州）人，四十七年任。之后的官员都是天启三年才接替的。由此可见，作为分守道员的张孝来永州视察指导工作时，是由林士标、沈续科、杨世华、黄克俭等人陪同的。

而对于大明王朝来说，天启年间又是一个很悲催的年代。1620年，明神宗两腿一伸而驾崩，其长子朱常洛登基，为光宗。无奈明光宗是一个短命的皇帝，仅在位一个月，八月二十九日，他因服用李可灼的红丸，于九月一日五更时猝死。在这种背景下，16岁的朱由校即明熹宗仓促继位，改元天启。朱由校继位后，曾想好好治理一下国家，便大量启用东林党人。无奈党争加剧，魏忠贤趁机干预政治，闹得他也失去了耐心。1622年，山东爆发徐鸿儒领导的白莲教起义，各地民变、兵变、抗租斗争频繁爆发。1624年后，太监把握朝政，魏忠贤骄横跋扈，排除异己，大肆抓捕和处死东林党人，导致大明朝政混乱、内忧外患加剧。1626年，努尔哈赤率军攻打宁远，明军在袁崇焕的指挥下凭借坚

明天启元年"张孝书"上湖南分守道题名记石碑拓片

城固守抗敌，最终击败后金军，并击伤努尔哈赤，史称"宁远大捷"。不久后，努尔哈赤去世，其子皇太极即位。好消息传到京城，朱由校十分高兴，不料他第二年不慎落水病重，不久驾崩。朱由校死后，他弟弟信王朱由检继位，即明思宗，年号崇祯。在位17年，后来被李自成率军攻克北京。崇祯在煤山自缢，明朝灭亡。

所以说，这块天启年间的石碑是颇为珍贵的。只是它的边缘有些许残破，少部分字迹漫灭。不过，努力辨认，基本上还能识别。其中，前半部分的内容是：

国家分建藩臬之臣以资弹压，而于楚独称备员，母亦以其延袤之，寥阔有鞭不及腹者乎。若衡永郴一跕，地阻三湘，山连百粤，蠢尔猺人，实偏处此，与吾民共尺寸之壤也，其寥阔更有甚焉。

世庙初猺贼称乱，始征兵增饷，移藩司一员专驻于永，自时厥后，民狎其野，商乐于涂，无复有奋角距，以介我衣裳者，不可谓非弹压之效矣。时经百年而题名犹然未设，姓字渺矣无传，余甚惑焉。夫前事不忘后事之师也，自有专设以来，岂无丰功美节，足光纪秉，懿政深仁，犹经感慕而概令淹没，使追故实者致憾于捃拾之无从也。倘一时事之阙如，而有待者乎。余公余稍暇，寻讨遗迹，既稽传志，亦采旧闻，始捐俸割石，勒而纪之，树之愿治堂之右，于以吊古续今，聊补典故之阙制也，抑余因是而重有感焉。山缘玉辉，泽由珠媚，地以人重，岂人以地重，而何朊仕者之薄言永也。夫为可为于治办之地易，为可为于凋敝之域难，士君子业已秉注曳组，专制一方，即东西南北，惟其所命，升沉显晦，惟其所遭，要之，断有裨于地耳，焉问地哉。矧此间风气近璞，公道如存，试与之谭及过事，而是是非非，犹井

然其不紊也，斯亦千秋之炯鉴已。夫惟思建置之自，则知阃系之
匪轻；稽善败之林，则知景行之有在。毋以獠夷之戢眼也，而忘
桑土之防；毋以地处之寥阔也，而怀传舍之念。庶其无负于兹土
乎，斯余勒碑之美意也。

呈

天启元年岁次辛酉冬十月朔日湖广按察司副使兼布政司参议
分守上湖南道巳谕张孝　题

应该说，这段文字的意思很好理解，第一段讲了国家分建藩
臬和衡永郴的地理位置及民族状况；第二段讲了自己勒碑的动机
及意义。至于下半部分的历任官员的姓名、籍贯、出身、前一职
务（有的还注有后任职务）、上任时间等等，就是很珍贵的资料
了。因为这些官员的资料在清代以前的地方文献中是找不到的。
只是，在落款前面有一行仅有一字，难以辨认，既像"呈"字，
又像"贵"字被磨去了下面贝字两撇，不知是何含义。

当然，如果仅从书法的角度来看，这块碑的价值似乎不大，
它出自非名家之手，特别是最后一行7个人的姓名，不但大小不
一，而且排列也欠整齐。但是，它对研究明朝湖南地方建制和官
职设置，却具有十分重要的意义。以至于后来《康熙永州府志》
的编撰者，也把这些官员的资料照录进去，并延伸到清代。就好
比一位寓居在乡下的宫廷女子，有着非凡的来历，让人不敢轻
视。或者说，它恰似一级级的青石台阶，从中国历史大厦明朝天
启年间的楼层铺设下来，一直铺到清末中国封建王朝寿终正寝，
供后来的历史研究者仰望或追寻。

清代铭文铜炮

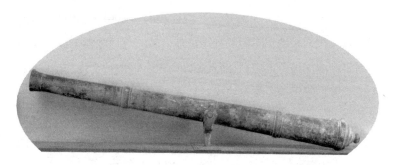

清代铭文铜炮全图

一

在中国的历史上，总有那么一些出尔反尔的风云人物让人难以琢磨，比如楚汉时期的韩信、三国时期的吕布、南北朝时期的侯景……还有明清时期的吴三桂。

俗话说，知人知面不知心。有时候，要想完全认识一个人，真的很难。而要想完全了解和客观评价吴三桂这样的人物，则更难。

1644年，是中国传统的农历甲申年。

这一年，大明、大清、大顺3个政权竞相向一个兵权在握的军人发出了邀请函。

这个人，就是吴三桂。

吴三桂曾经南征北战，叱咤风云，在明末清初算得上一个响当当的人物。只是让人感到惊讶的是，此人也曾与我们永州结缘，而且有实物为证。

那是1997年的某天，在永州市祁阳县湘江老山湾河段，一个农民在捞沙，居然触碰到一个沉甸甸的物件，经过一番努力，终于将物件捞了出来，原来是一个圆柱状的金属物件。仔细一看，赫然是古代的大炮，除局部有锈斑外，各部位均完整无缺。"湘江河里挖沙挖出了大炮！"消息不胫而走，很快被文物部门获悉。于是，文物部门按照法律法规对其进行征收，居然是一件国家一级文物。

炮由炮身和跑架组成，炮身长2.09米，底径0.78米，口外径0.13米，内径0.06米，重250公斤。炮身上纵向刻有三路铭文："胜字第三号""周五年月日造""重三百五十觔"。经文物专家考证，"周五年"即大周五年（1682年）。"大周"是清朝藩王吴三桂叛清称帝后建立的国号。"觔"是一个量词，就是现在的"斤"。此炮应为吴三桂军队与清朝军队交战后遗留，是研究清史和吴三桂叛清历史的重要物证。

二

提起吴三桂，许多不了解历史真相的人，首先会想到一句诗"恸哭六军俱缟素，冲冠一怒为红颜"，就会想到"秦淮八艳"之一的大美人儿陈圆圆是他吴三桂的爱妾，就会想到他吴三桂为了爱妾打开城门把清兵放进关内因此骂他是卖国贼、大汉奸。

是啊，看看他吴三桂的简历，也颇令人钦佩的：1612年6月8日出生于辽东，祖籍江南高邮（今江苏高邮）。父亲吴襄，乃锦州总兵，娶辽西望族祖大寿的妹妹为妻。父亲吴襄和舅舅祖大寿都是人中之龙，在他们的教诲和影响下，吴三桂刻苦学习，20岁之前就考中武举，从此便开始了他漫长的军旅生涯，由于作战英勇，他从游击开始，一步步高升到参将、副将。崇祯十二年暨1639年，吴三桂遇到了生命中的3个贵人：蓟辽总督洪承畴、辽东巡抚方一藻、总督关宁两镇御马监太监高起潜，这3个人见吴三桂确实是个将才，于是联名向朝廷举荐，年仅27岁的吴三桂因此擢为宁远团练总兵。

作为明朝的将领，吴三桂当然知道效忠于朝廷是自己的天职。为了表示自己的忠心，显示一下自己的才能，他率部在1640年到1642年间跟清朝的八旗兵干了几场，并且开始那几场的战绩还算不错。例如：1640年7月6日，明兵与清兵在今辽宁锦县杏山附近的夹马山发生一场遭遇战。那次，皇太极亲历锦州一带巡视，指令济尔哈朗、阿达礼、多铎等一批骁将率护军1500人前去杏山附近迎接一批约降的蒙古人，不料返回经过锦州时被明兵发现。驻防杏山的辽东分练总兵刘肇基闻警，即从所部抽调3000人马投入战斗。在离杏山北10余里的松山附近驻防的吴三桂得到警报，也立即出动3000人马参战，加上锦州总兵祖大寿会游击、戴明率700马步兵赶来会战，明兵一下子集结了7000余人马，进逼清军。不料，济尔哈朗老谋深算，他为引诱明朝的骑兵出战，把所部撤退到离城9里的夹马山，又迅速采取击其一点、不打其余的方针，全力包围吴三桂的部队。吴三桂拼命冲杀，"与贼血战"，在刘肇基的及时援救之下，突出重围。结果，双方均不敢恋战，各自班师回营。此役明兵与清兵的损失大致相当。

到了1641年，大明王朝在关外的城镇被清兵蚕食得只剩下锦州、宁远、松山等8座。由于锦州被清兵包围，粮食频频告急。经蓟辽总督洪承畴和辽东巡抚丘民仰批准，吴三桂决定冒险向锦、松、杏三

清代铭文铜炮铭文

城运米。他以牛骡驴车3400辆，装米15000石，于正月初六（1641年2月15日）躲过清兵的监视，于次日中午顺利到达锦州。卸完粮食之后，空车又安全地返回宁远，创造了一个运粮神话。

三

只是这个神话，很快就变成了笑话。

为解锦州之围，明朝政府以洪承畴为主帅，率师13万，自宁远北上驰援锦州。清军主帅皇太极得知此事后，迅速调动兵力，围城打援，将援军包围于松山。为了不至于坐以待毙，洪承畴决

定孤注一掷，率军突围。他万万没想到的是，军事会议刚散，自己一向器重的吴三桂居然和大同总兵王朴一起率部提前遁逃。更可笑的是，吴三桂慌忙之间，竟连印信也被清军所缴获。受吴三桂、王朴的影响，其他4个总兵也各自夺路逃跑，致使清军乘势追杀，5万多明军被清兵砍萝卜一样歼灭，松山、杏山、塔山、锦州相继失陷，最要命的是，身为统帅的洪承畴也被俘，吴三桂的舅舅祖大寿屈膝降清，明朝边境的宁锦防线土崩瓦解，而明朝也如同一座根基动摇的建筑，摇摇欲坠。

消息传出，全国哗然：一向作战勇猛的吴三桂为什么与王朴仓皇逃跑呢？

还有一点也让人感到奇怪：吴三桂逃至宁远后，积极收留残兵败将，仅用了半年多时间，召集残兵败将3万余人，抱着玉石俱焚的心态坚守宁远孤城。而皇太极为了降伏吴三桂，先后派吴三桂的舅舅祖大寿、祖可法、哥哥吴三凤、姨父裴国珍、表兄胡弘先等人轮番写信劝他降清。不仅如此，皇太极本人还直接给吴三桂写了亲笔信。吴三桂面对这种形势，却不买账。1643年，皇太极去世后仅一个月，济尔哈朗和阿济格便率大军迅速攻占宁远周边的三小城，这三城的失陷使宁远成为真正的孤城。此时，宁远守城军民人心惶惶，吴三桂仍然拒不投降。

可以说，吴三桂留给后人的疑团就是从这时候开始的。

面对吴三桂的行为，原在北京的崇祯皇帝先是愤怒，后是感慨、感动，却又无可奈何。1644年春，李自成的义军蜂拥而至，将北京包围得密不透风，连一只蚊子都飞不出去。4月25日，自知大势已去的崇祯皇帝在煤山上吊自杀，明朝就此灭亡。

崇祯上吊后的消息传到军营，吴三桂就面临着3个选择：

一是领兵杀回北京，争取夺回明朝皇帝后裔，然后招兵买马，占据一方领土，形成自己控制下的政权。

二是投降满清。马上开关，与满清合兵攻打李自成。问题是要背上汉奸之名，何况李自成军纪严明，而且有招降之意。

三是投降李自成。优势是大家都是汉人，可以联手抗击外来入侵。问题是要从官方倒向草寇，会招致很多人非议。

何去何从？令人费神。不过，吴三桂毕竟是很有心计的人，为了稳妥起见，他脚踏两只船，分别跟李自成和皇太极都进行了联系。就在他犹豫之际，传来了一个令他愤怒的消息：李闯王手下冲进他家里，不但卷走了他的家产、抓走了他的家人，还连他的爱妾陈园园也一并掳去，简直是典型的强盗作风。吴三桂气得怒发冲冠，心里骂道：你奶奶的李闯王，未免欺人太甚！因此，立即率部退回山海关，并主动联络清将多尔衮，让他带清兵进入关内，联手略施小计，引李闯王大军前来进攻，将他彻底击溃，清兵顺理成章地进驻北京，建立了大清王朝，并封吴三桂为平西王。

四

投降后的吴三桂，拥有自己的一支部队，这跟其他降将是不同的。是多尔衮看在吴三桂在山海关效力的份上，做了皇太极的工作，所以给予吴三桂特例。当然，皇太极和多尔衮也不是傻瓜，必须考验吴三桂的忠诚。于是，他们命令吴三桂去追剿李自成的部队。从顺治二年（1645年）到从顺治八年（1651年），吴三桂像一条吃了激素的狼狗，拼命效忠于满清，不仅消灭了李自成主力，还消灭了张献忠余部和其他地区的抗清义军，并对农民军残部进行血腥屠杀，将那些起兵抗清的朱明后裔统统灭绝。顺治十四年暨公元1657年，吴三桂率部南征云贵，攻打南明最后一个流亡政权——永历政权，吓得对方遁入缅甸。顺治十八年暨公元1661年，吴三桂衔尾而追，引兵入缅，并成功捉拿南明永历帝。康熙元年（1662年），吴三桂大刀一挥，斩永历帝于昆明，被刚刚即位的康熙封为亲王，兼辖贵州省，从此割据一方。这时的吴三桂，闯是平了，仇是报了，明也灭了，节也毁了，可以说心里是五味俱全的。

成为藩王后的吴三桂，原以为自己为大清立下了汗马功劳，儿子吴应熊也选尚公主，号称"和硕额驸"，加少保兼太子太保（实际上是被留在北京作为人质），他本人应该由此可以获得信任割据一方衣食无忧的了。哪知道，新即位的康熙皇帝不是一盏省油的灯，首先在康熙二年（1663年），找了一个借口收缴了他的平西大将军印。10年之后暨1673年，康熙下令撤藩，顿时把吴三桂逼上了绝路，他就杀云南巡抚朱国治，并联合平南王世子尚之信、靖南王耿精忠及广西将军孙延龄、陕西提督王辅臣等反清复明，开始了长达8年的"三藩之乱"。

由于吴氏的起源之一出自姬姓，是黄帝轩辕氏的直系后裔，与周文王姬昌、周武王姬发血脉相连，所以，吴三桂以"周"为国号，即说明自己的贵族血统起源于周，又表示反清是为了恢复汉人正统的国号。周被视为华夏正统，尊周为国号，自然而然。

应该说，吴三桂在反清复明这个决策上也很绞尽心机的。他自称周王、总统天下水陆大元帅、兴明讨虏大将军，发布檄文，挥军入桂、川、湘、闽、粤诸省，战乱波及赣、陕、甘等省，让康熙帝国发生了一场大地震。

康熙十七年暨1678年，吴三桂进驻湖南衡州，忽然心血来潮，做了5个多月的自封皇帝，国号大周，建元昭武。衡州在南岳衡山之南，那是一个水陆交通的枢纽，地理位置非常重要。遗憾的是，天不佑吴。当年秋天，吴三桂因为生病，在长沙一命呜呼。他的孙子吴世璠接任所谓的皇位，带兵退到云南。康熙二十年（1681年），清兵从四面八方蜂拥而至，将昆明包围，吴世璠自知凶多吉少，于是自杀。其他人树倒猢狲散，不得不出城投降。

五

是非成败转头空，青山依旧在，几度夕阳红。

俱往矣。如今回首那段历史，似乎还有很多疑团。

吴三桂是真心降清的吗？我看，未必。至少有以下几点，可以证明这个问题值得商榷。

首先，吴三桂在东北那么卖命地抗清，按理不该轻易降清。

其次，多尔衮入关后，采取多种措施加强了对吴三桂的监控，说明怀疑吴投降的诚意。

再次，清军拿下山海关之后，动员吴三桂一起乘胜追击，吴三桂却发布了诸如"周命未改，汉德可恩""试看赤县之归心，仍是朱家之正统"之类的檄文，可见他不是真心降清。

第四，在攻陷北京前后，吴三桂有一系列想立朱明太子的行动。

第五，降清之后，吴三桂暗中积蓄实力以反清复明，可见他非真心投降。

当我在永州市博物馆静静欣赏这座140多年前的大炮时，心里不由得产生许多感慨：当年吴三桂被迫反清复明时，心情是什么样的？他决定把大炮以胜字命名，并刻上铸造的年份时，心里又是一番怎样的期盼？这个序号为"胜字第三号"的大炮，在吴三桂反清复明的过程中，有什么样的地位？立下了什么样的功劳？这一切，如同深邃的炮筒，或许永远都是一个谜。

不过，我们可以想象吴三桂在长江面前的无奈。他很想直捣中原，却又害怕被满清迂回包抄，所以，选择了割江而治。殊不知，这就给了康熙一个很好的喘息机会，让他从容地调遣各方力量，最后给了吴三桂一个剿灭。

公元1674年，因为康熙的逼迫，吴三桂匆匆举兵反清，立国号为"周"。起兵后，吴三桂一路攻城略地，占领岳州 (今岳阳)。派部将在岳阳"造船铸炮，为固守计"，并在岳阳与康熙派来的部队对峙达5年之久。康熙十八年，吴应麟部败退长沙。

可以说，吴三桂的败，一是败在他的年龄，二是败在他的勇气。吴三桂及其部属被康熙逐步瓦解，并各个击破。

每个人心中或多或少都有一些不可告人的秘密。如果不是自己主动敞开心扉，谁能走得进一个人复杂的内心世界？时至今日，人们对吴三桂的评价还是众说纷纭，不能有一个全面的定论。

吴三桂的一生，可以说是叱咤风云的一生，但他的结局是失败的、可怜的，甚至令人唏嘘不已。这就带给了后人一个启示：做人必须光明磊落，立场坚定，即便粉身碎骨，也要在历史上留下一个好的口碑！

清杨翰母亲之墓出土
象牙微雕十八罗汉及佛经佛珠

清杨翰母亲之墓出土象牙微雕十八罗汉及佛经佛珠平视图

很多时候，我在深夜的灯下钻研关于永州历史的各种文献和古籍，常常感觉眼前有些朦胧。恍惚之间，就看见从古籍中走出一个满脸沧桑的老人，他回望了一下曾经熟悉而又日新月异的零陵城，然后朝前走去。随着他的渐行渐远，便在天地间只留下一个蹒跚的背景。

一条名叫潇水的河流，如同历史的一根长线，在大清时代的某一段时间，它一头牵着一座城——零陵（又名永州），另一头牵着一个人——杨翰。

杨翰（1812~1879），字伯飞，一字海琴，号樗盦，别号息柯居士，直隶新城（今河北新城）人，一作宛平人。因其父亲曾在四川茂州（今四川茂县）为官，苦于婚后无子，遂上峨眉山金顶向普贤菩萨祈求，后于清嘉庆十七年（1812年）如愿得子，取乳名普贤保。杨翰自幼聪慧，20岁举秀才，30岁中举，33岁考取进士，入翰林院，做编修。也就是在翰林院，他结识了大自己13岁的书法家何绍基，彼此成为好友，两人志同道合，痴迷于金石，常常拓碑访古，研究书艺。杨翰耳濡目染，书法与何绍基一脉相承，如出一辙，几可乱真。

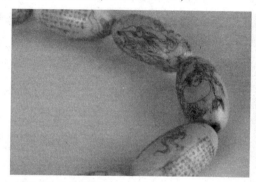

清杨翰母亲之墓出土象牙微雕十八罗汉及佛经佛珠局部图

咸丰六年（1856年），杨翰由翰林院外放到湖南常德。咸丰八年（1858年），皇帝忽然想起才华横溢的杨翰来，便下了一道圣旨，要他立即赴任永州知府。

圣旨既下，杨翰不敢不听，就乖乖地从沅州赶到永州上任。

我曾在一些纸媒和网站读到过几篇关于杨翰在永州的文章，有的说杨翰在永州任职时，太平军曾炮火轰击永州，城里建筑和文物古迹大都被战火所毁坏。

在我看来，这种说法是有一些根据和道理的。

1856年9月，"天京事变"爆发，东王杨秀清被杀，上万部属惨遭株连。石达开被迫离开天京，率部转战浙、赣、闽等省。咸丰九年农历二月（1859年3月），石达开派部将肖华攻打永州，准备自永州直趋宝庆。但是，肖华进攻永州失利，被杨翰指挥的守军和前来支援的官军将领打得大败，肖华战死，余部绕回道州。石达开闻永州失利，不得不从新宁、武冈间道直插宝庆。

肖华率部对永州的炮轰，不但损毁了绿天庵等古迹和一些民宅，对杨翰本人的打击也很大。永州因太平军炮轰，到处断壁残垣，经济一派萧条，而且百姓生活颇为艰苦。这让刚上任不到一年的知府杨翰感到十分痛苦和自责，而跟他前来的家人尤其是他的母亲，也为此焦虑不安。

我们不知道杨翰带着家属莅临永州时的心情如何，而他的母亲我们也不知其姓名，但我们可以从一串佛珠上，感受到他们母子对这块土地的温情。

这串佛珠现藏于永州市祁阳县文化馆。由18颗象牙珠串连而成，每颗长2.6厘米，属装饰品。佛珠为圆锥体，中有一孔，用于穿线。18颗佛珠分别微雕有十八罗汉图案，每个罗汉图案后背刻有一首描写罗汉特征的诗词或经文，为杨翰母亲之墓出土。

这串由十八罗汉雕成的佛珠，选用优质象牙材质，每一个珠子罗汉形象都是采用写意手法，笔画不多，却惟妙惟肖。每个罗汉图案后背，刻有一首描写罗汉特征的诗词或一段经文，比如，其中一个就有"舍利佛，上方世界，有梵音佛、宿王佛、香上佛、香光佛、大焰肩佛、杂色宝华严身佛、娑罗树王佛、宝华德佛、见一切义佛、如须弥山佛。如是等恒河沙数诸佛，各于其国，出广长舌相，遍覆三千大千世界，说诚实言，汝等众生、当信是称赞不可思议功德、一切诸佛所护念经……"的佛经内容。这是一串微雕出来的佛珠，特别是那些人物的表情和神态，被雕刻者表现得淋漓尽致，栩栩如生。书法自然流畅，如行云流水，带给人们一种赏心悦目的感觉。整串佛珠，从不同角度来审视，就会有不同的审美享受。经过百余年的黄土厚埋，集聚了天地之气，出土后传承至今保存完好，颗粒不少，可以说十分难得。

若要追溯象牙雕刻的渊源以及这串佛珠的来历，可能颇费一番功夫。

象牙从古至今都是我国人民喜爱的、推崇的吉祥物。中国的象牙雕刻，又叫牙雕，是十分古老的传统手工艺之一。在中国古代，象牙饰品是一种独特的动物制品原料，深受上层社会的推崇。随着时代发展，象牙制品也由最初的装饰性生活物品，发展成为一种体现等级差别、彰显个人身份的艺术品。但到了清代，象牙制品却变得非常市民化了。据文献记载，清代象牙雕刻在清代中期比较繁荣，广州牙雕、苏州牙雕、北京牙雕三足鼎立。

清杨翰母亲之墓出土象牙微雕十八罗汉及佛经佛珠上的经文

从杨翰一生的足迹来看，他晚年才涉足到广州，之前大多数时间则是在出生地四川，还有为官的京城和湖南。因为在永州任上表现不错，杨翰于同治三年（1864年）由永州知府擢升为辰沅道员。同治八年（1869年），他重回北京，再寻金石旧梦。后因母亲病重回湖南，又任道员，加布政使衔，政声颇佳。不久，因他过于迷恋书法和石刻，被人弹劾只喜山水文物，不理民情。同治十年（1871年），皇帝龙袖一挥，杨翰就被免官，便携家眷到祁阳浯溪定居，将居所命名为漫郎宅，以著述终老。母亲曾住在祁阳县城李氏画馆，署名"息园"。

在浯溪定居后，杨翰也曾游历四川成都、广西桂林、广东广州等地，靠卖字画养家。因为他的书法与何绍基书法如出一辙，几可乱真，所以还有一点市场。光绪四年（1878年），杨翰母亲逝世。光绪五年（1879年），他自己也在穷困潦倒中病逝，享年67岁。杨翰母子都死在浯溪，葬在浯溪，其后裔也就在浯溪一带繁衍。

当我翻阅诸多古文献的时候，心里不禁产生许多感慨：一个有功于地方的政府官员，不但官方文献会记载他，当地老百姓也会记得他。

杨翰刚来永州不久，就经历了一场战争。虽然战争最后以官方的胜利而告终，但战争给永州古城和永州百姓带来的伤害，像一块巨石一直压在杨翰的心上。心地善良的他，一直秉承着自己的良知，想尽职尽责保护好这座古城。

在7年的永州知府任上，杨翰虽然日常公务繁忙，但仍抽暇登山临水，搜求金石书画。零陵和祁阳、江华等地的元结、怀素、柳宗元等唐宋名人旧迹，如澹岩、朝阳岩、绿天庵、愚溪、柳子庙、元颜祠、寒亭暖谷等，他都多次寻访，并且募资修葺一新，为永州古代文化遗存的保护与传承做了重要贡献，书写了名垂青史的一页。比如，零陵古城的地标建筑柳子庙，大门有副石刻楹联"山水来归，黄蕉丹荔；春秋报事，福我寿民。同治甲子孟陬月永州守督亢杨翰书"，这就是杨翰时任永州知府于同治三年（1864年）正月主持维修柳子庙的证明。对于朝阳岩，杨翰自述"暇则寻幽访胜，踪迹多在朝阳岩下"，他于岩顶重修"寓贤祠"，并题"名山护法"匾额。请大书法家邓石如之子邓守之用篆体书写元结《朝阳岩铭》，同《朝阳岩下歌》一并镌刻于岩洞悬壁，又构"篆石亭"以纪其盛。还在岩洞石壁补刻宋代黄庭坚的《游朝阳岩诗》及像，他自己先后赋诗两首勒于石上。同治元年（1862年），好友何绍基返回永州，他又邀其同游朝阳岩，请其赋诗书刻石上，为朝阳岩锦上添花。

此外，浯溪胜景、绿天庵、碧云庵、芙蓉馆、思范堂、碧云池、香零山等重要名胜古迹，都经过杨翰修复而得以保存，大多延续至今。可以说，杨翰对永州名胜古迹的修复力度，在永州上千年的历任官员中，十分罕见。

也许有人会情不自禁地发问：是什么力量促使杨翰如此不遗余力，全面修复永州名胜古迹的呢？

如果要我来回答，我会说：是母爱！

母爱是伟大的，也是善良的。我们可以这样揣测：是杨母的善良，催生了杨翰的原动力。而杨母的善良，可以从她随葬的这串象牙佛珠上看出几分端倪。

清杨翰母亲之墓出土象牙微雕十八罗汉及佛经佛珠上的罗汉图

杨翰的父亲曾在四川为官，而杨母也是一个知书达理的人，她懂得"三从四德"。而且，作为朝廷命官的妻子和母亲，她更懂得忠诚与奉献。杨母信佛，而念佛之人大多是心地善良之辈，特别是女性，对世上的爱恨都以心若静水般的心态处之，这是一种无奈，更是一种智慧。

善良的母亲，教出善良的儿子。杨翰在永州期间，经常到民间暗访，他徒步行走，不坐轿，不要县衙摆酒设宴，口碑甚好。

我们可以想象，杨翰出任永州知府大约一年后，太平军肖华所部就对永州进行了炮轰。当炮弹落到永州城内时，居住在城内的杨母心情是何等复杂。她既担心自己家人的安全，担心儿子肩上的重任，更担心城内的百姓安危。我们还可以想象出老人家在炮火中的惊恐状，甚至流泪的模样。

当肖华被击毙，余部散去之后，杨翰所面对的是城区的一些战后废墟和百姓基本生存问题。善良的杨母，在背后一定向儿子灌输了不少救民于水火之中的理念。而后来，杨翰率先把自己的俸禄拿出来，并募集资金修葺永州的名胜古迹，这无疑是实现母亲心愿的惊世壮举。如果不是因为这种壮举，被人弹劾削职为民后的杨翰，就不可能沦落到一贫如洗，靠卖字画度日的地步。

我猜测，大约是杨母不愿意像平民百姓一样出入永州的寺庙，但又舍弃不下心中的佛缘，因而向儿子提出了要一串佛珠的要求。而杨翰为了实现母亲的心愿，趁回京述职之际或委托故友购买了这串象牙微雕十八罗汉及佛经佛珠。

自从有了这串象牙微雕十八罗汉及佛经佛珠，杨母每天朝夕之间一边默数佛珠，一边默诵佛经，为儿子"赎罪"，为百姓祈福，为天下祈太平。一颗仁慈的心，像一股清澈的泉水，慢慢渗入零陵这座古老的城池。渐渐地，她也就成了一尊佛，一尊令儿子虔诚礼拜的佛，一尊令熟人敬仰的佛。也正因为这样，才促使杨翰倾心倾力于永州名胜古迹的修葺，从而巩固了永州古城的历史文化根基，维护了永州在湖湘大地的文化地位。而杨翰在永州的政绩和后来得以擢升，都是这串佛珠散发出的光芒。

清康熙五十三年湖南鄜县高山瑶 "评皇券牒" 木刻板

清康熙五十三年湖南鄜县高山瑶 "评皇券牒" 木刻板正视图

2005年的某天，正在搞文物普查的工作人员，像平时那样走村串户进行调查。当他们一脚迈进蓝山县荆竹乡邓昌林的大门时，经过了解，竟然邂逅一套很有特色的刻板。如同长途跋涉沙漠的旅行者突然发现一股甘泉一样，文物工作人员的惊讶惊喜洋溢于表。

这是一块木质刻板，黑色，模型印版，一套两块。每块长164厘米，宽65厘米。印版上雕龙纹，下阳刻 "评皇券牒" 版文和盘瓠、瑶人形象，字为反刻。文物工作者清楚：《评皇券牒》又称平王券牒，是瑶族民间流传并珍藏的一种汉字记瑶音的文书。内容主要为盘瓠传说、瑶族12姓姓氏来源及瑶族迁徙过程，是弥足珍贵的瑶族古文献资料，一般为手抄或拓印纸本和绢本。而眼前这套清康熙五十三年（1714年）酃县（今湖南炎陵县）高山瑶族《评皇券牒》木刻版，是迄今为止国内首次发现的《评皇券牒》木刻印版，对推进瑶族历史文化和源流研究具有十分重要的价值，同时，对研究雕版印刷术在永州瑶族地区的传播也具有十分重要的作用。

一套木刻板，像一扇闭合的窗户，里面隐藏着许多秘密。然而，只要我们轻轻地推开它，就可以看见一个民族的传奇轨迹……

中华民族是一个大家庭，共有56个民族。其中，在中国华南地区分布最广的少数民族——瑶族，是一个很有特色的民族，是古代东方"九黎"中的一支，是中国最长寿的民族之一，关键是，它跟南方少数民族中的苗族和畲族等民族一样，信仰犬图腾。

永州是中国瑶族人口主要集聚地之一，江华号称"神州瑶都"，江永县的瑶族人口也比汉族人口多。而目前，大多数人对于瑶族的了解，主要是江永千家峒。

在湖南江永县，有这样一个凄美的传说：千家峒是天下瑶族的发祥地，四周群山环抱，仅有一个岩洞维系着与外界的沟通。相传，曾经有盘、沈、包、黄、李、邓、周、赵、胡、冯、雷、唐等12姓瑶民生活在这块土地上，他们的子孙繁衍生息到千余户，故名"千家峒"。到元朝初年，官府发现了这个被税收所遗忘的角落，于是派官差前来征收粮饷。官差的到来，像一团流火，给瑶族同胞带来了深重的灾难，引发了一场血腥战争并导致瑶民背井离乡进行大迁徙。这场战争留下的血腥结局是：官兵以摧枯拉朽之势占领千家峒，瑶民拼死抵抗无济于事，在付出数千人牺牲的代价之后，瑶族首领吩咐残部趁着夜色从一个通往外界的山洞里逃走。出发前，首领将一只牛角锯为12截，发给12姓的领头人，让他们各保存其一；又将祖先像埋在山洞里，大家对天发誓：500年后，凭各自保存的牛角拼合相认……

20年前，笔者曾数次前往千家峒参观，还特意到了传说是当年瑶民反抗官兵的山头去寻迹。行走在千家峒，笔者除了感慨，还有一点疑惑：这千家峒的瑶民又是从哪里迁来的呢？瑶族究竟经历了多少大规模的迁徙？

后来，本人参加了几次瑶文化研究会（论坛），还向一些瑶文化研究者请教，得知瑶族经历了3次大迁徙：瑶族作为土生土长的北方民族，原始居住地应该在黄河中下游以及长江流域一带。可能因为外族入侵或内部战乱，以及自然灾害等因素，而向湖北、湖南方向进行了第一次迁徙；第三次迁徙是明清时期。瑶族逐渐从两广地区向云贵高原迁徙，直到清朝末年瑶族才真正安顿下来。

清康熙五十三年湖南酃县高山瑶"评皇券牒"木刻板局部图（1）

关于瑶族的起源，似乎更有趣味。

我从大量文献中寻觅良久，找到了几个版本，但大致相似。

《搜神记》载曰："高辛氏，有老妇人，居于王宫，得耳疾，历时，医为挑治，出顶虫，大如茧。妇人去，后置以瓠篱，覆之以盘，俄尔顶虫乃化为犬。其文五色。因名盘瓠，遂畜之。时戎吴强盛，数侵边境，遣将征讨，不能擒胜。乃募天下有能得戎吴将军首者，赠金千斤，封邑万户，又赐以少女。后盘瓠衔得一头，将造王阙。王诊视之，即是戎吴。""王惧而从之。令少女从盘瓠，盘瓠将女上南山，草木茂盛，无人行迹。于是女解去衣裳，为仆竖之结，着独力之衣，随盘瓠升山，入谷，止于石室之中。王悲思之，遣往视觅，天辄风雨，岭震，云晦，往者莫至。盖经三年，产六男、六女。"《后汉书·南蛮传》载："昔高辛氏有犬戎之寇，帝患其侵暴而征伐不克，乃访募天下有能得犬戎之将吴将军头者，赐黄金千镒、邑万家，又妻以少女。时帝有畜狗，其毛五色，名曰盘瓠。下令之后，盘瓠遂衔头造阙下，群臣怪而诊之，乃吴将军首也……帝不得已乃以女配盘瓠。盘瓠得女负而走入南山，止石室中，所处险绝，人迹不至。""经三年，生子一十二人，六男六女，盘瓠死后因自相夫妻……其后滋蔓，号曰蛮夷"，"今长沙、武陵蛮是也"。《风俗通义》又载："计盘瓠不可妻之以女，人曰：'可将犬覆缸内七天可变人也'。帝依之以行。期间，公主怜夫饥渴提时开缸，龙犬果是人肤。但颅欠之。帝仍以女配盘瓠。"

　　通过这些古文献的记载，我们可以还原成一种历史传说的画面：

　　帝喾（高辛氏）时期，有个老年妇女住在皇宫里，不知什么原因，导致她的耳朵患上疾病。帝喾就派医生为她治疗，医生从她耳里挑出一只大小如同蚕茧的硬壳虫。这老年妇女离开后，医生把它放在瓠瓢中，再用盘子盖住了它，不久这硬壳虫就变成了一条身上花纹有五种颜色的狗，因为它是在瓠瓢里用盘子盖住变成的，医生便把它命名为"盘瓠"，顺便把它养在宫里。当时，国家遭遇到犬戎国的侵犯。犬戎国的吴将军骁勇善战，帝喾多次派兵征讨，但都被他击溃。不仅如此，吴将军还带兵反攻，直接威胁到京城的安全。在兵临城下的紧急形势下，帝喾采纳了大臣们"重赏之下必有勇夫"的建议，向全国发布公告招募勇士，条件很优越："谁能斩取犬戎国吴将军的首级，赏金万两，官封王侯，并赐与公主结婚。"虽然大家都知道帝喾的小女很漂亮，但人们更惧怕吴将军，所以布告发出之后，谁也不敢去冒险。没想到怪事发生了：皇宫里那条名叫盘瓠的花狗突然钻出来，用嘴撕下布告就失踪了，而且一连几天都没有踪影。由于人们正在忧虑犬戎国吴将军侵犯的大事，谁也没有在意盘瓠的异常举动，认为它只不过是一条狗而已。哪知道过了几天，盘瓠嘴里衔着一颗血淋淋的人头突然出现在皇宫门口，它左右观望之后，居然奔帝喾的宝座而来。帝喾觉得很奇怪，上前仔细一看，简直被吓了一跳：那人头正是犬戎吴将军的首级！帝喾心里顿时明白：盘瓠失踪的这几天，原来是去犬戎军营了！

吴将军死后，犬戎人军心涣散，立刻全线溃退。盘瓠立了大功，按照文告，帝喾应该好好奖赏它。可是，盘瓠毕竟是一条狗，要把自己漂亮的小女儿嫁给它，帝喾感到很为难，于是召集大臣们商议。大臣们认为，盘瓠只是一条狗，虽然立了功，但也不能让它做官，更不能把公主嫁给它，不然会让世人笑话我国无能人。就这样，奖赏盘瓠的事情就拖下来了，帝喾一直没有兑现公告中的诺言。

帝喾的小女儿获悉，就来找父亲谈自己的观点："父皇，您既然已经许诺把我奖给杀死吴将军的英雄，现在盘瓠取来了吴将军的首级，您就应该把我嫁给它啊！虽然它是一条狗，但您不能小看它。您想一下，像这样的伟大功勋，除非天神相助，岂是一条普通的狗所能完成的？再说，做人应该讲究诚信，您身为皇帝，更不能出尔反尔，否则会给国家带来灾难。"帝喾为了不丧失全国百姓的信任，他听从了女儿的意见，让女儿和盘瓠结了婚。

盘瓠带着公主离开了京城，公主脱去华贵的衣服，穿上普通百姓的粗布服装，跟着盘瓠登上草木茂盛、没有人迹的南山。他们翻山越岭，最后住进深山老林之中的一座岩洞里，开始了普通人家的生活。3年后，公主和盘瓠生育了6个儿子、6个女儿。盘瓠死后，这些孩子们就互相结合为夫妻，生育了更多的后代，并赐盘、沈、包、黄、李、邓、周、赵、胡、冯、雷、唐12

清康熙五十三年湖南郴县高山瑶 "评皇券牒"
木刻板局部图 (2)

姓。他们用树皮织布，用带颜色的草籽给布染上各种颜色，做成色彩艳丽的衣裳。不过，这些衣服的基本式样都带一条尾巴，表示他们是神犬盘瓠的子孙。这些人后来慢慢繁衍成一个民族，就是蛮夷，后来又称作瑶族，一直居住在南方的崇山峻岭之中……

这些记载看似荒诞不经的，但与瑶族的一些民间传说惊奇地相似，实际上折射出了湘南、桂北、粤西北地区瑶族信奉犬图腾的影子。

而今，这套清康熙五十三年（1714年）酃县（今湖南炎陵县）高山瑶族"评皇券牒"木刻版，更准确地向我们传递了一个信息：瑶族跟苗族、畲族一样，崇尚犬图腾！

　　《评皇券牒》，俗称《过山榜》，又叫《盘古皇圣牒》《南京平王敕下古榜文》《白篆敕帖》《评王券牒》《盘古圣皇榜文券牒》，等等。它是瑶族民间长期流传和珍藏的一种汉文文书、珍贵的古文献，堪称瑶族史册。迄今已在湘粤桂三省区交界地带的瑶族地区如江华、城步、龙胜、连南、连山等地发现百余件，有木刻印、石印、油印和手抄本，分折叠、卷幅、书本式3种；质料有纸、布、绢；长的有万多字，最短只有数百字；但产生的年代不一致，最早的可以追溯到东汉初平年间，另外还有隋唐、宋元和明清时期，包括民国。至于它成于何时，还有待探索。细细浏览，可以发现这些版本的内容千姿百态，但大同小异，无非是记述瑶族的历史渊源、民俗风情、宗教信仰、生活习俗、生产方式和大迁徙的路线与分布，等等。更重要的是，长期以来，为了本民族的生存利益，瑶族人民在反压迫反剥削的斗争实践中，视《评皇券牒》为争取民族平等、维护民族权利的象征，因而使之广为流传，成为后人研究瑶族历史的重要参考资料之一。

　　这套诞生于酃县、归宿于永州的《评皇券牒》木刻板，历经数百年的风霜，仍然保持较为华丽的外形，绘画和刻字还十分清晰。可以肯定，这套木刻板是瑶民用来广发复制印刷品的，属于雕版印刷术。尽管雕版印刷术早在唐朝就被发明出来了，但沈括在《梦溪笔谈》中说，雕版印刷唐代尚未盛行。历史研究者认为，五代时期才开始印制"五经"。以后，经典皆为版刻本。宋代，雕版印刷已发展到全盛时代，各种印本甚多。至于这套康熙年间的木刻板，可以说代表了那个时代较高的雕版水平。至于它怎么从鄙县跟跟跄跄来到永州蓝山县境内的，这是一个历史之谜。我们也没有必要穷究，让它保持一点神秘感似乎更好。

在永州博物馆国宝厅，看见它表面鲜活的艺术形象，想起那些由它拓印出来的版画，我心里在想：《评皇券牒》就是一部浓缩的瑶族历史，也可以说是瑶族的根。根在，初心就在；初心在，梦想就在；梦想在，动力就在；动力在，未来就在。

一个有初心、有梦想、有动力、有未来的民族，无疑就是一个伟大的民族。在中华民族大家庭中，瑶族会跟其他55个民族一样，一定会迎来全面复兴。

清同治《九嶷山诗图》石刻板

4000多年前，一个耄耋之年的部落首领将管理部落的事情交给自己物色出来的年轻接班人之后，便带着一群手下从黄河故道出发，奔向遥远的南方。

水千条，山万重，也无法阻挡老者稳健的脚步。风再大，雨再急，也无法动摇老者坚定的信心。

这两个人都是部落的帝王。老者是舜，年轻人就是禹。

禹因为在治水过程中心系民众，被舜看中。舜帝便将帝位禅让给禹，自己就开始南巡，后来崩葬于苍梧九嶷。禹获悉，为舜帝守孝三年，然后即位，改国号夏。再后来，大禹南巡来到南岳衡山，他在衡山筑了名叫做紫金台的祭坛，然后举行仪式，向着九嶷山的方向恭恭敬敬地磕了三个响头，万分虔诚地祭拜舜帝，也揭开了中国几千年祭祀舜帝的先河与序幕，成为中国历史上第一个祭祀舜帝的帝王。

秦始皇是典籍记载的第二个祭祀舜帝的帝王。此后，从汉朝到清朝，汉武帝、唐玄宗、宋武帝、朱元璋等人相继用另一种方式祭奠了舜帝不朽的灵魂。其中，明代一共御祭舜帝陵15次；清王朝的12位皇帝，一共遣官祭舜达45次。

除了历代帝皇对舜帝进行祭祀，历代文化名人也多有膜拜与吟咏。这些吟咏，既有诗词，又有骚赋，也有散文，诸体俱备，但有一个共同点，就是把立足点放在舜葬九嶷的基础之上。而且，不少人的祭文和诗文都刻上了石头。

众所周知，大凡刻在石头上的文字有两种类型：一种是直接把天然山石磨平再刻上去的，叫摩崖石刻；另一种是把石头裁成一块块可以搬走的石块，再磨平刻字，刻好之后立在那里的叫碑刻（活碑）。

以九嶷山而言，摩崖石刻和碑刻并存，而且数量之多，令人惊讶。位于舜帝陵庙遗址旁的玉琯岩，因自然风光奇特，进九嶷祭祀舜帝的历代文人骚客，必来此地。自唐至清，历代政客、文人墨客在这里留下了25方摩崖石刻。在没有被列为文物保护单位之前，一些近代名家名人到此一游，也留下类似摩崖题刻108方。而舜帝陵的寝殿，殿中有一块墓碑，高2米，宽1.5米。据史书记载，这是汉代零陵郡守徐俭所立，距今已经有2000多年的历史了。寝殿两边是古碑廊，现存36方原碑。

其实，除了这两处石刻，九嶷山还有一套令人赞赏不已的小型活碑石刻，这就是旷世珍宝——《九嶷山诗图》。

1958年的某天，文物部门工作人员在宁远县石家洞新屋村某户人家中，发现一套可谓小巧玲珑的石刻，页岩石质，共33块，每块长28.5厘米，宽22.5厘米，厚2厘米。该石刻版诗稿是清代石光陛所作，图为浩亭所绘，题记者均为当时社会名流，而刻石是石焕章所为。从外观来看，版面磨光，阴刻有九嶷山图8幅、诗10篇、题记14篇、跋1篇。跋为陈宝箴所题，题五为何绍基所书。

整套石刻，行、楷、隶、草书体俱全。后来，石光陛后裔将这套石刻捐给文物部门收藏。

关于石光陛这个人，知道的人似乎不多。也难怪，这位先生的脾气就像他的姓氏一样硬。此人字阶九，号琼州，晚号连舫，1782年出生于宁远东乡（今鲤溪镇）。他7岁时父亲就去世了，只好与母亲相依为命，对母亲十分孝顺。清嘉庆九年（1804年），他考入府学。道光元年（1821年），因为孝顺出名，被举荐为孝廉方正，赐六品服备用，但他把头一偏，居然不领情。上面见他这样，又按例准备授以他知县之职，哪知道他又找借口拒受，隐居家中，埋头读书和练习书法。古人崇尚"读书以致仕"，也就是说通过读书参加科举考试来改变自己的命运。但是，石光陛的选择有点让人看不懂。他发愤读书，除了八股文，对经济、历史、天文、地理、医学、心性等学，无不钻研。用本地话来讲，叫作天上的事情知道一半，地上的事情全知。因此，他在乡间名气很大。石光陛发现发展家乡的教育事业迫在眉睫，于是他筹资在村南林石间，建造一座公园式的来鹤书巢。他在书巢主讲，治学严谨，不收学费，求学者云集。石光陛有一个很好的习惯：喜欢写笔记。此外，他在长沙岳麓书院进修时，还大量购求古籍，先后买了1万余卷。进修完毕，他雇车把书从长沙运回来，全部储存在自己的来鹤书巢。

石光陛是一个宅心仁厚的好好先生，一生还为家乡办过许多好事。动员大家集资兴办石氏家塾，带头集巨资在村南修建两座石拱桥加盖长亭，供人休息。此外，他组织村民把低洼地带经常遭水淹的道路改修到半山腰间，改善了交通条件，等等。

道光十二年（1832年），赵金龙率领瑶族义军经过宁远，石光陞组织团练前往阻截。新田瑶族首领赵文凤发动新田、宁远两县交界瑶民起义响应，石光陞上乌鸦岭劝阻，因为他声望很高，不少人受其影响，不战而散。赵金龙洋泉被清兵打败之后，宁远北境参加起义的瑶民纷纷散回，官兵团勇四处捕杀，石光陞念乡亲之情，出面极力制止。看见那些参与起义瑶民的房屋、衣被、器具多被官兵烧光、抢光，他就动员瑶汉两族群众捐助价值2000余白银的物资给予救济，使部分起义人员受到安置。此举获得湖广总督卢坤的嘉奖，清廷因此赏给他六品军功，赠奉直大夫。

石光陞对诗文、书法有较高的造诣，直到清朝道光十五年（1835年）年去世，一生著述有《经史日钞》《莲舫诗文》等集，其中尤以《游九嶷山诗》及该诗的草书最为著名。

石光陞虽然没有做官，但他的儿子石焕章却做过清朝的武官，而且是湘军中响当当的角色，因为镇压太平天国和贵州苗族起义，战功显赫，后来累官至花翎三品衔补用道，诏授一品荣禄大夫，并御赐"荣禄第"宅第。

石焕章还乡后，常与道州本土书法家何绍基等人来往，切磋诗词，著有《莳花堂诗集》。因为他们父子与官场联系颇多，他看见父亲留下的《游九嶷山诗》，为了表示对父亲的缅怀，在朋友们的撺掇下，就萌生了把父亲的诗稿刻在石头上的念头。同治十年（1871年）农历二月，石焕章实现了自己的心愿，他请工匠刻成了《九嶷山诗图》，共计33块石刻。此举得到了两江总督刘坤一、湖南巡抚陈宝箴、书法家何绍基等人的支持，他们纷纷为其作序，刘坤一甚至称石光陞"诗的神化足以曲尽山之胜境"。后来，他们家代代相传，一直到1958年捐献给文物部门。

在这33块石刻中，作为跋（序言）的陈宝箴楷书夹杂几分隶书笔法，颇有自己的风格，而且文字也很值得玩味：

湘中石阶九征君，名光陛，宁远人，以文行著称庠序间。不第，遂弃举业，锐意经史。凡诸子百家天文医卜之学，罔不毕究。性纯孝，自以幼孤，不逮养；稍长，复庐其父墓，三年如初礼。母殁，庐墓致甘泉之异，会邻邑江华猺乱，征君结乡里常备，而阴离宁远猺之胁从者，资使复业，所全活数千人。大吏举孝廉方正趣就，征不赴，隐居来鹤草堂，以文章山水自憙，探奇揽胜，跬步千里不倦。所为游九疑诗，沉郁委备，读者如亲履其胜焉！令子焕章写此诗，为九疑图以弁之，记所谓思其所嗜者邪？征君著有经史，日钞仁寿，编诗文等集，此诗特鼎一脔耳。

同治十年春仲分宁陈宝箴谨识

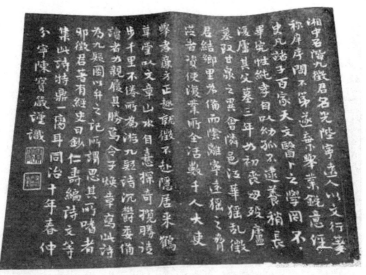

《九嶷山诗图》陈宝箴石刻版拓片图

身为湖南巡抚的陈宝箴，之所以肯为石焕章题写这些文字，我想可能有两个原因：一是石焕章作为湘军的著名将领，颇为建树，而他又是湖南巡抚，应当对辖区内的战斗英雄表示一点敬意；二是石焕章曾于同治六年（1867年）协助席宝田往贵州镇压苗族起义，而陈宝箴与席宝田为儿女亲家，长女陈银玲嫁予席宝田的次子席麓生。所以，不管从哪方面来讲，陈宝箴必须要给石焕章面子。

陈宝箴的题字内容很明晰，读者对于石刻的起因一目了然。

何绍基的石刻为题五，字体为行草，属典型的"何体"，内容是：

余家濂溪之滨，距九疑不百里，髫年随官离乡井，后虽以事旋里，皆不久即去，未缘往游，辛亥归里，住家中五阅月，日坐

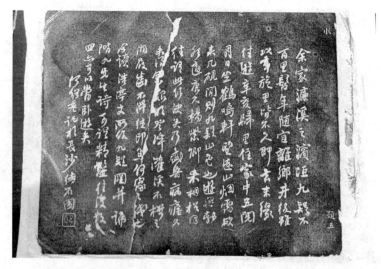

《九嶷山诗图》何绍基石刻版拓片图

鹤鸣轩，望远山烟霭，欲来几砚间，则九疑山色也，游兴勃然，适庚兄杨紫卿来，相招同往，谓此行决矣，乃盛暑，病瘧久未得愈，难以登降灌溪。石樽之间，展齿不得往印焉，何缘之浅也！今读浩亭之所作《九疑图》，并诵阶九先生诗，可谓精凿，往复数四，亦可以当卧游矣。

何绍基记于长沙待石园

作为本土乡贤，何绍基对九嶷山的感情非同一般。不但舜帝陵古碑廊里有他的楷书祭文，而且附近的西湾村也有他的字。笔者曾到该村走访，关于何绍基与该村的缘分，有两种说法：一种是何绍基到舜帝陵祭拜舜帝，曾留宿村中一晚。先辈们尊师崇文，倾其所有，热情款待。因为何绍基看见村里风景很好，村民又热情；临别时，挥毫写下"水峙山流"4个大字。村民将它刻石，安置在门楣上，今存；一种说法是，何绍基一位近亲从道州嫁来该村，何绍基晚年时常来探望。有一次，正值村里3位村民同时建房子，大家留住何绍基热情招待，请他题字。何绍基一口气写了很多楹联和牌匾，包括"水峙山流""嶷山拱聚""德为福基"等等，还有很多对联。据说20世纪50年代，村民还藏有许多何绍基的楹联真迹，后来在"破四旧"时给毁了。而这幅题刻讲了他退官回乡，坐在父亲留下的鹤鸣轩里，望着九嶷山方向的烟霭，触发诗兴，恰遇老庚兄杨紫卿来访，两人想结伴同往。无奈自己得了疟疾，没有完全康复，故不能攀登九嶷山，感觉缘分太浅了！而现在，我有幸看了浩亭老人所绘制的《九嶷图》，并诵读阶九先生所写的《九嶷山诗》，反复品读了4次，也相当于梦游了一回。

题六的正文和落款均为行楷，内容如下：

万笏烟峦拱五臣，依稀仙仗帝南巡。江山载笔诗皆史，忠孝传家画入神。庐墓仅堪风楚俗，拶图休仅目骚人。十洲荒远东方记，岩壑何曾杖履亲。

麟祥尊兄大人属题先德游九嶷山诗图册即请　郢正　高安萧浚兰拜稿

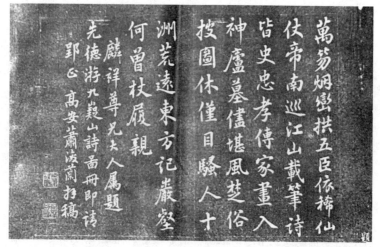

萧浚兰石刻版拓片图

麟祥是石焕章的字，从这方石刻可以看出，是石焕章请他题写石光陛的《游九嶷山诗》的。

萧浚兰 (1822~1873)，字仪卿、祥生，号芗泉。清代广溪人 (即江西省高安市) 人。广溪萧氏，是有名的书香门第。萧浚兰的父亲萧元吉是举人，颇有才能，从浙江松阳知县做起，后来在许州 (今河南许昌)、河南 (今洛阳)、陈州 (今河南淮阳) 等州任知府。萧浚兰的叔叔萧淦原名萧元浩，清道光十五年进士，先后任官四川太平县、射洪县知县、潼川府太和镇通判。萧浚兰本人16岁中举，道光二十八年（1848年）进士。令人惊叹的是，乡试时，他考得魁首，名列江西省第一名，夺得"解元"。会试时，他又名列第一名，再得魁首，夺得"会元"。连中两元后，在道光甲辰科殿试中，他获得第二甲33名的不错成绩，赐进士出生，后改庶吉士。历任翰林院编修、湖南乡试主考官、云南学政、江南到监察御史、京畿道道台、工科给事中。后任甘肃甘凉兵备道道台、甘肃按察使。咸丰十年（1860年）调任云南布政使，适逢云南农民起义，路上被阻，而后受劾降职，留营襄办军务。同治六年（1867年）以军功赏四品顶戴。不久服丧回乡，不再出仕。从萧浚兰的简历来看，此诗应该在他服丧回乡之前。当然，也排除他在服丧期间收到石焕章的来信而回复的。

题九的正文为隶书，落款为行书，内容如下：

潇水发源处，诗人著屐寻。鱼龙蟠绝壑，鸾鹤啸平林。斑竹皇英邈，苍梧烟雨深。名山看接武，读画忆登临。

王嵩龄石刻版拓片图

先德阶九征君游九嶷山诗画册　光州王嵩龄拜稿

在我看来，这块石刻存有疑点。因为石刻署名"光州王嵩龄拜稿"，而印章却是"鹤樵"。查史料，清代有两个王嵩龄，生卒年间也基本上相似。一个是天津王嵩龄，字鹤樵，戊戌进士。他也是一位书法家，功汉隶，行书学王铎，曾任江苏布政使。一个是光州（今河南省潢川县）王嵩龄，字蓉江，初跟随湖北按察使李卿谷，太平军攻克武昌后奔江西投靠彭玉麟。委治军书，数年保官至道员。光绪元年（1875年）署江西盐法道。四年署广饶九南道，值江西大水，捐俸运米赈灾，擢江西按察使。而从石刻的落款来看，居然把天津王嵩龄的字扯到光州王嵩龄的名下去了，或者说张冠李戴，把光州王嵩龄的籍贯扯到天津王嵩龄头上去了。我分析，可能是石焕章请光州的王嵩龄题诗时，王嵩龄本人没有把印章带在身边故而没有钤印，而石焕章刻石时为了完美，想为诗稿补上印章，却不小心把天津王嵩龄和光州王嵩龄二人的字搞混淆了，因而弄出了一个"错版"王嵩龄石刻。

其实，管他"错版"也好，"正版"也罢，作为《九嶷山诗图》的一个组合件，它的存在就是价值。

如果我们像翻册页一样，逐一欣赏这33块石刻，眼前就会复活当年石焕章请人刻石的现场，还有两江总督刘坤一、湖南巡抚陈宝箴、书法家何绍基等人前来祝贺的情景。我们仿佛看见，石焕章叫仆人为贵客们准备好文房四宝，而陈宝箴、何绍基等人像进行一场笔会一样，纷纷挥毫题字，留下的墨宝至今还散发出浓浓的墨香。

是的，33块石刻，就像33粒珍珠，被石光陛这个人用一次或多次聚会串成一根项链，套在九嶷山的脖子上，不仅增添了九嶷山的贵重之气，也增加了九嶷山的神美。

后　记

　　我是永州作家中最早写地方历史文化的人之一，早在20世纪90年代中期，我就开始写有关永州历史人物的小说、诗歌和散文，只不过因为长期游离于体制之外，终日忙于营生，很多创作计划都未能按时完成，有的甚至拖了10余20年。就算写了的，也没有及时结集出版。特别是一些题材，因为耽搁若干年之后，被其他朋友抢先写了出来，自己获悉之后心里难免涌起一种沮丧情绪。每次跟文艺界的师友聚会，听他们聊起某个题材，或者读到他们新出版的著作，自己心里顿时有了"叹流年又成虚度"之感。

　　人们都知道湖南的一句经典广告词："张家界是一幅画，永州是一本书。"

　　然而，永州这本书的内容有哪些精彩章节？有哪些优美插图？我们又该如何进行推介？这是全市宣传部门和广大文艺工作者一直思考的问题。2003年6月，我在省文联《财富地理》杂志社工作时，曾写过一篇长篇散文《阅读永州》，仅仅是从永州各县区的历史人文这个角度来写的，就是把山水胜迹、文化遗存跟历史人物联系起来。为此，我写了一系列类似的散文，在一些报刊发表，反响还不错。过了不到两年，我就意识到了自己创作中的一个重大题材遗漏：永州馆藏文物！无奈在接下来将近 8 年的时间里，因为自己一直在外面漂泊，没有条件实现这个计划。

2012 年 5 月，我回到家乡，在永州新闻网任职，当时开辟了一个专栏《中瑜访谈》，分 6 个子栏目，采访了很多方方面面的人，特别是一些没有被媒体报道过的新面孔，被国内各大网站转载甚多，一些纸媒也跟着删节刊登，社会反响很好，由此得到了不少文艺界朋友的点赞。其实，当时我还有一个想法：左手文学，右手新闻，而且要在文学创作上推出自己酝酿了多年的一个系列——《永州馆藏文物随笔》。为此，我联系时任永州市文物处处长赵荣学先生，跟他谈了自己的想法。赵处长十分高兴，说这是一个很好的题材，他们愿意提供一些文物的基础材料。遗憾的是，由于网站工作繁忙，特别是做人物访谈，需要很多时间和精力，加上自己当时对永州的抗战老兵这个群体给予了很大关注，花了近两年的时间投入采访、撰稿，导致《永州馆藏文物随笔》这个计划一直没有实现。

2017 年 1 月，为了实现自己的创作计划，挤出更多时间来写文学作品，我跳槽到了永州日报社，负责副刊编辑。报社党组对我十分关心，社长、总编辑和分管领导对我的创作给予了很大支持，特别是文体部主任饶爱玲女士，更是给了我莫大的鼓励。等副刊工作熟悉之后，我提出在副刊推《永州馆藏文物随笔》系列，她表示全力支持。于是，我联系永州市博物馆，得到了彭维馆长、谢平副馆长等人的大力支持，他们为我提供了部分文物的基础材料。我就开始动笔，并于 2018 年 1 月 18 日在《永州日报》用"楚天雨"这个笔名推出了第一篇《战国十二竹叶四山纹铜镜》，没想到反响很好。一位部队首长说：他曾读过我很多文章，虽然这个系列换了笔名，但一看文笔就知道是我写的文章，所以每期都进行了收藏。湖南省著名散文家、永州市作家协会副主席凌鹰先生也说：这类题材有价值，值得用心去写。其他一些朋友读了，纷纷表示点赞。在他们的鼓励下，自己信心倍增，无奈琐事太多，也只能陆陆续续推出，像挤牙膏一样，拖沓了两年多，才完成这 40 篇。还有几个不错的素材，没有完成，因此也有一些遗珠之憾。

坦率地讲，写这类的文章真不容易，基础材料通常只有两三百字，外加几幅图片（有的只有一幅图片），有一种儿时看图写作文的感觉。不过，为了不走偏，自己买了大量关于文物研究方面的书籍来恶补。夜深人静之际，独自阅读那些文献，有一种穿越时空跟古人对话的感觉。随着阅读的深入，我兴趣越来越浓，常常沉湎其中，仿佛成了文物工作者，甚至忘了阅读的目的就是为了创作。此外，自己多次到永州市博物馆反复观察那些文物，寻找渴望的那些意象和感觉。外出旅游时，我也去了一些博物馆参观，了解类似的文物情况，以弥补自己的知识缺陷。在创作过程中，我经常通宵达旦，一个人在蝉鸣蛙鼓的伴奏中跟历史对话，倾听来自历史深处的声音，并努力把它们变成鲜活的文字。

　　需要说明的是，在长达两年多的创作过程中，湖南科技学院国学院的张京华教授和永州市博物馆副研究员杨宗君先生，零陵区文物所邓少年先生、唐森忠先生，江华县的周秋华先生、郑万生先生等人，还有我的好兄弟凌鹰、刘忠华、郭威、刘欢喜、王忠民等人，以及潇湘意拓片博物馆等单位对我给予了很大帮助。本书图片，除了极个别的由朋友提供之外，均为永州市博物馆提供。在书付梓之际，于此一并致谢。

洋中鱼

2021 年 7 月 27 日夜于零陵古城